KB164118

파이썬으로 배우는 수학적 프로그래밍

이산 수학의 개념과 구조를 활용한 효율적 사고

파이썬으로 배우는 수학적 프로그래밍

이산 수학의 개념과 구조를 활용한 효율적 사고

초판 1쇄 2015년 08월 27일
2쇄 2016년 11월 10일

지은이 알란 M. 스테이블리
옮긴이 홍상현
발행인 최홍석

발행처 (주)프리렉
출판신고 2000년 3월 7일 제 13-634호
주소 경기도 부천시 원미구 길주로 77번길 33 나루빌딩 401호
전화 032-326-7282(代) **팩스** 032-326-5866
URL www.freelec.co.kr

편집 강신원
디자인 김혜정

ISBN 978-89-6540-104-9

이 책에 대한 의견이나 오탈자 및 잘못된 내용의 수정 정보는 프리렉 홈페이지(freelec.co.kr) 또는 이메일(webmaster@freelec.co.kr)로 연락 바랍니다.

Programming and Mathematical Thinking

A Gentle Introduction to Discrete Math Featuring Python

파이썬으로 배우는
수학적 프로그래밍

이산 수학의 **개념**과 **구조**를 활용한 **효율적 사고**

알란 M. 스테이블리 지음

홍상현 옮김

프리렉

차례

4장 · 파이썬 함수 63

5장 · 튜플 77

6장 · 시퀀스 85

7장 · 스트림 113

8장 · 집합 139

9장 · 매핑 161

10장 · 관계 189

11장 · 객체 211

12장 · 프로그래밍 예제 253

서문

이 책의 가장 큰 목적은 프로그램 개발자들이 수학적으로 생각하는 것을 돕기 위해서다. 실제로 과학과 공학 분야는 이미 많은 부분이 수치(numerical)와 실수(real number)를 다루는 수학에 바탕을 두고 있어서 수학적으로 사고하는 것을 당연하게 여긴다. 하지만 그저 숫자가 수학의 전부라고는 할 수 없다.

"이산 수학(discrete mathematics)"은 프로그래밍과 가장 가까운 형태의 수학일 것이다. 이산 수학은 기호, 문자열, 진릿값을 비롯하여 속성의 모임인 "객체(object)"(프로그래밍 용어) 등으로 구성되는 이산 요소를 다루는 수학이다. 이산 수학은 이러한 요소와 요소들의 모임(집합과 시퀀스 같은), 요소 간의 관계(매핑(mapping)이나 관계(relation) 같은 구조에서)에 관련된다. 이산 수학은 여러 관점에서 수치 수학보다 프로그래밍 언어에 더 가깝다. 이는 어느 특정 언어가 아닌 모든 프로그래밍 언어에 해당하는 사실이다.

경험이 많은 프로그래머는 프로그램의 입력, 출력, 내부 데이터 객체 등을 설계하는 단계에서 집합, 시퀀스, 매핑, 관계와 같은 이산 수학 용어를 이용한다. 이런 습관은 경험이 많은 프로그래머뿐만 아니라 처음 프로그램을 시작하는 사람들에게도 좋다. 이 습관은 프로그램 설계 단계에서 프로그래머가 더 쉽게 생각을 정리하는 데 도움이 되며, 프로그램을 이용해서 해결하고자 하는 문제와 접근 방법이 훨씬 쉽게 드러나기도 한다. 그뿐만 아니라 다른 프로그래머들과 프로그램에 대해서 토론하거나 프로그램을 문서로 만들 때 누구나 쉽게 이해할 수 있는 언어로 표현할 수도 있다.[1]

예를 들어 다음의 간단한 프로그래밍 문제를 생각해 보자. 웹 페이지를 분석하는 소프트웨어를 작성하고 있다고 가정해 보자. 이 프로그램으로 두 개의 웹 페이지를 분석해서 URL을 읽어들이고자 한다. 어떤 프로그래머는 다음과 같은 접근 방법을 사용할 수 있다.

---

1 내용과 이어지는 예시는 이전에 출판된 책에서 가져왔다. Allan M. Stavely, *Toward Zero-Defect Programming* (Reading, Mass.: Addison Wesley Longman, 1999), 142-143.

> 우선 첫 번째 웹 페이지를 읽고 검색된 모든 URL을 목록으로 저장한다. 그리고 두 번째 웹 페이지를 읽고 새로운 URL이 검색될 때마다 첫 번째 웹 페이지의 URL 목록과 비교한다. 하지만 같은 URL을 중복해서 저장할 필요는 없다. 그렇다면 URL 목록을 하나 더 추가해서 두 개의 웹 페이지에서 찾은 URL을 저장할 수 있다. 그리고 새롭게 만든 두 번째 목록과 먼저 비교한 후에 첫 번째 목록과 비교하면 중복을 피할 수 있다.

반면 이산 수학의 구조를 이해하고 이를 적용할 수 있는 프로그래머라면 이 문제에 전혀 다르게 접근할 수 있다.

> 웹 페이지는 URL을 원소로 가진 집합이라고 볼 수 있다. 따라서 각 웹 페이지를 읽고 두 개의 URL 집합을 생성한다. 그리고 교집합 연산으로 두 URL 집합에서 공통된 원소를 찾는다.

두 가지 방법 모두 문제 해결에는 아무런 문제가 없다. 하지만 두 번째 방법이 이해하기 쉽고 프로그래밍에 적용하기에도 간단하다. 이처럼 주어진 문제를 수학적 용어로 기술할 수 있다면 그것만으로 대부분의 설계 단계는 이미 끝났다고 볼 수 있다.

이러한 수학적 접근 방법이 이 책에서 알려주고자 하는 프로그래밍을 위한 사고방식이다.

이 책에서는 프로그래밍 언어인 파이썬(Python)을 이용해서 예제를 작성한다. 파이썬은 이 책을 설명하기에 알맞은 장점을 몇 가지 갖고 있다. 우선 파이썬은 간단명료한 현대 언어이며 문자열과 집합, 다양한 종류의 시퀀스, 유한 매핑(배열보다 더 일반적인 사전), 일급값(first-class value) 등 이 책의 내용을 프로그램으로 구현하기에 알맞은 수학적 구조를 지니고 있다. 추가로 라이브러리를 설치해야 하는 다른 대다수 언어와는 달리 파이썬은 수학적 구조들이 언어의 핵심에 기본으로 포함되어 있다. 개인적으로 파이썬이 C나 C++, Java 등에 비해서 훨씬 시작하기 쉽다고 생각하므로 프로그래밍 언어를 처음 접하는 사람들에게 적합한 언어라고 생각한다. 요약하자면 파이썬은 복잡한 내용을 최소화하여 프로그래밍에 유용한 언어라고 할 수 있다. 나 역시 파이썬을 자주 사용하고 있으며 이 책을 읽는 여러분도 파이썬이 꽤 유용한 프로그래밍 언어로 대부분 프로젝트에 적합하다는 것을 알게 될 것이다.

가장 기초적인 수학 개념을 바탕으로 책의 내용을 설명할 것이고 독자들의 수학적 지식은 대수학(algebra)과 로그(logarithm)를 이해하는 수준이라고 전제할 것이다. 간혹 기초적인 미적분학을 사용해야 하는 경우가 있겠지만, 미적분학을 공부하지 않은 독자들은 그 부분을 읽지 않아도 책의 내용을 이해하는 데 전혀 문제가 없을 것이다. 또한, 이 책에서는 이산 수학을 배우지 않았다고 전제하고 이산 수학에 대한 기본적인 개념들을 소개할 것이다. 이 책에서 소개할 내용 중 일부는 아주 단순하고 유용한 개념이지만 프로그래머 대부분이 한 번도 접해본 적 없는 개념일 수도 있다. 이 책의 수학적 개념을 이용해서 프로그래밍 문제를 단순하고 깔끔하게 해결하는 방법을 함께 고민할 것이다.

예를 들어, 이 책에서 자주 등장하는 주제 중 모노이드(monoid)라는 것이 있다. 모노이드는 (군이나 반군보다) 프로그래머들이 가장 흔히 사용하는 자료형이자 자료구조라고 할 수 있다. 모노이드가 어떻게 작동하고 개념과 알고리즘 사이에 서로 어떻게 전환되는지를 강조하여 설명할 것이다.

이 책은 대학교 수준의 기초 강의에 적합하도록 쓰였지만, 수학에 뛰어나고 컴퓨터와 프로그래밍에 어느 정도 익숙한 학생들이라면 고등학교의 고급 과정에서도 사용할 수 있다. 프로그래밍이나 컴퓨터에 익숙하지 않은 학생들에게는 파이썬이나 다른 프로그래밍 언어를 소개할 강의 교재로 사용할 수도 있고 보조 강의 또는 프로그래밍 기술을 보여줄 튜토리얼 자료로도 사용할 수 있다. 또한, 프로그래밍 수업 기초 강의에 이어 한 단계 높은 수준의 강의 교재로도 적합하게 사용할 수 있을 것이다.

이 책은 파이썬이나 다른 프로그래밍 언어로 프로그래밍해본 경험이 있는 독자들에게 적합하다. 사실 컴퓨터 과학을 공부하면서도 수학적 프로그래밍은 깊게 공부한 적 없는 프로그래머들이 이 책을 읽기를 바란다. 만약 여러분이 이에 해당하는 프로그래머라면 이 책에서 수많은 새로운 관점들을 접할 수 있고 여러분의 프로그래밍 실력이 한 단계 향상될 것으로 생각한다.

각 장의 끝에는 연습문제가 있다. 만약 이 책의 독자가 수업을 진행하는 강사라면 책의 연습문제와 예제를 수업의 예제나 숙제로, 토론의 시작을 위한 예시 등으로 다양하게 사용할 수도 있다. 또한, 이 책의 연습문제를 바탕으로 직접 만들어낸 숙제를 제시할 수도 있을 것이다.

책 군데군데에서 어떤 내용을 설명하고 "자세한 내용은 이 책의 목적을 벗어나므로 설명하지 않는다."라는 문장을 볼 수 있다. 이 책의 주제는 컴퓨터 과학과 관련된 거의 모든 교육 내용과 맞닿아 있으므로 지나치게 광범위한 주제에서 책이 다룰 범위를 정해야 했다. 컴퓨터 과학을 공부하는 독자들이라면 예외 처리와 병렬 컴퓨팅, 분산 컴퓨팅, 다양한 고급 자료구조 및 알고리즘, 객체지향 프로그래밍, 상태 기계 등과 같이 이 책에서 자세히 설명하지 않는 주제들은 다른 강의나 교재를 활용해 더 깊게 공부하기를 추천한다.

이산 수학과 관계된 여러 주제 역시 이 책에 포함하지 않은 것들이 있다. 모든 컴퓨터 과학자나 수학자가 나와 같은 의견을 갖고 있지 않을 수도 있지만, 이 책에서는 일상적으로 접할 수 있는 프로그래밍과 관련된 주제만 이야기하고자 했다. 만약 컴퓨터 과학을 공부하는 학생이라면 당연히 이산 수학을 더 자세히 공부해야 할 것이다. 그리고 이 책이 수학과 프로그래밍 사이의 관계를 설명하고 이산 수학을 더 심도 있게 공부할 수 있는 동기가 되기를 바란다.

이 책은 파이썬을 공부하는 교재나 참고 도서를 목적으로 쓰이지는 않았다. 물론 파이썬의 구조를 간략하게 설명하지만, 파이썬에 친숙하지 않은 독자들도 내용을 이해할 수 있는 범위까지만 소개할 것이다. 따라서 파이썬의 구조를 자세히 설명하지도 않을 것이고 이 구조를 실제로 프로그램에 적용할 수 있는 모든 방법을 장황하게 설명하지 않을 것이다. 또한, 파이썬의 많은 특징과 기능도 구체적으로 언급하지 않을 것이다. 설명하지 않은 내용은 이 주제를 다루는 데 필요 이상으로 고급 수준이거나 이 책의 범위를 벗어나는 내용이다. 다음과 같은 내용은 이 책에서 다루지 않는다.

- '복소수(complex)'와 '바이트(byte)' 같은 일부 형식
- 일부 연산자와 수많은 내장 함수 및 메서드
- 문자열 서식과 입출력에 관련된 자세한 내용
- 확장 표준 라이브러리와 다양한 추가 라이브러리
- break나 continue와 같은 명령문 형식과 while 및 for 문에서 else 절 사용
- 기본값과 키워드 매개 변수를 포함한 함수의 다양한 매개 변수와 인수
- 예외와 예외 처리

- 객체 내부의 자세한 내용을 나타내는 거의 모든 "특별한" 속성과 메서드(두 개의 밑줄로 시작하고 끝나는 것들)
- 다중 상속과 장식자(decorator)를 포함한 다양한 변형 클래스 정의

파이썬을 전문적으로 사용할 프로그래머라면 물론 이런 내용도 자세히 공부해야 하므로 파이썬을 자세히 설명하는 전문 서적이나 참고 자료로 더 깊게 공부할 것을 추천한다.[2]

실제로 이 책은 파이썬의 모든 기능을 다 보여주진 못하며 오히려 파이썬이 가진 기능 중 일부만 담고 있다. 만약 독자 중 누군가가 "파이썬을 이용해서 *x*도 할 수 있는 건 알았는데, *y*도 할 수 있나요?"라는 질문을 던진다면 나는 항상 자신 있게 "네"라고 대답할 수 있다. 그러나 세부적인 프로그래밍 방법은 이 책이 아닌 전문 파이썬 교재나 참고 자료에서 찾을 수 있다.

이 책의 예제나 연습문제는 가장 최신 버전인 파이썬 3가 바탕이다. 그러나 버전 2.3이나 2.7과 같은 파이썬 2라도 이 책의 내용을 구현하는 데는 실질적으로 거의 차이가 없다. 가장 최근에 나온 파이썬 2 버전인 파이썬 2.7과 이 책에서 사용하는 파이썬 3의 가장 큰 차이점은 다음과 같다.

- 파이썬 2에서 `print`는 함수가 아닌 명령문 형식이다. `print` 명령문에는 이 책의 예제와는 다른 문법(syntax)이 포함될 수도 있다. 하지만 이 책의 예제에서 사용한 문법은 – *e*가 하나의 식인 경우 `print(`*e*`)` – 파이썬 2와 3에서 문제없이 작동한다.
- 파이썬 2에는 크기에 제한이 없는 "long integer"라는 형식이 있다. 일반적인 정수(plain integer)와 long integer 사이의 형변환이 프로그래머에게 중요한 것은 아니지만, long integer 형식은 기본적으로 숫자 끝에 "L"을 표시한다. 파이썬 3에서 모든 정수는 크기에 제한이 없는 같은 형식이다.
- 파이썬 2에서 정수를 나눈 결과는 정수지만, 파이썬 3에서는 부동 소수점(floating-point) 형식이다.
- 파이썬 2에서 문자열 내의 문자는 유니코드(Unicode)가 아닌 아스키(ASCII)가 기본값이고 유니코드 형식이 따로 있다.

---

2 이 책이 쓰이는 시점에 공식 문서를 포함한 파이썬과 관련된 문서는 http://docs.python.org에서 내려받을 수 있다.

2.7 이전 버전은 파이썬 3와 더 많은 차이점이 있을 수 있으니 사용하는 버전에 관련된 문서를 꼭 확인해야 한다.

일반적으로 이 책에서는 일인칭 시점에서 이야기하고자 할 때 '우리'라고 할 것이며, 개인적인 의견이나 경험을 이야기할 때는 '나' 라고 할 것이다.

이 책은 영국식 구두점 사용 방법을 따랐다. 개인적으로는 영국식 문법이 미국식보다 분명하다고 생각한다. 다음 예가 미국식 구두점 사용 방법이다.

> i에 1을 더하려면 다음과 같이 작성한다. "i=i+1."

여기서 마침표 "."가 구문의 일부일까, 아닐까? 경험이 많은 프로그래머라면 이 작은 차이가 커다란 변화를 만들 수 있다는 것을 알고 있을 것이다. 다음과 같이 사용한다면 이러한 불분명한 부분을 쉽게 없앨 수 있다.

> i에 1을 더하려면 다음과 같이 작성한다. "i=i+1".

이 책을 엮으면서 나에게 도움과 조언을 그리고 지지를 아끼지 않은 동료와 친구들에게 감사하다는 인사를 전하고 싶다. 그리고 뛰어난 프로그래밍 교재인 "Structure and Interpretation of Computer Programs (SICP)"를 쓴 Abelson과 Sussman에게도 감사하고 싶다.[3] SICP가 많은 사람에게 Scheme이라는 언어를 소개해주는 중요한 기회가 된 것처럼 나 역시 이 책이 파이썬을 소개하는 기회가 될 수 있기를 바란다. 또한, 이 책에 포함된 많은 예제가 SCIP에서 영감을 얻었기에 이 책을 쓰는 과정에서 SICP는 더없이 중요한 책이었다.

---

3 Harold Abelson and Gerald Jay Sussman with Julie Sussman, *Structure and Interpretation of Computer Programs* (Cambridge, Mass.: The MIT Press, 1985).

1장

소개

1 프로그램과 데이터, 수학적 객체

경험이 많은 프로그래머는 상황에 따라서 프로그램과 데이터를 다양한 수준으로 사고하는 방법을 알고 있다. 필요하다면 비트와 바이트, 혹은 기계어와 기계어 명령문의 수준까지 고민하기도 한다. 하지만 대부분은 고급 수준의 데이터 객체와 프로그램 구조에서 생각하고 프로그래밍하는 것이 훨씬 더 생산적일 것이다.

가장 저급 수준(사용자 관점보다 컴퓨터 관점에서 편리한 수준)에서 컴퓨터를 작동시키는 프로그램 코드는 결국 비트로 구성된 기계어라고 할 수 있다. 컴퓨터 역사 초창기에 활동했던 프로그래머들은 이런 기계어 명령문을 사용해야만 했다. 하지만 최근에는 고급 프로그래밍 언어(사람이 이해하기 쉬운 프로그래밍 언어)를 사용하고 있고 예전보다 훨씬 뛰어난 생산성을 지닌다.

이와 마찬가지로 저급 수준에서 컴퓨터 데이터는 결국 바이트와 워드로 포장된 비트 형식으로 표현한다. 프로그래밍을 시작하는 프로그래머라면 이 형식을 알아야 하는 것은 물론이며 반대로 언제 기계 수준의 형식을 벗어나서 고급 수준의 데이터 객체 관점에서 생각해야 하는지 배워야 한다.

나는 이 책으로 대부분 수학적 객체가 결국은 고급 수준의 데이터 객체라는 것을 말하고자 한다. 앞으로 접하게 될 수학 객체 중 일부는 숫자도 있지만, 이산 수학의 객체처럼 전혀 다른 형태인 객체들도 많다.

따라서 이 책에서는 수학적 관점을 바탕으로 고급 수준의 프로그래밍을 구현할 것이다. 앞으로 이 책에서 프로그램과 데이터를 바라보는 관점은 다음과 같다.

프로그램은 "신택스(syntax)" 혹은 "프로그래밍 문법"이라고 부르는 텍스트로 구성되어 있고 기계어 명령의 시퀀스와는 전혀 다른 모습이다. 이 책에서는 프로그래머가 쉽게 쓰고 읽고 이해할 수 있는 고급 프로그래밍 언어로 프로그램을 작성한다. 그리고 기계어 명령문과 프로그래밍 언어 구조 사이의 연결은 간단하게만 다룬다.

긴 기계어 시퀀스처럼 보이는 프로그램의 데이터는 컴퓨터의 주기억장치('메모리'라고 부르는)에 있다. 하지만 이 책에서는 주기억장치 내에서 데이터 객체가 어떻게 표현되는지는 다루지 않는다. 이 책에서 설명하는 관점에서 데이터 객체는 결국 수학적 객체일 뿐이다. 주기억장치가 비록 무한한 크기는 아니지만, 저장하고 싶은 모든 데이터를 저장할 수 있는 크기라고 가정한다.

그 외에도 프로그래머에게 간단한 프로그램은 비트와 바이트, 기계어 명령문 수준에서도 간단한 프로그램이며, 프로그래밍 언어와 기계어 명령문 사이에 직접적인 관련성이 있을 것이라고 가정한다. 컴퓨터 과학을 전공하는 학생이나 고급 프로그래머는 저급 구성 요소에서 고급 구조를 구현하는 방법을 배우겠지만, 그 부분은 이 책에 포함되어 있지 않다. 이 책에서는 저급 수준 구현에 아주 긴 계산이나 복잡함을 숨긴 프로그램 구조는 사용하지 않는다. 따라서 프로그램의 효율성에 대해 자세히는 아니더라도 의미 있는 정도로는 언급할 수 있을 것이다. 그리고 여기서 제시하는 프로그래밍 기법은 실제로 프로그램에서 사용할 수 있는 기술이다.

오래전 갈릴레오를 비롯한 많은 과학자가 말했듯이 과학의 언어는 수학이다. 컴퓨터의 언어 역시 수학이다. 컴퓨터 교육학을 공부하면 컴퓨터의 언어가 수학인 이유와 어떻게 수학적으로 구성되었는지를 배울 수 있다. 컴퓨터 과학을 공부하는 학생들은 컴퓨터와 직접적으로 관계된 수학 내용을 배울 수도 있다. 이 책은 한발 더 나아가 이산 수학의 개념 일부를 소개하고 프로그래밍에서 이산 수학의 유용성을 설명한다. 이를 통해 프로그래머들이 수학적으로 사고하도록 돕고자 한다.

2 파이썬이란?

프로그램 언어로 파이썬(Python)을 사용한 이유는 다음과 같다. 먼저 파이썬은 다양한 소프트웨어를 제작하는 데 사용하는 언어로 최근 들어서 폭넓게 사용되고 있다. 또한, 대부분의 컴퓨터 환경에서 큰 문제 없이 사용할 수 있으며 깔끔하게 잘 설계된 언어다. 즉, 프로그래머는 파이썬을 이용해서 이질적인 단어나 쓸데없는 표현을 최소화하고 머릿속에서 생각한 내용을 직관적으로 표현할 수 있다. 아마 여러분도 파이썬으로 프로그래밍하는 것을 즐기게 될 것이다.

파이썬은 프로그래밍 언어를 구분하는 범주 중에서 여러 범주에 해당한다.

- 파이썬은 스크립트 언어다(Scripting language). 스크립트 언어의 정확한 정의는 없지만, 일반적으로 컴퓨터의 커맨드라인(명령어 입력 창)에 명령어를 입력하는 것과 같이 스크립트라고 불리는 작은 프로그램을 작성하여 프로그램을 완성하는 언어를 의미한다. 예를 들어 어떤 스크립트는 파일을 다루거나 파일에서 데이터를 추출하고자 작성한 프로그램일 수 있다. 또 어떤 스크립트를 이용해서 다른 프로그램을 제어할 수도 있다. 또한, 시스템 관리자는 하나의 작업을 수행하기 위해 컴퓨터 운영 체제의 다양한 기능을 결합하는 스크립트 언어를 사용하기도 한다. 파이썬 스크립트 예제는 곧 살펴볼 것이다. (다른 스크립트 언어로는 펄(Perl) 또는 루비(Ruby)가 있다.)
- 파이썬은 객체지향 언어다. 객체지향이라는 것은 프로그래밍 언어에서 중요한 개념이면서 꽤 복잡하기 때문에 11장에서 구체적으로 설명할 것이다. 프로그래머라면 어떤 프로그래밍 프로젝트를 맡게 되든지 객체지향 언어를 알아야만 하고 반드시 사용하게 된다. (다른 객체지향 언어로는 자바(Java)와 C++가 있다.)
- 파이썬은 고급 언어다. 혹은 고급 언어라고 불린다. 이 역시 정확하게 정의를 내릴 수 없는 또 다른 개념이다. 파이썬은 대다수 다른 언어들에 비해 수학적 객체가 언어의 핵심에 더 중요하게 자리 잡고 있다. 우리는 파이썬의 객체를 수학적 표기법과 비슷한 표기법을 이용해서 다룰 것이다. 이 책의 전반에 걸쳐서 이러한 파이썬의 다양한 면을 활용할 것이다.

사용하는 방법에 따라서 파이썬은 앞서 나열한 특징 중 일부만 드러나기도 하고 모든 특징이 한 번에 드러나기도 한다.

파이썬이 어떻게 작동하는지 몇 개의 파이썬 프로그램 예제를 살펴보자.

우선 첫 번째 프로그램은 파이썬 프로그래머라면 쉽게 작성할 수 있는 수준인 매우 짧은 스크립트다. 여러분이 강의를 듣고 있다고 가정하자. John이라는 사람을 만났는데 그의 성을 기억해낼 수가 없다. 다행히 강사는 강의를 듣는 모든 학생의 명단이 담긴 파일을 사용할 수 있도록 허락해 주었다. 수강생의 명단이 있는 파일이 "names"라는 이름으로 컴퓨터에 저장되어 있다고 가정하자. 그 파일에는 수많은 수강생의 이름이 있기 때문에 컴퓨터를 이용해서 이름을 검색해야 한다. **예제 1-1**은 해당 파일 안에서 "John"이라는 단어로 시작하는 모든 줄을 표시하는 짧은 파이썬 스크립트를 나타낸 것이다.

예제 | 1-1 이름 검색

```
file = open("names")
for line in file:
    if line.startswith("John"):
        print(line)
```

만약 다른 프로그래밍 언어를 하나라도 공부한 적이 있다면 이 스크립트의 역할을 올바르게 추측할 수 있을 것이다. 하지만 스크립트를 한 줄씩 살펴보며 좀 더 파이썬을 쉽게 이해해 보자.

이 스크립트에 포함된 각 구두점의 역할 같은 상세한 내용은 생각하지 않아도 좋다. 이러한 내용은 나중에 천천히 설명하도록 하겠다. 우선 지금은 아주 일반적인 용어를 이용해서 앞선 네 줄을 설명하고자 한다.

```
file = open("names")
```

이 줄이 컴퓨터에 있는 파일을 "여는(opening)" 역할을 한다. 이 명령문은 복잡한 연산 과정이지만 다음과 같이 비교적 간단하게 설명할 수 있다. 우선 컴퓨터의 파일 시스템에서 "names"라는 파일명을 검색한다. 우리가 사용하는 프로그램이 해당 파일을 읽을 수 있게 하고 결과를 file에 저장한다.

가령 이름이 틀렸거나 다른 이유로 해당 파일을 읽지 못하면 open 연산에 실패할 수 있다. 그러나 이 예제뿐만 아니라 다른 예제에서도 open 연산에 실패했을 때 처리 방법은 다루지 않을 것이다. 물론 파이썬에 깊이 접근하고자 하는 프로그래머라면 이러한 상황이 발생했을 때 오류를 처리하는 방법을 알아야만 한다. 그리고 중요한 일을 처리하는 프로그램이라면 예외 상황을 처리할 수 있는 코드를 포함해야 한다. 하지만 이런 단순한 스크립트는 실제 상황에서 오류가 발생해도 프로그래머들이 심각하게 생각하지 않을 것이며 이런 예외 처리 코드를 예제에 포함하는 것은 오히려 설명하고자 하는 부분을 혼란스럽게 할 수 있으므로 생략하겠다.

```
for line in file:
```

이 스크립트는 "file 안의 각 줄에 다음 명령을 실행하라."라는 의미가 있다. 더 정확하게 설명하자면 file의 각 줄을 한 번에 한 줄씩 읽어들인다. 매번 각 줄에 line이라는 이름을 지정하고 그다음에 따라오는 명령어를 읽어들인 줄에 적용한다.

```
    if line.startswith("John"):
```

만약 line이 "John"으로 시작한다면 다음 줄의 명령어를 실행한다.

```
        print(line)
```

파일 안에 있는 줄이 "John"으로 시작한다면 그 줄이 바로 우리가 원하는 줄이다. 이 명령문은 해당 줄을 표시한다. 대부분 컴퓨터에서 이 프로그램을 실행할 수 있고 print 명령문은 화면에 결과를 출력하게 된다.

직접 프로그램을 실행해 보면 다음과 같은 결과가 출력될 것이다. (물론 결과는 names라는 파일에 포함된 내용에 따라 다르다.)

```
John Atencio

John Atkins

Johnson Cummings

John Davis

John Hammerstein
```

약간의 예외가 있으나 출력된 결과는 기대했던 결과에서 크게 벗어나지 않았다. 왜 한 줄씩 띄어서 출력되었을까? 파일의 각 줄의 끝에 "새 줄(new line)" 문자가 포함되어 있는데

print 연산자는 이미 포함된 새 줄 문자에 한 줄을 더 추가한다. (파이썬을 더 자세히 공부한다면 한 줄에 하나씩 출력하는 방법도 알 수 있다.) 그리고 왜 "John"이 아닌 "Johnson"이라는 이름도 출력되었을까? 우리가 작성한 간단한 프로그램은 "John"이라는 사람의 이름을 검색한 것이 아니라 처음 네 글자가 "John"으로 시작하는 모든 줄을 검색했기 때문이다. 이 출력 결과를 바탕으로 당신이 찾는 사람이 "John Davis"라는 것을 알아냈다면 그것으로 이 프로그램의 역할은 끝이며 더는 사용할 필요가 없는 짧은 프로그램이다.

이제 John Davis와 연락하고 싶다고 가정하자. 당신은 여전히 운이 좋은 사람이다. 역시 이 착한 강사가 모든 수강생의 이름과 이메일 주소가 담긴 파일을 제공해 주었다. 이 파일에는 각 줄에 각 학생의 이름과 이메일 주소가 쉼표로 분리되어 저장되어 있다.

해당 파일을 "emails"라는 이름으로 컴퓨터에 저장했다고 가정하자. **예제 1-2**는 이메일이 저장된 파일 안에서 John Davis의 이메일 주소를 찾아서 표시하는 파이썬 스크립트다.

예제 | 1-2 이메일 주소 검색

```
file = open("emails")
for line in file:
    name, email = line.split(",")
    if name == "John Davis":
        print(email)
```

이제 프로그램을 한 줄 또는 두 줄씩 확인해 보자.

```
file = open("emails")
for line in file:
```

이 줄은 첫 번째 프로그램의 처음 두 줄과 매우 비슷하다. 다른 점은 첫 번째 줄에 있는 파일명뿐이다. 사실 이 코드는 파일을 읽고 파일의 각 줄에 어떤 작업을 하고자 한다면 항상 사용하는 매우 일반적인 패턴이다.

```
    name, email = line.split(",")
```

line.split(",")가 쉼표를 기준으로 line을 둘로 분리한다. 이로써 쉼표 앞부분과 쉼표 뒷부분으로 각각 "name"과 "email"에 저장되었다.

```
  if name == "John Davis":
```

name이 "John Davis"라면 다음 줄을 실행한다. 파이썬은 비교 연산을 처리할 때 두 개의 등호로 이루어진 "=="을 사용한다. 보통은 등호 하나가 "같다."라는 뜻이지만 파이썬에서 "="은 이름을 부여하는 것이다. 파이썬은 두 가지를 비교할 때 등호 두 개로 이루어진 다른 기호를 사용하니 잘 기억하자.

```
      print(email)
```

그리고 바로 이 마지막 줄이 우리가 원하는 결과를 출력한다.

마지막 예제로 아주 단순한 계산을 하나 해보도록 하자. 주어진 숫자들의 평균값을 찾는 것이다. 당신은 유량을 측정하는 과학자일 수도 있고 매일 은행 잔액을 계산하는 은행원일 수도 있고 각기 다른 과자의 무게를 재는 엄마일 수도 있다. 당신이 누구고 어떤 상황이든지 파이썬에 입력하는 데이터는 그저 숫자일 뿐, 이 예제의 목적에는 아무 영향을 미치지 않는다.

이번 예제에서는 주어진 숫자들이 온도라고 가정하자. 당신은 창문 밖에 온도계를 설치했고 한 달 동안 매일 같은 시간에 온도계가 가리키는 가장 가까운 눈금을 읽어서 관찰 결과를 정수(integers)로 기록했다. 텍스트 편집기나 워드프로세서를 이용해서 이 숫자가 컴퓨터에 "observations"라는 파일명으로 저장되어 있다. 이제 프로그램으로 평균 온도를 구하는 연산을 할 수 있다.

예제 1-3의 스크립트는 평균 온도를 계산하는 파이썬 프로그램이다. 기존 두 프로그램에 비해 조금 길지만 여전히 "스크립트"라고 부를 수 있을 만큼 짧고 단순하다.

예제 | 1-3 관찰 결과 평균

```
sum = 0
```

```
count = 0

file = open("observations")
for line in file:
   n = int(line)
   sum += n
   count += 1

print(sum/count)
```

이제 프로그램을 한 줄 또는 두 줄씩 살펴보자.

```
sum = 0
count = 0
```

파일에 있는 모든 숫자의 평균을 구하려면 주어진 숫자들의 총 합과 총 개수가 필요하다. 각 값을 저장하고자 sum과 count라는 변수를 생성했다. 두 값 모두 0에서 시작한다.


```
file = open("observations")
for line in file:
```

앞에서 보았던 두 예제와 마찬가지로 원하는 파일을 열고 파일의 각 줄에 다음에 오는 명령을 실행한다. 즉, 이 줄 이후에 들여쓰기가 된 세 줄에 해당하는 명령을 실행한다.

```
   n = int(line)
```

파일 안의 line은 단순한 문자의 시퀀스다. 이 예제에서는 자릿수(digits)의 시퀀스다. 프로그램에서는 이것을 숫자(number)로 바꿔야 한다. 함수 int를 이용해서 이 자릿수(digit)의 형식을 정수(integer)로 변환하고 변수 n에 그 결과를 저장한다.

```
   sum += n
   count += 1
```

파이썬에서 "+="은 "오른쪽에 있는 것을 왼쪽에 더한다."라는 의미다. 따라서 "sum+=n"은 n을 sum에 더하고 "count+=1"은 count에 1을 더한다. 연속해서 합계를 구하거나 개수를 구할 때 일반적으로 사용하는 방법이다.

```
print(sum/count)
```

파일 안의 모든 숫자를 더하고 숫자의 총 개수를 계산하고 나서 수행하는 단계다. sum을 count로 나눠 숫자들의 평균값인 계산 결과를 출력한다.

이 예제에서는 논리 그룹으로 구분할 수 있도록 명령문의 앞에 빈 줄을 추가했다. 프로그래머들이 파이썬에서 일반적으로 사용하는 방법이다. 빈 줄을 추가하면 프로그램의 결과에는 영향을 미치지 않고 프로그램을 읽고 이해하는 사람들에게는 편리함을 제공할 수 있다.

지금까지 짧고 단순한 세 가지 파이썬 프로그램을 살펴보았다. 물론 파이썬 언어의 가장 단순한 몇 가지만 살펴보았기에 전형적인 파이썬 프로그램이라고 할 수는 없다. 파이썬은 이런 짧은 연산으로 설명하기 부족할 만큼 훨씬 더 많은 기능을 갖고 있다. 이 책을 통해 파이썬의 많은 기능을 배우게 될 것이다. 물론 이 예제만으로도 지금 당장은 파이썬을 알기에 충분하다고 생각한다.

3 간단한 수학 용어

이 장에서는 이 책 전반에 걸쳐서 사용할 수학 용어를 소개하고자 한다. 공식을 분석하고 이론을 공부하는 등 수학을 심도 있게 다루지는 않을 것이다. 하지만 이 장에서 배우는 수학 용어들을 사용해서 프로그램과 연산 문제를 다룰 것이다.

첫 번째 용어는 집합(set)이다. 집합은 다양한 것들이 순서 없이 모여 있는 모임이다.

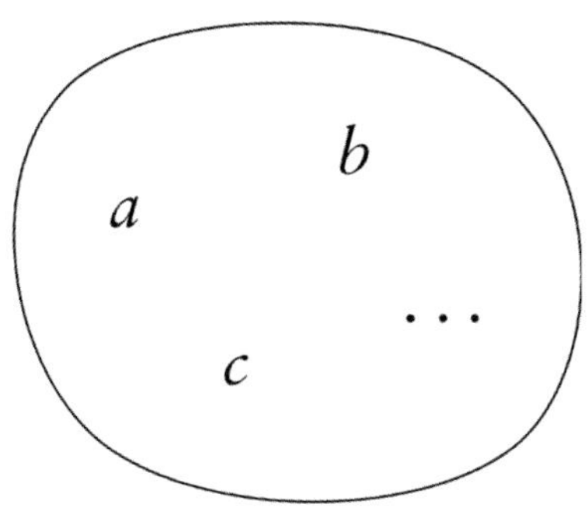

방 안에 있는 모든 사람의 집합, 올해 읽은 모든 책의 집합, 특정 가게에서 파는 물품들의 집합 등을 예로 들 수 있다.

다음 용어는 시퀀스(sequence)다. 시퀀스는 단순히 순서가 있는 것들이 모여 있는 모임이라고 생각할 수 있다.

$a \quad b \quad c \quad \ldots$

전화번호에서 차례로 된 숫자 또는 이름에서 차례로 된 문자 등을 시퀀스의 예로 들 수 있다. 집합과는 달리 시퀀스는 그에 속한 원소가 모두 다를 필요가 없다. 예를 들자면 전화번호의 모든 번호가 서로 다를 필요가 없는 것과 마찬가지다.

수학에서 "집합"이라는 용어를 들어본 적이 있을 것이다. 꼭 수학이 아니어도 일상적 대화에서도 집합이라는 단어를 자주 사용한다. 그에 비해서 "시퀀스"는 생소하게 들릴 수 있는 수학 용어다. 하지만 시퀀스는 꼭 짚고 넘어가야만 하는 몇 가지 중요한 수학적 특징을 갖고 있다. 우선 "집합"과 "시퀀스"라는 두 개념의 차이에 주의하자.

방금 본 파이썬 프로그램 예제에 이러한 수학적 개념을 적용해보자. 각 프로그램이 다루는 데이터는 어떠한 수학적 객체라고 생각하는가?

우선 파일을 다루는 프로그램을 보자. 파이썬 프로그램은 파일을 줄의 시퀀스라고 인식한다. 예제에서 사용한 다음과 같은 코드는 파이썬 프로그램에서 한 번에 한 줄씩 읽을 수 있는 일반적인 형식이다.

```
file = open("observations")
for line in file:
```

일반적으로 이러한 파이썬 명령문의 구조는 다음과 같이 구성된다.

```
for 원소 in 시퀀스 :
```

이것이 파이썬에서 한 번에 한 원소씩 시퀀스의 모든 원소에 명령을 실행하는 방법이다.

파일의 각 줄은 앞서 설명한 것처럼 문자의 시퀀스다. 따라서 파일을 시퀀스의 시퀀스라고 말할 수 있다. 조금 더 깊게 들여다보자.

다시 첫 번째 예제에서 다뤘던 이름 파일을 떠올려 보자(**예제 1-1**). 얻고자 하는 정보의 관점에서 이 파일은 이름의 모임이다. 어떤 종류의 모임일까? 이 프로그램은 다른 이름은 무시하고 "John"으로 시작하는 모든 이름만을 검색한다. 따라서 강사가 실수로 같은 이름을 두 번 쓰지 않았다고 가정한다면 이 모임은 집합이라고 할 수 있다.

실제로 이 프로그램의 입력과 출력은 모두 집합이다. 프로그램의 입력은 강의를 수강하는 학생들의 집합이다. 출력은 "John"이라는 글자로 시작하는 이름을 가진 수강생들의 집합이다. 이를 수학적으로 생각하자면 프로그램의 결과로 출력된 집합은 프로그램에 입력된 집합의 부분집합이라고 할 수 있다.

차례대로 이름을 입력할 수도 있지만, 지금 문제에서 순서는 중요하지 않다. 예를 들어, 이름 목록이 성의 알파벳순으로 정렬되어 있을 수도 있다. 물론 이는 앞선 예제의 출력 결과에서 추측할 수 있다. 또한 파일에서 줄의 시퀀스를 저장하면서 쉽게 이름 순서를 정할 수도 있다. 하지만 중요한 점은 여기서 이름의 모임을 다룰 때는 특정한 정렬 상태가 아무 상관이 없다는 점이다.

두 번째 예제에 있는 이름과 이메일 주소의 파일도 다시 한 번 생각해보자(**예제 1-2**). 우선 파일의 각 줄을 개별적으로 살펴보자. 각 줄에는 하나의 이름과 하나의 이메일 주소가 있다. 수학적 용어로는 이러한 데이터를 순서쌍(ordered pair)이라고 한다.

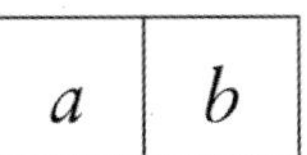

무엇이 우선이고 다음인지를 알 수 있도록 두 개의 원소가 '순서대로' 정렬된 것이 순서쌍이다. 이때, 두 개의 원소가 서로 다른 것을 의미한다. 따라서 순서쌍은 단순히 두 개의 원소를 지닌 집합과는 다른 의미가 있다.

그렇다면 파일 전체를 보면 어떨까? 첫 번째 예제 프로그램의 입력 파일과 마찬가지로 집합이다. 파일이 이름이나 이메일 주소로 정렬되어 있거나 또는 전혀 정렬되어 있지 않을 수도 있다. 이런 정렬 순서는 아무 상관이 없다. 첫 번째 원소가 "John Davis"인 순서쌍을 찾아서 해당하는 이메일 주소를 표시하면 된다. 따라서 (다시 한 번 파일에 중복되는 내용이 없다는 가정하에) 입력 파일을 순서쌍의 집합이라고 볼 수 있다.

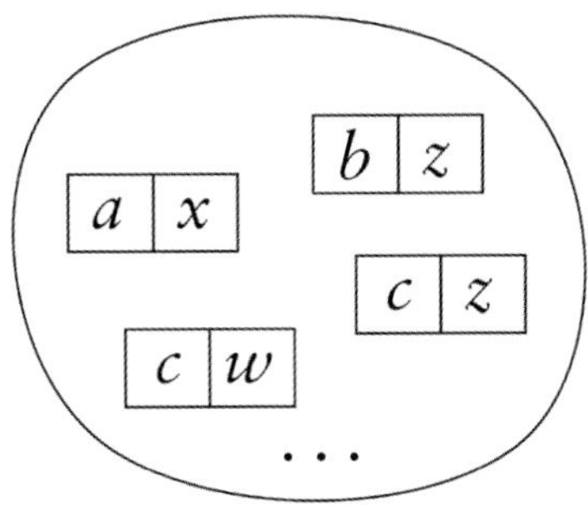

이러한 순서쌍의 집합을 일컬어 수학 용어로 관계(relation)라고 한다. 순서쌍의 집합은 서로 관계가 있는 것들의 쌍을 의미하는 수학적 구조라고 생각할 수 있다.

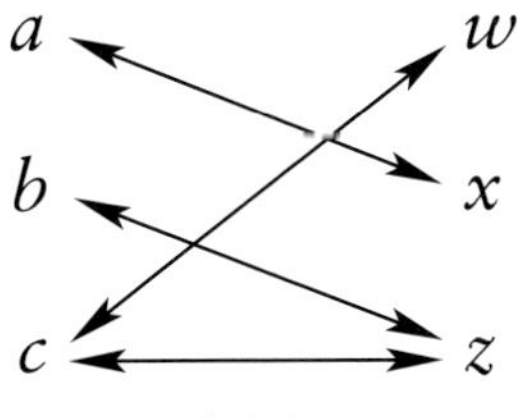

예제 프로그램에서 입력 데이터는 이름과 그와 관계가 있는 이메일 주소로 구성된다.

이 관계 중 꼭 알고 넘어가야 하는 중요한 관계가 있다. 바로 매핑(mapping)이라는 것이다. 매핑은 첫 번째 원소가 모두 다른 순서쌍의 집합을 의미한다. 따라서 매핑은 특정한 것을 찾고자 하는 메커니즘 같은 구조라고 볼 수 있다. (이름과 같은) 값을 입력하면 이 값이 첫 번째 원소에 있을 때 두 번째 원소(이메일 주소)를 결과로 얻을 수 있다.

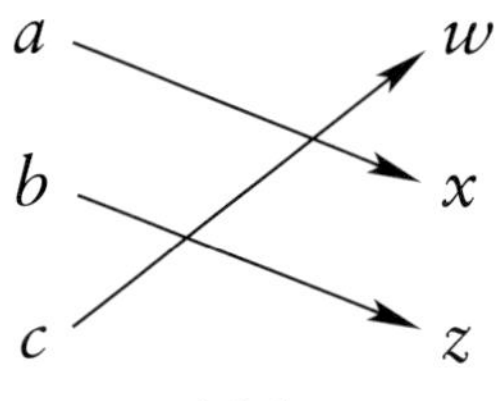

수학에서 "매핑"을 칭하는 또 다른 용어는 바로 "함수(function)"다. 제곱근이나 삼각함수 같은 수학 함수에 대해서 들어본 적이 있을 것이다. 하지만 프로그래밍에서 "함수"는 수학의 함수와 조금 다른 의미를 지니므로 이 책에서는 수학적 개념의 함수를 말할 때 "매핑"이라는 용어를 따로 사용할 것이다.

이 프로그램의 입력 값이 매핑인지는 알 수 없다. 일부 수강생은 이메일 주소를 두 개 이상 주었을 수도 있고 강사가 그 이메일 주소를 모두 파일에 넣었을 수도 있다. 그렇게 되면 몇몇 이름에 대해서는 순서쌍이 두 개 이상이 된다. 이럴 때는 데이터가 관계이기는 하지만 매핑은 아니다. 하지만 만약 강사가 한 사람당 하나의 이메일 주소만 적었다고 가정한다면 이 데이터는 관계일 뿐만 아니라 매핑이다.

물론 이 예제에서는 이러한 차이에 신경 쓸 필요가 없다. 만약 이 프로그램이 John Davis에 해당하는 이메일 주소를 하나 이상 출력하더라도 아무런 문제가 없다.

이제 평균값을 계산하는 세 번째 예제에서 입력 데이터가 어떤 형식인지 살펴보자(**예제 1-3**). 이 예제에서 평균값을 계산하고자 숫자들을 더할 때 숫자들의 배치 순서나 숫자들을 더하는 순서는 결과에 전혀 영향을 미치지 않는다. 이는 정수 덧셈의 두 가지 기본 법칙 때문이다.

- 결합법칙: 임의의 정수 a, b, c에 대하여 $(a+b)+c=a+(b+c)$이다.
- 교환법칙: 임의의 정수 a, b, c에 대하여 $a+b=b+a$이다.

1장 · 소개

그렇다면 처음 두 예제와 마찬가지로 이 입력 데이터도 집합인가? 꼭 그렇다고는 할 수 없다. 때로는 온도가 같은 날도 있을 수 있기 때문에 입력 데이터에 같은 값이 두 개 이상 있을 수 있다.

따라서 이 데이터는 다중 집합(multiset)이다. 다중 집합은 집합과 비슷하지만 집합 내 모든 원소가 다를 필요가 없다. 따라서 다중 집합에서는 어떤 원소가 하나 이상 존재할 수 있다. 하지만 다중 집합 역시 집합과 마찬가지로 순서가 없는 모임이다.

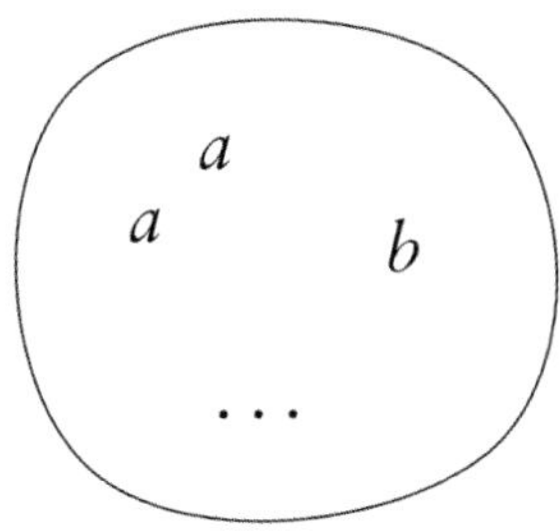

따라서 필요한 작업이 온도를 관찰한 데이터 모임의 평균을 계산하는 것이라면 "다중 집합"이 가장 잘 표현한 구조라고 할 수 있다. 하지만 **그림 1-1**처럼 한 달에 걸쳐서 온도의 변화를 그린다고 가정해 보자.

▼ **그림 1-1** 한 달에 걸친 온도 변화와 추세선

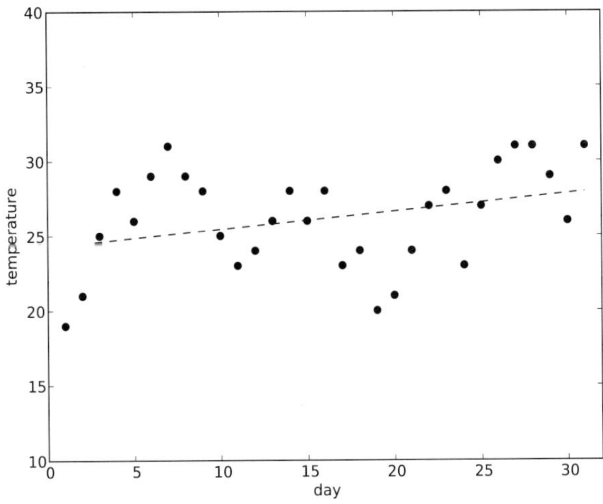

이러한 경우라면 관측 순서가 중요하기 때문에 데이터를 시퀀스로 간주해야 한다. 즉, 프로그래머의 관점에서 보자면 데이터를 수학적 객체로 표현하는 방법은 데이터의 속성뿐만 아니라 프로그래머가 데이터를 활용하고자 하는 방법에 따라서 달라질 수 있다.

요약해 보자. 지금까지 언급한 수학적 객체의 종류는 다음과 같다.

- 집합(set)
- 다중 집합(multiset)
- 시퀀스(sequence)
- 순서쌍(ordered pair)
- 관계(relation)
- 매핑(mapping)

앞선 예제에서 다음과 같은 수학적 객체의 인스턴스들을 만날 수 있었다.

- 일반 파일: 시퀀스의 시퀀스(a sequence of sequences)
- 첫 번째 예제의 데이터(이름, **예제 1-1**): 집합
- 두 번째 예제의 데이터(이메일, **예제 1-2**): 순서쌍의 집합(a set of ordered pair). 관계를 형성한다. 매핑일 수도 있다.
- 세 번째 예제의 데이터(관측 정보의 평균, **예제 1-3**): 다중 집합. 하지만 만약 같은 데이터로 그래프와 추세선을 그리고자 한다면 시퀀스다.

이후의 장에서 앞서 설명한 수학적 객체들을 비롯한 다양한 수학적 객체의 특성을 알아볼 것이다. 또한, 수학적 객체와 데이터 및 프로그램 연산과의 관계에 대해서도 알아볼 것이다. 그전에 이 장에서 알게 된 중요한 두 가지 요점을 정리하면서 마치도록 하자.

- 데이터의 모임은 프로그래머의 관점에 따라서 집합, 시퀀스, 매핑을 비롯한 모든 종류의 수학적 객체로 표현할 수 있다.
- 데이터를 사용하는 방법에 따라서 데이터의 모임을 하나 이상의 수학적 객체로 이해하고 표현할 수 있다.

이 장에서 소개한 용어

- 스크립트(script)
- 시퀀스(sequence)
- 관계(relation)
- 결합법칙(associative property)
- 다중 집합(multiset)
- 집합(set)
- 순서쌍(ordered pair)
- 매핑(mapping)
- 교환법칙(commutative property)

2장

파이썬 살펴보기

1 소개

이 장을 포함해서 앞으로 세 장에 걸쳐 파이썬을 소개한다. 파이썬이라는 프로그래밍 언어에 대한 자세한 내용을 모두 설명하지는 않겠지만, 이 책의 내용을 이해하고 적용하기에는 충분할 것이다. 앞으로 다룰 세 장에서 파이썬의 개념과 관계된 용어들을 설명한다. 용어 대부분은 파이썬에서만 사용하는 용어라기보다는 컴퓨터 과학에서 프로그래밍 언어를 이야기할 때 일반적으로 많이 사용하는 단어다. 이 용어들을 앞으로도 자주 사용할 것이므로 이미 파이썬에 익숙한 독자라도 한번 자세히 읽어보기를 권한다.

앞에서 파일에서 입력 데이터를 불러오는 파이썬 프로그램을 살펴보았다. 실제로 파이썬 프로그램 자체도 파일에 텍스트로 구성되어 있다. 가령 여러분이 앞 장에서 사용한 스크립트를 가지고 있다면 각각이 파일 형태로 되어 있을 것이다.

대부분 컴퓨터 시스템에서 파이썬 인터프리터를 사용할 수 있다. 짧은 파이썬 프로그램을 인터프리터에 입력하면 인터프리터는 그 결과를 표시한다. 다음과 같이 파이썬 인터프리터를 계산기같이 사용할 수도 있다.

```
3+2
```

그러면 인터프리터는 다음과 같은 답을 표시한다.

```
5
```

지금 옆에 컴퓨터가 있다면 예제들을 파이썬으로 직접 실행해 보는 것이 좋다. 파이썬 인터프리터에 짧은 스크립트를 입력하고 어떤 결과가 출력되는지 확인해보자. 책을 읽는 동안 가능하다면 언제든지 파이썬을 이용해서 직접 구현해보는 것이 좋다.

2 값과 형식, 이름

우선 파이썬의 가장 기본적인 개념 몇 가지를 살펴보자. 이 기본 개념을 바탕으로 파이썬의 연산 방법을 이해할 수 있을 것이다.

파이썬은 값(values)을 바탕으로 연산을 처리하고 다른 값을 결과로 반환한다. 만약 "3+2"를 파이썬 인터프리터에 입력한다면 파이썬은 3과 2라는 값을 취하고 두 값을 더하는 연산을 수행하고 나서 5라는 값을 결과로 출력한다.

우리는 이미 이 책에서 다양한 형식의 값을 보았다. 방금 언급한 숫자 3과 2 역시 값이다. 또한, 문자의 시퀀스인 "John"도 값이다. 1장의 스크립트에서 입력받아 사용한 파일 역시 조금 더 복잡한 형태지만 값이라고 할 수 있다. 이후의 장에서도 살펴보겠지만, 파이썬의 값에는 집합과 매핑, 다양한 종류의 시퀀스뿐만 아니라 수많은 것들이 있다.

모든 값에는 해당하는 형식(type)이 있다. 3과 2 같은 자연수는 "정수(integer)" 형식이다. 문자의 시퀀스는 "문자열(string)" 형식이다. 앞으로 살펴보겠지만 이외에도 파이썬에서는 다양한 형식들을 사용한다.

형식이라는 것은 값의 종류를 의미하는 파이썬의 기술적 용어 이상의 의미가 있다. 형식은 이름이란 속성 외에도 두 가지의 중요한 속성이 있다. 바로 해당 형식에 포함될 수 있는 값의 집합과 이 값들을 다루기 위한 연산자의 집합이다. 파이썬에서 정수의 연산자로는 더하기가 있고 문자열의 연산자로는 주어진 특정 문자(예를 들어 쉼표)를 기준으로 분리하는 연산자가 있다.

마지막으로 이름(names)은 파이썬 프로그램의 중심이며 다양한 방법으로 사용된다. 중요한 예를 들자면, 이름을 값에 비인딩(bind)할 수 있다. 이는 다음과 같이 앞서 평균값을 계산하는 스크립트에서 사용했던 방식이다.

```
count = 0
```

이 명령문으로 0이라는 값에 count라는 이름을 바인딩하게 된다. 이 예제의 연산에 대한 또 다른 이름이 바로 할당(assignment)이다. 만약 파이썬 프로그램에 이러한 스크립트가 있다면 이를 count에 0을 할당했다고 말하고 이 줄을 할당문이라고 부른다. 파이썬에서 값에 이름을 바인딩하는 방법은 여럿 있지만, 할당문이 그중 가장 기본적인 방법이다.

이처럼 할당문에서 값과 바인딩 된 이름을 변수(variable)라고 부른다. 변수라고 하는 이유는 이 바인딩은 영구적이지 않고 같은 이름에 다른 값이 바인딩 될 수도 있기 때문이다. 예를 들어 앞에서 작성한 평균값을 구하는 스크립트에 다음과 같은 줄이 있다.

```
count += 1
```

이 줄을 이용해서 매번 새로운 값을 count와 바인딩하게 된다. 이때 새로운 값은 이전에 바인딩 되었던 값에 1을 더한 값이다. 프로그램에서 이러한 바인딩을 반복해서 수행할 수 있다. 앞서 이용했던 평균값을 구하는 스크립트 역시 대상 파일의 각 줄을 지나면서 반복해서 바인딩을 수행하는 스크립트다.

파이썬에서는 다음과 같이 같은 프로그램 안에서 변수의 형식을 바꿔서 다시 바인딩을 수행할 수도 있다.

```
count = "Hello, John!"
```

따라서 변수의 형식 역시 영구적인 속성이 아니다. 파이썬에서 형식은 실제 값의 속성이다. 변수의 형식이라고 말할 수도 있지만, 이는 오히려 변수와 바인딩 된 값의 형식이라는 의미가 있다.

하지만 파이썬을 실제로 사용할 때 대부분 변수는 프로그램 전반에 걸쳐서 같은 형식을 갖게 된다. 이것이 실제 프로그래머들이 변수를 대하고 사용하는 가장 자연스러운 접근 방법이다. 게다가 경험 많은 프로그래머들은 이름을 선택할 때 해당 변수를 사용하는 방법과 논리적으로 관계가 있는 이름을 선택하는 경향이 있다. 파이썬 인터프리터가 이해하는 것과는 아무런 상관이 없다 하더라도 문자열 "Hello, John!"을 count라는 이름과 바인딩하는 것은 그다지 좋은 생각이라고 할 수 없다.

파이썬에서 할당이 이름과 값을 바인딩하는 연산이라고 설명하는 것은 전체 과정을 상당히 단순화한 것이다. 실제로 파이썬 내부에서 일어나는 일은 이름이 그 값을 가진 "객체(object)"라고 불리는 것과 바인딩 되는 것이다. 이 책의 뒷부분에서 이 차이를 좀 더 자세히 설명할 것이다. 지금은 자세한 내용이 중요하지 않기 때문에 단순하게 이름과 값이 직접 바인딩 된다고 생각해도 무방하다.

3 정수

파이썬의 정수는 수학의 정수와 같은 의미가 있다. 즉, 양의 정수와 음의 정수, 0을 포함한 수가 정수다.

파이썬에서 정수를 다룰 수 있는 연산자는 더하기, 빼기, 곱하기, 나누기 등이 있다. 이 연산자들은 연산을 수행하고자 하는 값 사이에 기호로 표시한다.

```
3+2
3-2
3*2
3/2
```

각 기호는 연산자(operator)라고 부르고 연산을 하고자 하는 각 값은 피연산자(operands)라고 부른다. 두 개의 피연산자를 다루는 연산자들은 이항 연산자(binary operator)라고 부른다. (이때 "이항(binary)"이라는 단어는 이진법을 의미하는 "binary"와는 아무런 관계가 없다.)

파이썬 프로그램에서 `123` 또는 `2`, `0`과 같은 하나 또는 그 이상의 자릿수(digit) 시퀀스는 음수가 아닌 정수 값을 의미한다. 이러한 자릿수 시퀀스는 상수(constant)의 예라고 할 수 있다. 상수란 해당 기호가 표현하는 값을 제외하고 다른 어떤 것과도 바인딩 될 수 없는 기호를 의미한다.

음의 정수를 나타내려면 자릿수의 가장 앞에 음의 부호를 붙이면 된다.

```
-123
```

여기서 음의 부호는 단항 연산자(unary operator)다. 이때, 단항 연산자라는 용어는 오직 하나의 피연산자만을 다룬다는 의미가 있다. 물론 이 기호는 사용하기에 따라서 단항 연산자일 수도 있고 이항 연산자일 수도 있다.

연산자와 피연산자의 조합을 표현식(expression)이라고 부른다. 대부분의 프로그래밍 언어에서 연산자와 피연산자로 구성된 작은 식들을 조합해서 더 큰 식을 만들어 낼 수 있고 일반적인 수학과 마찬가지로 괄호를 사용해서 표현식을 묶을 수도 있다. 표현식의 값을 구한다(evaluating)는 의미는 식을 구성하는 모든 값을 찾고 결괏값을 구하고자 모든 연산자를 실행한다는 의미다.

만약 정수인 피연산자에 +, -, *와 같은 연산자를 적용한다면 그 결과 역시 정수가 된다. 하지만 연산자 /는 다르다. 예를 들어 3/2라는 식의 값을 구하면 수학의 나눗셈과 마찬가지로 1.5라는 결과가 나온다. 이때, 1.5는 소수 부분 때문에 정수라고 할 수 없다. 바로 이 1.5가 부동 소수점 숫자(floating-point number)의 예라고 할 수 있다. 부동 소수점 숫자는 다음 절에서 자세히 설명하도록 하겠다.

파이썬에서 / 연산자를 이용해 두 개의 정수를 나눈 결과는 소수점이 없는 정수 값도 부동 소수점 숫자로 처리한다. 결괏값을 정수로만 표현하려면 //와 같은 다른 나누기 연산자를 사용해야 한다. 예를 들어 4/2의 결과가 2.0이라는 부동 소수점 숫자로 나타난다면 4//2의 결과는 2라는 정수로 나타난다. 만약 // 연산의 결과가 정수로 떨어지지 않는다면 소수점 이하를 내림한 결과(즉, 나눗셈의 몫)를 제공한다. 가령 14//3은 소수 부분인 나머지 2가 없는 정수 4가 연산의 결괏값으로 나온다.

연산자 %는 //와는 반대로 나머지 부분만 결과로 출력한다. 예를 들어 14%3의 결과는 2가 된다.

파이썬에는 이 외에도 다른 정수 연산자들이 있다. 그 중 **은 지수 연산자다. 예를 들어 2**8의 결괏값은 2^8이다.

파이썬에는 산술 연산자와 할당 연산자를 하나로 묶은 증가 할당 연산자(augmented assignment operators)라는 것이 있다. 이미 앞에서 += 이라는 증가 할당 연산자를 살펴보았다. 이 연산자는 다음과 같이 쓰인다.

```
count += 1
```

이 명령문의 값을 계산할 때 파이썬 인터프리터는 count와 값 1을 이용해서 일반적인 + 연산을 하고 다시 좌변의 count에 그 결괏값을 바인딩한다. 파이썬에는 이 외에도 -= 또는 *= 등의 증가 할당 연산자가 있지만, +=이 프로그래머들이 가장 즐겨 사용하는 증가 할당 연산자다.

파이썬은 정수의 크기에 본질적인 한계 값이 없다. 즉, 2**2**8이라는 식은 결괏값이 꽤 큰 수임에도 파이썬은 아무 문제 없는 정수로 받아들이며 이보다 훨씬 더 큰 수까지도 다룰 수 있다.

물론 파이썬의 정수에도 현실적인 한계가 존재한다. 예를 들어 파이썬 인터프리터를 이용해 2**2**100과 같은 식을 계산할 수는 없다. 결괏값이 컴퓨터가 저장할 수 있는 값보다 훨씬 자릿수가 크기 때문이다. 게다가 행여 파이썬 인터프리터가 모든 자릿수를 저장할 수 있는 공간을 찾더라도 식을 계산하는 데 엄청난 시간이 걸린다.

수학적 관점에서 $2^{2^{100}}$이라는 계산의 결괏값은 완벽하게 정상적인 숫자다. 유한수이기 때문에 계산할 수만 있다면 머릿속에서 떠올리는 것이 그렇게 어려운 과정도 아니다. 간단하게 생각하자면 2를 계속 곱해 나가면 언젠가는 결과를 얻을 수 있다. 또한, 수학에는 무한수라는 개념이 있어서 모든 유한수는 무한수와 구분할 수 있다.[1]

1 수학에는 다양한 종류의 무한수가 존재한다. 예를 들어 선(line) 위에 있는 점의 개수(무한수)는 정수의 총 개수(무한수)보다 많다. 사실 무한하게 더 많다고 할 수 있다.

다음 절에서 자세히 설명하겠지만, 다른 많은 프로그래밍 언어와 다르게 파이썬에는 "무한"을 표현하는 방법이 있다. 하지만 파이썬에는 단 하나의 무한수(그리고 그에 대한 음의 무한수)만 있어서 프로그램에서 파이썬 "무한"의 유용성이 다소 제한적이긴 하다.

파이썬 프로그래밍을 비롯해 어떤 프로그래밍 언어를 사용하더라도 유한수와 무한수 외에 $2^{2^{100}}$과 같이 유한수지만 컴퓨터가 계산할 수 있는 범위를 넘어서는 숫자 개념은 알아두는 것이 좋다.

이후에도 다루겠지만, 집합으로 파이썬의 값을 표현할 수도 있고 시퀀스와 매핑, 다른 수학적 구조들을 이용해서 다양한 방법으로 값을 표현할 수 있다. 파이썬은 수학적 특징을 바탕으로 설계되었기 때문에 정수와 마찬가지로 파이썬의 값은 수학적 객체와 유사점이 있다. 프로그램을 작성하고 연산을 수행할 때 연산과 값을 수학적으로 이해하고 그대로 표현하면 된다는 부분은 분명히 파이썬의 장점이다. 하지만 정수의 연산과 마찬가지로 파이썬의 집합과 시퀀스를 포함한 모든 계산에는 어쩔 수 없는 현실적인 제약이 존재한다. 예를 들자면 파이썬 프로그래머는 저장이나 연산할 수 없는 수준인 큰 집합을 생성하는 계산은 피해야 한다.

정리하자면 수학에서는 유한수와 무한수로만 나누지만, 프로그래밍에서는 유한수도 계산이 가능한 유한수와 유한수임에도 너무 커서 계산이 불가능한 수로 나눌 수 있다. 이 차이점은 연산에서도 마찬가지다. 연산은 할 수 있지만, 시간이 너무 오래 걸려서 현실적으로 답을 찾을 수 없는 문제가 존재할 수 있다. 현실적으로 가능한 것과 불가능한 것을 구분하고 그 기준을 바탕으로 값과 연산을 구분하는 것은 컴퓨터 과학에서 주된 논쟁점이기도 하다. 만약 컴퓨터 과학을 전공하는 학생이라면 이 부분도 공부하게 될 것이다.

4 부동 소수점 숫자

파이썬에서 부동 소수점 숫자는 정수와는 또 다른 형식으로 "float"이라는 이름을 갖고 있다. 파이썬은 소수 부분이 있는 숫자를 표현하는 데 부동 소수점 형식을 사용한다. 파이썬의 정수가 수학의 정수를 의미하는 것과 마찬가지로 파이썬의 부동 소수점 숫자는 수학의 실수를 의미한다. 부동 소수점 숫자는 실수와 비슷하지만, 수학의 실수와는 다른 특성과 의미가 있다.

파이썬에는 두 종류의 부동 소수점 상수가 있다. 첫 번째는 3.14나 0.001과 같이 소수점이 어디엔가 찍혀 있는 간단한 자릿수의 시퀀스다. 두 번째는 "과학적 표기법(scientific notation)"으로 6.02×10^{23}과 같은 수다. 파이썬에서는 `6.02E23`이라는 형식으로 표현한다. "`E`(또는 "`e`"로 사용할 수도 있다)" 뒤에 나오는 숫자는 과학적 표기법에서 사용하는 10의 지수다. `1e-6`과 같이 음수를 이용해서 100만 분의 1을 표현할 수도 있다.

파이썬의 부동 소수점 연산은 피연산자가 부동 소수점 숫자이기 때문에 계산 결과도 부동 소수점 숫자로 표현된다는 것만 제외하면 정수 연산과 같다. 또한, 부동 소수점 숫자와 정수를 섞어서 하나의 식에 사용할 수 있다. 만약 이항 연산에서 하나의 피연산자가 부동 소수점 숫자고 다른 하나가 정수인 경우라면 정수는 부동 소수점 값으로 변환되어 계산이 진행된다. 최종 결과는 부동 소수점 값으로 반환된다.

파이썬에서는 함수(function)를 이용해 명시적으로 정수에서 부동 소수점 숫자로 변환하거나 혹은 그 반대의 형식으로 변환할 수 있다. 파이썬 함수는 다양한 방식으로 사용할 수 있지만, 지금은 목적에 맞도록 수학 함수로서의 기능만 다룬다. 여기서 파이썬 함수는 바로 매핑이다. 인수(argument)라고 불리는 값을 받아 그 인수를 이용하는 함수로 결괏값을 반환하는 형태다.

함수를 사용하려면 함수 호출(function call)이란 형식으로 작성해야 한다. 함수 호출 형식은 호출하고자 하는 함수와 괄호 안에 포함된 표현식으로 구성된다. 여기서 표현식이란 함수로 전달하는 인수다. 파이썬 인터프리터가 함수 호출을 진행할 때 함수를 "호출한다(call)"라고 표현하고 인수를 함수에 "전달한다(pass)"고 표현한다. 호출된 함수는 전달된 인수를 이용해서 계산한 결괏값을 "반환한다(return)".

정수를 부동 소수점 숫자로 변환하는 데 함수 `float`를 사용할 수 있다. 예를 들어 변수 `n`이 3이라는 값을 갖고 있다면 `float(n)`은 `3.0`을 값으로 갖는다. 부동 소수점 숫자에서 정수로 변환하고자 할 때 소수점 이하 부분을 버리려면 함수 `int`를 이용할 수 있다. 가까운 정수로 변환하고자 한다면 round 함수를 사용해서 반올림 처리를 할 수 있다. 예를 들어 변수 x의 값이 2.7일 때 int(x)의 결괏값은 2고 round(x)의 결괏값은 3이다.

또한, 파이썬에서 "무한"을 표시하기 위해 함수 float를 사용할 수 있다. 파이썬에는 무한수를 표현하는 상수는 없지만 float("inf") 또는 float("Infinity")라고 작성해서 무한수를 표현할 수 있다. (float 함수에 전달되는 문자열은 대소문자에 영향을 받지 않는다.) float("-inf") 또는 -float("Infinity")를 이용한다면 음의 무한수를 표현할 수 있다.

파이썬 무한수에서 가장 유용한 속성은 어떤 정수나 부동 소수점 숫자보다도 더 큰 부동 소수점 숫자라는 것이다. 이와 유사한 개념으로 "음의 무한수(negative infinity)" 역시 어떠한 부동 소수점 숫자나 정수보다도 작은 부동 소수점 숫자가 된다. 이러한 속성을 이용해야만 하는 특이한 상황을 제외하고는 이 책에서 파이썬의 무한수는 거의 언급하지 않겠다.

부동 소수점 숫자(무한수를 제외한)는 부호와 지수, 유효 숫자만을 포함하는 과학적 표기법을 이용해서 컴퓨터에 저장된다. 대부분 컴퓨터에서 파이썬은 하드웨어가 지원하는 "배정밀도(double precision)" 표현을 사용한다.

배정밀도에 대한 구체적인 설명은 이 책의 목적을 벗어나므로 중요하지 않지만, 한 가지는 유의하자. 즉, 지수와 유효 숫자가 모두 고정된 개수의 비트로써 표현된다는 점이다. 이 특징은 결과적으로 특정 컴퓨터가 표현할 수 있는 부동 소수점 숫자가 컴퓨터에 따라서 유한하게 제한된다는 사실이다. 실제로 파이썬에는 부동 소수점 숫자들보다 정수가 훨씬 많다. 이는 수학과는 정반대다.

지수의 최대치가 정해져 있기 때문에 부동 소수점 숫자의 크기가 제한된다는 부분을 생각해보자. 대부분은 실제 프로그래밍에서 이 한계가 심각한 문제를 불러오지는 않을 것이다. 이미 현대 컴퓨터가 처리할 수 있는 부동 소수점 숫자의 크기는 물리적 우주까지 측정할 수 있을 정도이므로 이 한계는 전혀 영향을 미치지 않는다.

이보다 더 중요한 문제는 부동 소수점 숫자가 일부 유효 숫자만을 포함한다는 점이다. 즉, 수학의 실수 대부분은 파이썬의 부동 소수점 숫자를 이용해서 근사치로만 표현할 수 있다. 다시 말하자면 1/3과 같은 부동 소수점 숫자로 나타나는 모든 계산 결과는 결국 파이썬에서는 고정된 유효 숫자만을 포함하도록 반올림 된다. 따라서 실제 수학의 결과와 달리 대부분 근삿값을 제공하게 된다.

그러므로 부동 소수점 숫자를 계산할 때는 그 값이 근사치라는 점을 염두에 두어야만 한다. 예를 들어 1/3+1/3+1/3의 결과가 정확하게 1.0이라고 할 수는 없을 것이며 이 두 값이 근사할 것이라고 가정할 뿐이다. 부동 소수 결과와 실제 수학적 결과의 차이는 반올림 오차(round-off error)라고 부른다. 긴 연산에서 이러한 반올림 오차가 지속해서 누적되면 생각하지 못한 심각한 오차를 만들어낼 수 있다.

5 문자열

앞에서 언급한 내용처럼 문자의 시퀀스는 문자열(string)이라고 부른다. 파이썬에서 문자열은 키보드에서 입력할 수 있는 문자들뿐만 아니라 "유니코드(unicode)"라고 불리는 모든 문자를 포함할 수 있다. 유니코드는 중국어, 아랍어, 인도어, 한국어뿐만 아니라 전 세계 언어 대부분을 표현할 수 있다. 또한, 유니코드에는 수학 기호와 기술 기호, 특이한 구두점을 비롯한 다양한 문자들이 있다. 물론 이 책의 내용을 설명하는 데 이 특이한 기호들이 모두 필요하지는 않다. 키보드에서 입력할 수 있는 수준의 문자들이면 충분하다.

문자열 상수는 다음과 같이 큰따옴표로 감싼 문자의 시퀀스를 말한다.

```
"Here's one"
```

또는 작은따옴표로 감싸기도 한다.

```
'His name is "John"'
```

작은따옴표가 포함된 문자열은 큰따옴표로 감싸고 큰따옴표가 포함된 문자열은 작은따옴표로 감싸는 것에 주의하자.

문자열은 ""와 같이 빈 것일 수도 있다. 이러한 문자열을 "빈 문자열(empty string 또는 null string)"이라고 부른다. 앞으로 살펴보겠지만 빈 문자열도 프로그래밍에서 유용하게 사용할 수 있다.

파이썬에서는 문자 하나도 문자열로 취급하기 때문에 "문자(character)" 형식이 따로 존재하지 않는다.

정수와 부동 소수점 숫자와 같은 다른 형식에서 문자열로 형식을 변환하는 str이라는 함수가 있다. 예를 들어 str(3)은 문자열 값 "3"을 생성한다.

중요한 문자열 연산 중 하나는 문자열의 끝을 연결하여 하나의 문자열로 바꾸는 연결(concatenation) 연산이다. 이러한 연결 연산에 파이썬은 + 연산자를 사용한다. 예를 들어 "python"+"interpreter"라는 식의 결괏값은 다음과 같다.

```
"pythoninterpreter"
```

따라서 지금까지 살펴본 바로는 연산자 +를 세 가지 다른 의미로 사용할 수 있다. 바로 정수의 더하기와 부동 소수점 숫자의 더하기, 문자열의 연결 연산이다. 이럴 때 +에 세 가지 의미가 다중 정의(overload)되어 있다고 말한다. 즉, 하나의 연산자를 다른 여러 종류의 연산에 사용할 수 있다는 뜻이다.

파이썬에서는 *에 또 다른 의미를 다중 정의하여 정수와 문자열이 피연산자로 주어질 때 정수 횟수만큼 문자열을 복사하여 연결하는 연산을 한다. 예를 들어 3*"Hello"의 결괏값은 "HelloHelloHello"가 된다. 피연산자인 정수의 위치가 왼쪽이든 오른쪽이든 계산 결과에는 영향을 미치지 않는다. 하지만 주의할 점은 파이썬에서는 상상할 수 있는 서로 다른 모든 형식에 +나 * 연산자를 다중 정의하지는 않는다. 예를 들어 피연산자가 각각 문자열과 정수일 때는 + 연산을 실행하지 않는다. 파이썬 인터프리터가 정수를 문자열로 바꾸고 연결을 수행할 것이라고 상상할 수도 있지만 실제로 그렇지는 않다.

이 장에서 소개한 용어

- 형식(type)
- 바인딩(binding)
- 할당문(assignment statement)
- 정수(integer)
- 피연산자(operand)
- 상수(constant)
- 표현식(expression)
- 증가 할당(augmented assignment)
- 인수(argument)
- 인수 전달(passing an argument)
- 빈 문자열(empty string)
- 다중 정의(overloading)
- 이름(name)
- 할당(assignment)
- 변수(variable)
- 연산자(operator)
- 이항 연산자(binary operator)
- 단항 연산자(unary operator)
- 부동 소수점(floating-point)
- 함수(function)
- 함수 호출(function call)
- 반환(return)
- 연결(concatenation)

연습문제

1 2^{2^8}은 파이썬에서 충분히 사용할 수 있지만 $2^{2^{100}}$은 파이썬에서 처리하기에 너무 크다는 것을 알았다. 그렇다면 `2**2**n`이라는 식에서 현실적으로 계산할 수 있는 가장 큰 `n` 값은 얼마인가? 파이썬 인터프리터를 이용해서 시도해보자. `n`을 작은 값부터 조금씩 키워나가면서 해보자. 어떻게 되는가?

2 실제로 `2**2**100`을 파이썬에서 실행해보면 어떻게 되는가? 필요하다면 오랜 시간 작동하도록 놔두자. 그 결과를 설명해보자.

3 $2^{2^{100}}$을 종이에 쓰려면 얼마나 많은 자릿수가 필요한지 예상해보자.
(힌트: 로그 계산. 컴퓨터를 사용해도 무방하다.)

4 `1.0==1`이라는 비교의 결과는 참(True)인가 거짓(False)인가? 파이썬 인터프리터로 실험해보자. `1.0==1`에 대해서는 `True`라는 결과를 얻을 수 있을 것이다. 그

렇다면 `1/3+1/3+1/3==1.0`이라는 식을 시도해보자. 사용자 컴퓨터의 반올림 법칙에 따라서 True일 수도 있고 False일 수도 있다. 수학에서 실수를 계산할 때는 True지만 파이썬 계산에서는 False인 점에 대해서 생각해보자.

5 문자열의 연결 연산에도 정수의 더하기와 같은 결합법칙이 성립하는가? 또한, 교환법칙도 성립하는가?

6 파일을 열고 "John"으로 시작하는 줄을 찾는 스크립트를 조금 더 개선해 보자. 이제 찾고자 하는 내용이 각 줄의 처음 네 글자가 아니라 실제 이름이 "John"인지 확인해 보자. 예를 들어 "Johnson"이라는 이름을 가진 줄은 제외하도록 해보자. 이 문제의 해결 방법을 떠올릴 수 있을 만큼 파이썬에 대해서는 이미 충분히 살펴보았다. 각 줄이 오직 이름, 빈칸, 성을 갖고 있다고 가정해보자. 파이썬 인터프리터를 이용해서 직접 시도해보자.

3장

파이썬 프로그래밍

1 명령문

이전 장에서 공부한 개념과 파이썬 구조를 이용하여 프로그램 수준까지 더 큰 파이썬 구조를 구성하는 방법을 알아보자.

파이썬 프로그램은 명령문의 시퀀스라고 할 수 있다. 앞선 1.2 절에서 보았던 예제를 다시 한 번 살펴보며 파이썬 명령문의 종류를 이해해 보자.

```
sum = 0
count = 0

file = open("observations")
for line in file:
    n = int(line)
    sum += n
    count += 1

print(sum/count)
```

이 프로그램은 여러 가지 명령문을 갖고 있다. 그중에는 할당문과 증가 할당문도 있다. 각 명령문이 한 줄에 하나씩 구현되어 있다.

만약 전체 명령문이 한 줄에 넣기에 너무 길다면 다음과 같이 역슬래시(\)를 이용해서 줄을 나눌 수 있다.

```
z = x**4 + 4 * x**3 * y + 6 * x**2 * y**2 \
         + 4 * x * y**3 + y**4
```

그러나 괄호 안에서 줄을 바꾸고자 한다면 역슬래시 같은 줄 바꿈 기호가 필요하지 않다.

```
z = round(x**4 + 4 * x**3 * y + 6 * x**2 * y**2
               + 4 * x * y**3 + y**4)
```

이 예제의 마지막 줄 역시 명령문이다. 파이썬에서 print는 하나의 함수다. (여기서 인수는 부동 소수점 숫자지만 1.2 절에 나온 예제에서는 문자열을 출력하기도 했다. 실제로 print라는 함수는 파이썬의 다양한 형식에 대응할 수 있는 함수다.)

파이썬에서 표현식은 마지막 줄에서 그 예를 볼 수 있듯이 그 자체로 명령문일 수도 있다. 지금까지 본 파이썬의 표현식은 표현식 하나를 명령문으로 사용할 수는 없었다. 파이썬 인터프리터는 표현식을 계산할 뿐 그 결과로 어떤 다른 행동을 취하지는 않았다. 그러나 일부 표현식은 수행하면 결괏값을 돌려주는 것 외에도 다른 부수 효과(side effect)가 있다.

일부 파이썬 함수는 명령문으로 사용할 수 있도록 설계되었다. 값을 돌려주지 않기 때문에 매핑이라고 할 수는 없고 부수적인 효과만을 만들어내는 함수들이다. print 함수가 그런 것 중 하나다. 이 함수는 값을 표시하는 "부수 효과(side effect)"가 유일한 효과다.

할당문과 증가 할당문, 표현식으로 된 명령문 등은 모두 단순 명령문(simple statement)이다. "for"로 시작하는 줄부터 그 뒤 세 줄이 하나의 명령문 안에 여러 개의 명령문이 포함된 복합문(compound statement)의 예다.

```
for line in file:
    n = int(line)
    sum += n
    count += 1
```

복합문의 첫 번째 줄은 헤더(header)라고 부른다. 헤더는 복합문을 정의하는 키워드(keyword)로 시작해서 콜론(:)으로 마무리한다. 이처럼 특수한 용도로 사용하는 키워드가 몇 가지 있다. 이 예제에서 for와 in은 모두 키워드로 헤더 구조의 일부다. 키워드는 변수명 등으로 사용할 수 없다. 즉, "for" 혹은 "in"과 같은 변수명을 사용할 수는 없다.

복합문의 헤더 이후는 복합문의 본문(body)이라 불리는 부분으로 헤더와 달리 들여쓰기를 한다.

이미 앞에서 보았듯이 프로그램에는 명령문도 아니고 프로그램에 아무런 효과도 미치지 않지만, 사람이 읽기 편리하도록 빈 줄이 있다. 이와 마찬가지로 모든 프로그래밍 언어에는 주석(comment)을 넣을 수 있다. 이 주석을 이용해서 프로그램에 관련된 설명을 추가한다. 파이썬에서 주석을 달려면 특수문자 "#"을 이용한다. 이 특수문자가 입력된 줄에서 특수문자 이후의 내용은 모두 주석으로 처리된다. 평균값을 계산하는 스크립트에 주석을 포함한 예는 다음과 같다.

```
# A program to display the average of
#   the numbers in the file "observations".
# We assume that the file contains
#   whole numbers, one per line.

sum = 0
count = 0

file = open("observations")
for line in file:
   n = int(line)   # convert digits to an integer
   sum += n
   count += 1

print(sum/count)
```


2 조건문

파이썬 인터프리터는 입력한 순서대로 명령문을 하나씩 실행한다. 이를 제어 흐름(flow of control)이 하나의 명령문에서 다음 명령문으로 진행된다고 말한다.

때로는 이러한 제어 흐름이 바뀔 수도 있다. 즉, 특정 조건에서만 실행되는 명령문을 이용해서 이러한 흐름을 바꿀 수 있다. 이러한 구조를 조건문(conditional)이라고 한다.

기본적인 파이썬 조건문으로는 `if`라는 키워드로 시작하는 복합문이 있다. 이러한 명령문을 줄여서 if–문(if–statement)이라고 부른다. 가장 기본적인 if–문의 형태는 다음과 같다.

```
if 조건:
    명령문
```

1.2절에서 다룬 예제를 다시 살펴보자.

```
if name == "John Davis":
    print(email)
```

예제에서 볼 수 있는 것처럼 if-문 헤더에 포함된 조건은 비교문인 경우가 많다. 비교문은 결과를 부울 형식(Boolean)으로 반환한다. 부울 형식에는 오직 True와 False라는 두 가지 값만 존재한다. 부울 형식의 상수는 True 또는 False로만 쓰인다. 대부분 True는 정수 1, False는 정수 0으로 취급한다. 실제로 파이썬은 부울 형식을 숫자로 인식해서 수학적 계산을 할 수도 있다. 하지만 파이썬에서 부울 값의 가장 중요한 용도는 if-문의(그리고 다음 절에서 살펴볼 while-문의) 실행을 제어하는 것이다.

수학적으로 "두 값이 다름"을 의미하는 기호인 "≠"은 파이썬에서 !=으로 표현한다. 연산자 <과 >은 쉽게 알 수 있듯이 각각 "더 작다." 그리고 "더 크다."라는 뜻이다. 더 작거나 같다는 수학 기호인 "≤"은 파이썬에서 <=로 나타내며 >=는 "≥"을 의미한다.

in이라는 비교 연산자도 있다. 이를 이용해서 문자열 안에 특정 문자가 존재하는지 확인할 수 있다. 변수 c가 문자 하나를 포함한 변수라고 가정할 때 다음과 같은 예를 들 수 있다.

```
if c in "aeiou":
    print("c is a vowel")
```

in의 피연산자가 문자열이면 일반적으로 연산자는 좌변의 피연산자가 우변 피연산자의 부분 문자열(substring)인지 판단한다. 조금 더 쉽게 설명하자면 좌변 피연산자의 문자 시퀀스가 우변 피연산자의 문자 시퀀스에도 나타나는지 확인한다. 앞으로 in이라는 연산자를 많이 접하게 될 것이다.

파이썬에는 and나 or, not과 같이 피연산자가 부울 형식인 연산자도 있다. not 연산자는 단항 연산자로 피연산자의 값이 False일 때 True 값을, True일 때 False 값을 반환한다.

or 연산자 역시 수학적인 연산과는 다른 방법으로 연산을 처리한다. A or B라는 식을 계산할 때 파이썬 인터프리터는 우선 A의 값을 구한다. 만약 그 값이 True라면 전체 식의 결과는 True가 된다. 만약 A의 결과가 False라면 B의 값을 이용해서 전체 식의 True와 False를 결정하게 된다. 연산자 and 역시 비슷한 방법으로 작동한다. and 연산자의 첫 번째 값이 True일 때만 파이썬 인터프리터는 두 번째 피연산자를 계산한다.

따라서 파이썬 인터프리터는 or나 and 연산자를 다룰 때, 다른 연산자들의 연산 방식과는 다르게 두 개의 피연산자 값을 모두 계산하고 나서 연산하는 것이 아니다. 이러한 특징이 계산 결과의 차이를 만들어낼 수 있다. 다음 예제를 살펴보자.

```
if y != 0 and x/y > 1:
```

만약 y가 0이라면 전체 부울 식의 결괏값은 False고 파이썬 인터프리터는 x/y>1은 계산을 진행하지 않게 된다. 이때 0으로 값을 나누는 것은 일반 수학과 마찬가지로 파이썬에서도 정의할 수 없는 경우다.

파이썬의 if-문은 다른 형태도 있다. 이를 이용하면 프로그램에서 일상적으로 사용하는 또 다른 제어 흐름을 만들 수 있다. 예를 들어 if-문이 True일 때 특정한 처리를 진행하고 False일 때는 또 다른 처리를 수행하는 프로그램을 작성할 수 있다. 이런 연산에 대한 파이썬 명령문은 다음과 같은 구조를 갖는다.

```
if 조건 :
        명령문
else :
        명령문
```

이것은 각 헤더와 본문을 가진 하나 이상의 "절(clause)"로 구성된 복합문으로 각 헤더는 들여쓰기를 같게 정렬한다. 간단한 예제는 다음과 같다.

```
if a > b:
   print("I'll take a")
else:
   print("I'll take b")
```

두 개 이상의 경우를 구분하여 다르게 처리하려면 if-문을 다음 예제와 같이 조합할 수 있다.

```
if testScore > medianScore:
   print("Above average."
else:
   if testScore == medianScore:
      print("Average.")
   else:
      print("Below average.")
```


예제에 나온 if-문은 또 다른 if-문을 포함하고 있다. 당연히 하나의 복합문이 다른 복합문들을 포함할 수도 있다.

같은 종류의 구조를 포함하는 구조를 중첩(nest) 구조라고 부른다. 표현식을 예로 들면 하나의 식 안에 포함된 피연산자가 다시 또 하나의 식일 수도 있는 것이다. 프로그래밍 언어에서 이와 같은 중첩 구조는 쉽게 찾아볼 수 있다.

앞의 예제와 같은 제어 흐름은 파이썬에서 더 짧게 구현할 수 있다. if-문은 `elif`, 즉 "else if"라는 의미인 절을 if-절과 else-절 사이에 포함할 수 있다.

```
if 조건 :
      명령문
elif 조건 :
      명령문
else :
```

따라서 앞선 예제를 다음과 같이 다시 작성할 수 있다.

```
if testScore > medianScore:
   print("above average."
elif testScore == medianScore:
   print("average.")
else:
   print("below average.")
```

경우가 세 가지 이상이라면 하나 이상의 elif-절이 존재할 수 있다.

else-절은 elif-절의 존재 여부와는 상관없이 없을 수도 있다. 따라서 파이썬에서 일반적인 if-문의 구조는 if-절과 그에 따르는 하나 또는 그 이상의 elif-절 그리고 선택적인 else-절로 구성된다.

3 반복문

프로그램의 흐름을 제어하는 또 다른 방법은 가장 흔하게 사용하는 방법으로 같은 부분을 여러 번 반복하는 것이다. 이를 반복문(iteration)이라고 부른다.

어떤 반복문은 프로그램이나 컴퓨터가 꺼질 때까지 주어진 코드를 계속 반복한다. 그러나 지금은 특정한 환경에서 필요한 만큼만 반복을 실행하고 중지하는 반복문을 살펴볼 것이다.

앞에서 본 예제를 다시 활용해보자(**예제 1-1**).

```
file = open("names")
for line in file:
```

```
    if line.startswith("John"):
        print(line)
```

이 복합문은 파이썬의 반복 구조인 for라는 키워드로 시작하는 for-문이다. 이미 여러 번 보았듯이 이 for-문은 파일의 모든 라인에 대해 본문을 반복하는 명령문이다. 이 책은 수학적인 구조에 초점을 맞추기 때문에 시퀀스나 집합 등 수학적 구조의 모든 요소를 반복하는 방식은 매우 중요한 부분이다.

for-문의 일반적인 형식은 다음과 같다.

```
for 이름 in 표현식:
    명령문
```

여기서 표현식은 반복할 값들을 제공한다. 간단히 예를 들자면 반복문의 식은 다음과 같이 문자의 시퀀스인 문자열일 수도 있다.

```
sentence = "Look at me swimming!"

vowels = 0
for c in sentence:
    if c in "aeiou":
        vowels += 1
print("There are " + str(vowels)
        + " vowels in that sentence.")
```

어떤 방법으로든 헤더의 표현식은 값의 시퀀스를 제공해야 한다. 파이썬 인터프리터는 각각의 값에 헤더의 이름을 바인딩하고 for-문의 본문을 실행한다.

파이썬 for-문은 다양한 종류를 반복할 수 있다. 그중에는 문자열처럼 이미 존재하는 복합적인 값들도 있다. 또 다른 종류로는 반복자(iterator)라고 부르는 객체에 의해 한 번에 하나씩 동적으로 생성되는 값의 시퀀스도 있다. 그 예로 다음과 같은 짧은 프로그램을 살펴보자.

```
file = open("names")
for line in file:
    if line.startswith("John"):
        print(line)
```

이 예에서 open이라는 함수가 반환하는 값이 반복자다. for-문은 각 반복마다 반복자를 사용하여 값을 생성한다. 반복자는 file의 줄 하나를 읽어서 결과를 for-문으로 반환하고 for-문은 그 문자열을 line에 바인딩하여 본문을 실행한다.

"range" 객체는 반복문에서 유용하다. 정수 값 n에 대해서 range(n) 함수를 호출하면 0부터 $n-1$ 사이의 정수 시퀀스인 범위 객체를 만들어 낸다. 반복자와 비슷하지만, 전체 시퀀스를 미리 만들지는 않는다. 가장 일반적인 range 객체의 사용법은 for-문의 헤더에 넣는 것이다.

```
for i in range(n):
```

이러한 방법으로 for-문의 본문이 0부터 $n-1$까지 i가 1씩 증가하는 동안 n번 반복된다. 다음은 2의 0승부터 2의 19승까지의 값을 출력하는 간단한 예제다.

```
for i in range(20):
    print("2 to the " + str(i)
            + " power is " + str(2**i))
```

이후에 for-문을 다루는 더 많은 예제를 접하게 될 것이다. 특히 수학적 구조를 자세히 설명하는 장에서는 수학적 구조의 원소들을 반복하는 for-문 예제를 많이 볼 수 있을 것이다.

파이썬에는 반복을 수행하는 또 다른 복합문이 있다. 바로 while-문이다. 형식은 다음과 같다.

```
while 조건 :
        명령문
```

이 의미는 다음과 같다. while-문의 본문은 헤더의 조건이 False가 되는 시점까지 계속 실행된다. 특히 파이썬 인터프리터는 while-문을 실행하고자 가장 먼저 조건을 계산하게 된다. 만약 False라면 while-문을 실행하지 않고 그다음으로 넘어간다. 그렇지 않다면 인터프리터는 반복문의 본문을 실행하고 조건을 확인하는 과정을 반복한다.

어떤 의미로는 while-문이 for-문보다 더 기본적이라고 할 수 있다. 항상 간단한 것은 아니지만, for-문으로 실행하는 모든 것을 while-문으로로도 표현할 수 있다. 다음 예제를 살펴보자.

```
for i in range(20):
print("2 to the " + str(i)
      + " power is " + str(2**1))
```

같은 계산을 while-문으로 실행할 수도 있다.

```
i=0
while i < 20:
   print("2 to the " + str(i)
         + " power is " + str(2**1))
   i += 1
```

for-문에서는 모든 반복 메커니즘이 한 줄로 끝나고 while-문에서는 세 줄이 필요하다. 우선 i라는 카운터를 0으로 초기하하는 줄과 카운터를 증가시키는 줄, 반복을 계속할지 멈추어야 할지 결정할 while-문의 헤더가 필요하다.

프로그래머가 while-문을 사용하는 또 하나의 경우는 바로 파일의 모든 줄을 읽어들이고자 할 때다. 파이썬에는 매번 파일을 한 줄씩 불러들이는 `readline`이라는 함수가 있다. `readline`은 "메서드(method)"라고 불리는 특수한 형태의 함수다. 이 부분은 뒤에서 설명할 것이며 지금은 `readline`을 다음과 같이 사용할 수 있다는 점만 알아두자.

```
    line = file.readline()
```

명령문이 실행될 때마다 line에 파일의 다음 줄이 문자열로 할당된다. 파일의 마지막 줄을 지나서 더는 줄이 없다면 line에는 빈 문자열이 할당된다.

따라서 파일의 매 줄에 연산을 수행하고자 다음과 같은 코드를 작성할 수 있다.

```
line = file.readline()
while line != "":
    line을 이용한 연산
    line = file.readline()
```

이때도 역시 초기화 단계인 처음 readline을 호출하는 단계와 반복을 계속할지 결정하는 단계, readline을 다시 호출하여 반복의 다음 연산으로 넘어갈 단계가 필요하다. 그러나 앞의 예제와 마찬가지로 for-문을 이용해서 훨씬 간단하게 바꿀 수 있다.

```
for line in file:
    line을 이용한 연산
```

수행할 연산에 for-문을 적절히 사용할 수만 있다면 대부분 for-문이 while-문보다 사용하기 간단하다. 즉, 반복을 수행할 명확한 시퀀스나 값의 모임을 확인할 수 있다면 for-문이 간단하다. 그러나 일부 계산에서는 예외가 발생한다.

그러한 예제를 살펴보자. 다음은 "뉴턴법(Newton's Method)"이라는 알고리즘을 이용해서 숫자의 제곱근을 계산하는 식이다. 주어지는 숫자가 음수가 아닌 수로 변수 n이라고 가정했다. 양의 제곱근의 근사치를 구해서 변수 root에 넘길 것이다. (abs라는 함수는 정수나 부동 소수점 숫자의 절댓값을 반환한다.)

```
guess = 1.0
while abs(n - guess*guess) > .0001:
```

```
    guess = guess - (guess*guess - n)/(2*guess)
root = guess
```

미적분을 이해하고 있다면 뉴턴법이 작동하는 원리를 이해할 수 있을 것이고 guess*guess가 n에 점점 가까워져서 언젠가 반복이 멈춘다는 것을 알 것이다. 여기에는 명확하게 확정할 수 있는 시퀀스가 없다는 점을 주목하자. while-문의 반복적인 실행으로 얻는 변수 guess 값의 시퀀스 외에 다른 시퀀스는 없다.

이 장에서 소개한 용어

- 명령문(statement)
- 단순 명령문(simple statement)
- 헤더(header)
- 키워드(keyword)
- 제어 흐름(flow of control)
- if-문(if-statement)
- 부분 문자열(substring)
- 반복(iteration)
- 반복자(iterator)
- 부수 효과(side effect)
- 복합 명령문(compound statement)
- 본문(body)
- 주석(comment)
- 조건문(conditional)
- 부울 형식(Boolean)
- 중첩(nesting)
- for-문(for-statement)
- while-문(while-statement)

연습문제

1 파일의 데이터를 바탕으로 막대형 차트를 출력하는 프로그램을 작성하자. "data"라고 불리는 파일에는 한 줄에 하나의 정수가 있다.

프로그램 출력은 다음과 같아야 한다. (예를 들어 7, 15, 11이라는 숫자를 가진 파일이라면)

```
####### 7
############### 15
########### 11
```

2 이전 연습문제에서 얻은 답을 바탕으로 막대의 최댓값을 제한해보자. 만약 파일 안에 있는 숫자가 25를 넘는다면 최대 길이 25의 막대를 표시하자. 다음과 같이 보이게 하자.

```
####### 7
######################### 25
######################### 283
########### 11
```

3 이전 연습문제의 답을 다시 한 번 고쳐보도록 하자. 만약 파일 안에 있는 숫자가 25를 넘는다면 길이 25의 막대를 표시하되, 막대 중간에 "/ /"라는 줄임표를 다음과 같이 표시해보자.

```
####### 7
######################### 25
###########/ /########### 283
########### 11
```

4 3.3 절의 제곱근 계산을 시험해보자. while-문 안에 `print` 명령문을 넣어 각 반복마다 `guess` 값을 표시해보자. 다양한 초기 근사치와 서로 다른 `n` 값을 이용해서 반복문이 실행되는 총 시간을 확인해보자. 만약 `n`이 음수라면 어떤 변화가 생기는가?

5 제곱근 프로그램의 첫 줄은 다음과 같다.

```
guess = 1.0
```

다음과 같이 바꾼다면 어떤 변화가 생기는가?

```
guess = 1
```

이를 시도해보고 출력되는 결과를 설명해보자.

6 미적분을 이해하고 있다면 제곱근 프로그램이 실행되는 방법을 설명해보자. (힌트: $x^2=n$이라는 식에서 x를 계산하고자 한다. 즉, n이 상수일 때 $x^2-n=0$이라는 식으로 바꿀 수 있다. x^2-n의 미분 결과는 $2x$다. 그래프를 그려보자.)

4장

파이썬 함수

1 함수의 정의

이번 장에서는 파이썬에서 함수를 정의하는 방법을 알아보고 함수로 할 수 있는 다양한 작업을 살펴본다.

지금까지 살펴본 것처럼 파이썬 함수 중 어떤 것은 값을 계산하고 어떤 것은 부수 효과를 갖고 있다. 특히 부수 효과를 가진 함수를 일부 프로그래밍 언어에서는 "서브루틴(subroutines)" 또는 "프로시저(procedure)"라고 부르지만, 파이썬은 이 모두를 통틀어 "함수(function)"라고 정의한다.

다음은 함수 정의(function definition)의 예다. 앞에서 보았듯이 파이썬에는 절댓값을 계산하는 함수가 있다. 만약 없다고 가정한다면 다음과 같이 새롭게 정의할 수 있다.


```
def abs(n):
    if n >= 0:
        return n
    else:
        return -n
```

함수 정의는 복합문 형태다. 함수 정의의 헤더는 함수의 이름과 함수가 사용할 매개 변수(parameter)의 이름을 포함한다. 이 명령문을 실행하면 파이썬은 매개 변수 이름 같은 세부 사항뿐만 아니라 본문에 포함된 코드까지 함수 이름에 바인딩한다. 그러나 함수 정의 단계에서 본문이 바로 실행되지는 않는다. 함수를 호출할 때 매개 변수의 이름은 인수 값에 바인딩 되어 함수로 전달되고 이 매개 변수를 이용해서 함수의 본문이 실행된다. 그리고 `return`이라는 반환문(return-statement)이 함수 본문의 실행을 중단한다. 이 반환문에는 표현식이 포함될 수도 있다. 또한, 이 표현식의 값이 함수로부터 반환되며, 이 값이 함수 호출 식의 값이 된다.

함수 정의를 자세히 살펴보자. 매개 변수의 형식은 어디에도 정의되어 있지 않다. 사실 이 함수로 전달되는 매개 변수는 연산자 ">="와 단항 연산자 "-"를 정의할 수 있는 모든 값이 가능하다. 따라서 이 함수는 자동으로 정수와 부동 소수점 인수로 다중 정의되어 있다. 이렇게 구현하는 데는 특별한 방법이 필요하지 않으며 기본적으로 파이썬이 가진 특징이다.

바로 앞 장에서 다뤘던 제곱근을 구하는 방법을 이용해서 새로운 함수를 만들어보자.

```
def sqrt(n):
   guess = 1.0
   while abs(n - guess*guess) > .0001:
      guess = guess - (guess*guess - n)/(2*guess)
   return guess
```

지금까지 사용한 모든 함수는 매개 변수가 하나였지만, 하나 이상이 될 수도 있다. 예를 들어 앞의 함수는 guess 값이 n의 실제 제곱근 값에 가까울 때 자동으로 반복을 마치도록 설계되어 있다. guess 제곱의 결과와 n의 차이가 0.0001보다 작을 때 반복이 중단된다. 하지만 이 허용오차 역시 또 하나의 매개 변수로 함수에 전달하도록 함수를 정의할 수 있다.

```
def sqrt2(n,tolerance):
   guess = 1.0
   while abs(n - guess*guess) > tolerance:
      guess = guess - (guess*guess - n)/(2*guess)
   return guess
```

이렇게 정의된 sqrt2라는 함수를 호출할 때는 두 개의 매개 변수를 전달한다. 예를 들어 sqrt2(3,0.00005)를 호출하면 0.00005라는 허용오차를 이용해서 계산하게 된다.

사실 함수를 호출하는 또 다른 구문을 1장과 3.3 절에서 살펴보았다.

```
line.startswith("John")
line.split(",")
line = file.readline()
```

이 구문은 파이썬이 "메서드(method)"라고 부르는 특별한 종류의 함수를 호출할 때 사용하는 문법이다. 메서드에 대해서는 11장에서 자세히 설명하기로 하겠다. 지금은 "." 이전의 값이 함수 호출의 첫 번째 인수로 사용되었고 나머지 인수들은 평소처럼 함수 이름 이후에 괄호로 묶였다는 점만 알고 넘어가도록 하자.

그렇다면 값을 반환하지 않는 함수는 어떤 것이 있을까? 가장 쉽게 떠올릴 수 있는 함수는 계산 결과를 출력하는 함수일 것이다. 예를 들어 평균값을 계산하고 출력하는 1장의 스크립트를 생각해보자(**예제 1-3**). 스크립트를 다음과 같이 함수로 정의할 수 있다.

```
def printAverageOfFile(fileName):
    sum = 0
    count = 0

    file = open(fileName)
    for line in file:
        n = int(line)
        sum += n
        count += 1

    print("Average of numbers in " + fileName + ":")
    print(sum/count)
```


이때 파일 이름이 함수의 매개 변수가 된다. 같은 계산을 반복하여 처리하고자 할 때 이러한 방법이 유용하다.

```
printAverageOfFile("observations-April")
printAverageOfFile("observations-May")
printAverageOfFile("observations-June")
```

물론 파이썬 함수가 부수 효과를 만들어내는 동시에 값을 반환하도록 할 수도 있다. 그러나 많은 전문 프로그래머들은 함수가 하나의 목적만을 갖고 있을 때 연산 과정이 더 깔끔하다고 생각한다. 즉, 하나의 함수는 값을 반환하거나 부수 효과만 있는 것이 두 가지를 모두 갖고 있을 때보다 깔끔하다는 것이다. 이 책에서는 이런 원칙을 지키도록 하겠다.

2 재귀 함수

대부분의 프로그래밍 언어와 마찬가지로 파이썬 역시 함수를 재귀적(recursive)으로 구성하여 함수 본문에서 함수 자신을 다시 호출할 수 있다. 다시 말하자면 함수가 그 함수의 일부로 정의될 수 있다는 의미다.

계승을 구하는 함수를 재귀 함수의 가장 전형적인 예로써 들 수 있다. 양의 정수 n에 대해 n의 계승은 $n!$이라고 표현하며 수학적으로 다음과 같이 정의한다.

$$n! = n \cdot (n-1) \cdot \ldots\ 2 \cdot 1$$

이를 재귀적으로 정의하여 다른 구조로 만들 수 있다. 물론 효과는 같다.

$n! = 1$ $n=1$일 때

$n! = n \cdot (n-1)!$ 그 밖의 경우

이러한 구조를 파이썬의 함수 정의를 이용해서 나타내면 다음과 같다.

```
def factorial(n):
    if n == 1:
        return 1
    else:
        return n * factorial(n-1)
```

함수 factorial을 호출하면서 5라는 인수를 전달했다고 가정하자. factorial 함수가 처음에는 인수 4를, 그리고 계속해서 3, 2, 1을 이용해서 함수 자신을 호출한다. 최종적으로 인수 1로 호출할 때 factorial이 1을 반환한다. 그리고 재귀 호출이 되었던 모든 factorial 함수는 그 결괏값을 호출의 역순으로 반환한다. factorial(2)는 2*1=2, factorial(3)은 3*2=6, factorial(4)는 4*6=24 그리고 최종적으로 factorial(5)는 5*24=120을 반환한다.

재귀 함수를 잘 설계하려면 다음의 특징을 이해하고 따라야 한다.

- 재귀 함수는 발생 가능한 모든 경우를 바탕으로 정의된다(파이썬에서는 대체로 if-문과 함께 이용한다). 따라서 최소한 하나 이상은 재귀 호출이 아니어야 한다. 즉, 정의된 함수를 재귀 참조하는 것이 아니라 값을 바로 반환하도록 정의해야 한다. 이를 기저 조건(basis case)이라고 부른다. 이 계승 예제에서 n=1인 경우라는 기저 조건이 함수 내에 있다.
- 모든 재귀 호출 시퀀스는 결국 기저 조건을 호출하는 방향으로 진행되어야 한다. 대체로 기저 조건은 인수가 "작거나" 또는 "간단하거나", "사소한" 상태를 다룬다. 반면에 재귀 조건(기저 조건이 아닐 때)은 함수의 매개 변수를 받아서 그보다 "작거나", "간단하거나" 등 기저 조건과 더 가까운 인수로 함수 자신을 재귀적으로 호출하도록 설계한다. 계승 예제에서 재귀 조건은 매개 변수 n을 받아서 n-1이라는 인수를 이용해서 함수를 재귀 호출한다. 첫 번째 호출에서 n이 양의 정수라고 가정한다면 재귀 호출의 시퀀스가 최종적으로는 n=1로 끝나게 된다는 것을 쉽게 떠올릴 수 있다.

이 책에서 재귀 함수를 이용한 프로그래밍을 심도 있게 다루지는 않겠지만, 여러 곳에서 재귀 호출을 사용하는 사례를 살펴볼 것이다. 재귀 호출은 프로그래밍에 유용하고 강력한 도구이므로 프로그래머로서 경력을 쌓을 때 자주 접하게 될 것이다.

3 값으로서 함수

파이썬에서 함수는 정수와 문자열처럼 값이다. 함수 정의문은 함수의 이름과 해당 함수의 정의를 바인딩한다. 파이썬에서는 할당문에서 이름을 값에 바인딩하는 것과 비슷하다. 이러한 사실이 어떤 의미가 있는지 살펴보자.

우선 한번 함수를 정의하고 나면 그 함수에 또 다른 이름을 바인딩할 수 있다. 다음 예제와 같이 할당문을 이용하여 간단히 새로운 이름을 바인딩할 수 있다.

```
def square(x):
    return x*x

sq = square
```

sq라는 이름이 square라는 함수와 바인딩 되었고 두 함수가 모두 같은 기능을 한다. 예를 들어 sq(3) 역시 9라는 값을 반환한다.

또한, 함수를 또 다른 함수에 인수로서 전달할 수 있다. 다음 예제를 살펴보자. 다음 함수는 함수와 또 하나의 값을 매개 변수로 받아서 하나의 인수에 함수를 두 번 적용한 값을 반환한다.

```
def twice(f,a):
    return f(f(a))
```

예를 들어 앞에서 정의했던 square라는 함수를 이용해 twice(square,3)이라는 함수 호출을 사용한다고 생각해 보자. 파이썬 인터프리터는 f를 square 함수에, a를 3에 각각 바인딩한다. 결과적으로 square(square(3))의 결괏값으로 81을 반환한다. 이와 비슷하게 twice(sqrt,3)은 3의 네제곱근을 반환한다.

여기서 조금 더 유용한 예제를 살펴보자. 주어진 점에서 함수의 미분값에 대한 근사치를 계산하는 함수를 정의할 수 있다. (미적분에 대해서 잘 모르는 독자들을 위해서 조금 설명하자면 함수의 미분은 결국 함숫값의 변화율이다.) 하나의 인수가 있는 $f(x)$라는 함수를 생각해보자. 그리고 수평축을 x, 수직축을 $f(x)$로 하는 그래프를 그려보자. 주어진 x 값에서 함수의 미분은 바로 x 값에서 곡선의 기울기다.

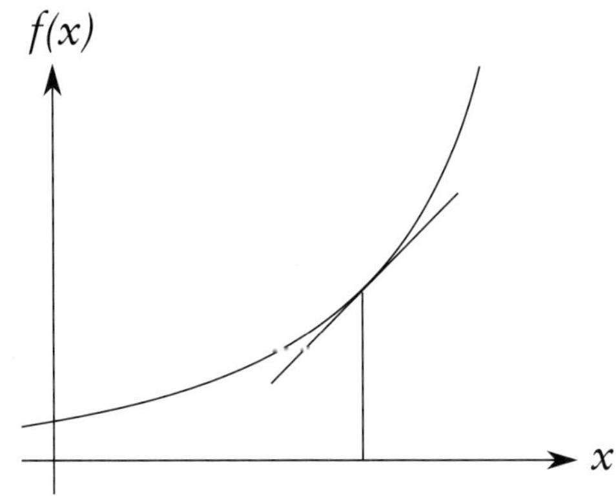

다음 함수가 이러한 작업을 수행한다. 함수 f와 x 값, 그리고 작은 간격의 크기로 사용할 값 dx를 매개 변수로 받는다. derivAt라는 함수는 x에서 시작해서 dx 간격으로 x 값이 변할 때, f의 변화량을 간격의 크기로 나눈 값을 반환한다. 이 값이 x에서 f의 수학적 미분의 근사치다.

```
def derivAt(f,x,dx):
   return (f(x+dx) - f(x))/dx
```

수학적으로 x^2의 미분은 $2x$다. 따라서 3을 입력하면 정확한 값은 6이어야 한다. 앞선 함수 derivAt의 정의를 이용하면 derivAt(square,3,.00001)은 수학적 미분의 근사치를 반환해야 한다. 실제로 파이썬을 이용해서 실행해 보면 6에 가까운 수를 반환하는 것을 볼 수 있다.

파이썬에서는 함수가 또 다른 함수를 값으로 반환할 수도 있다. 함수에서 새로운 함수를 생성하여 이름과 바인딩하는 함수 정의문을 실행하고 그 이름과 바인딩 된 값을 반환할 수 있다. 예제는 다음과 같다. 함수 multiplyBy는 매개 변수로 숫자를 하나 받아서 그 숫자를 곱하는 함수를 반환한다.

```
def multiplyBy(n):
   def times(m):
      return m*n
   return times
```

함수 정의문은 실행 가능한 명령문임을 꼭 기억하자. 함수 times는 multiplyBy의 본문이 실행될 때 정의된다. 새로운 함수에서 인수 n에 입력되는 값은 그 시점의 n으로 바인딩 된다. 즉, 이 n은 multiplyBy로 전달되는 인수 값이다. 인수 m은 새로운 함수의 매개 변수이기 때문에 해당 함수를 호출할 때까지 m에는 어느 것도 바인딩 되지 않는다.

함수 multiplyBy를 다음과 같이 사용할 수 있다.

```
double = multiplyBy(2)
triple = multiplyBy(3)
```

이제 double(7)을 계산하면 m 값은 7과 바인딩 되어 곱셈이 마무리되고 14라는 결괏값을 얻게 된다. 비슷한 방법으로 triple(33)의 결괏값은 99가 된다.

여기서 방금 사용한 프로그래밍 기법은 더 일반적인 기법의 특별한 사례라고 할 수 있다. 일반적인 기법은 함수의 모든 인수를 바인딩하지 않고 일부만 바인딩해서 나머지 인수를 남겨두는 것이다. 이를 부분 적용(partial application)이라고 한다. 다음 함수는 두 개의 인수를 취한 뒤, 하나를 바인딩하고 나머지 하나를 남겨두는 함수다.

```
def partial(f,x):
    def f_x(y):
        return f(x,y)
    return f_x
```

함수 partial은 두 개의 인수로 함수 $f(x, y)$와 x 값을 취한다. 그리고 $f_x(y)$라고 표현하는 인수가 하나인 함수를 반환한다. 이때 함수 $f_x(y)$는 x 값이 상수인 함수 $f(x, y)$이며 x 값에 따라서 다른 함수가 된다. 예를 들어 만약 mult가 두 개의 인수를 취하여 곱한 값을 반환하는 함수라면 partial(mult,2)의 결괏값은 multiplyBy(2)와 같은 함수가 된다.

마지막 예로, 다른 함수의 미분을 취하는 함수(즉, 도함수)를 정의해 보자. 이 함수는 미적분학에서처럼 기호로 미분을 나타내는 것이 아니라 주어진 모든 점에서 미분 값의 근사치를 구하는 함수를 반환한다. 이 함수는 다음과 같이 작성할 수 있다.

```
def deriv(f,dx):
    def d(x):
        return derivAt(f,x,dx)
    return d
```

함수 square와 같이 인수가 하나인 함수와 간격 크기로 사용할 숫자를 사용해서 함수 deriv를 호출할 수 있다. 새로운 함수 d는 derivAt를 호출하는 데 이러한 함수 f와 dx 값을 사용한다. 하지만 새로운 함수 d는 여전히 하나의 인수, x만을 가진 함수다. 함수 deriv는 다음과 같이 사용할 수 있다.

```
derivOfSquare = deriv(square, .00001)
```

함수 derivOfSquare(3)의 결괏값은 함수 derivAt의 예에서 본 것처럼 6과 가까운 숫자가 된다.

다른 함수를 인수로 취하거나 함수를 반환하거나 또는 둘 다에 해당하는 함수를 고계 함수(higher-order function)라고 부른다. 따라서 함수 twice와 derivAt, partial, deriv 모두 고계 함수라고 할 수 있다.

4 람다식

파이썬에서 함수가 값이라면, 함수를 값으로 갖는 식은 없을까? 물론 있다. 이러한 표현식을 람다식(lambda expression)이라고 부른다. "람다(lambda)"는 그리스 문자 λ 이며 수학 용어다.

수학에서 인수에 1을 더하는 함수를 이렇게 표현할 수 있다.

$$\lambda x . x+1$$

이러한 식을 "인수는 x이고 x+1을 반환하는 함수"라고 읽을 수 있다. 이 함수는 이름은 없으나 실제 존재하는 함수다.

파이썬에서 람다식은 다음과 같이 작성한다.

```
lambda x: x+1
```

람다식의 결괏값은 def를 이용해 정의했던 함수와 마찬가지로 특정한 이름과 바인딩 되거나 함수로 전달되거나 함수에 의해서 반환될 수 있다. 예를 들어 이전 장에서 제곱을 구하는 식을 다시 한 번 생각해보자.

```
def square(x):
   return x*x
```

같은 함수를 다음과 같이 정의할 수 있다.

```
square = lambda x: x*x
```

함수 square는 인수는 x이고 x*x을 반환하는 함수라고 정의할 수 있다. 실제로 앞선 두 정의는 완벽하게 같은 계산을 수행한다.

람다식은 다른 함수를 반환하는 함수를 만들고 싶을 때 유용하게 사용할 수 있다. 예를 들어 이전 장에서 보았던 함수 deriv와 같은 함수를 람다식으로 새롭게 정의하면 다음과 같다.

```
def deriv(f,dx):
   return lambda x: derivAt(f,x,dx)
```

람다식은 다른 함수로 전달할 함수를 만드는 데도 유용하다. 예를 들어 제곱을 구하는 함수의 도함수를 구할 때 제곱을 구하는 함수가 정의되어 있지 않다면 다유과 같이 람다식을 이용해서 정의할 수 있다.

```
derivOfSquare = deriv(lambda x: x*x, .00001)
```

수학적으로 이항 연산자와 인수가 두 개인 함수의 용어와 표기법은 서로 바꿔 사용하기도 한다. 예를 들어 $f(f(x,y), z)=f(x, f(y,z))$가 성립한다면 f는 결합법칙이 성립한다고 할 수 있다. 심지어 $f(x, y)$ 대신 $x\,f\,y$라고 쓸 수도 있고 $x*y$ 대신 $*(x, y)$라고 할 수도 있다. (이 책의 뒷부분에서 이런 자유로운 표기법에 대해 수학적 논의를 할 것이다.) 하지만 파이썬에서는 자유롭게 표기법을 바꾸어 사용할 수는 없다. 예를 들어 *와 같은 연산자를 고계 함수로 직접 전달할 수는 없다. 파이썬에서는 `lambda x, y: x*y`와 같은 함수를 거쳐야만 이를 전달할 수 있다.

이후에 람다식의 사용에 대해서 더 자세히 알아볼 것이다.

이 장에서 소개한 용어

- 함수 정의(function definition)
- 반환문(return-statement)
- 기저 조건(basis case)
- 고계 함수(higher-order function)
- 매개 변수(parameter)
- 재귀 함수(recursive function)
- 부분 적용(partial application)
- 람다식(lambda expression)

연습문제

1 미적분을 알고 있다면 이 장에서 정의한 함수 `deriv`로부터 얻은 도함수를 시험해보자.

`deriv`를 `square` 또는 도함수를 아는 다른 함수에 적용해보자. 특히 `dx`를 점점 더 작게 설정해가면서 아주 작은 수가 될 때까지 시도해보자. 수학적인 미분 계산 결과와 근사치가 점점 가까워지는가? 나타나는 결과를 설명해보자.

2 만약 함수 정의에 어느 것에도 바인딩 되지 않은 이름을 포함하고 있다면 어떻게 되는가?

```
def f(n):
    return n + a
```

어디에서도 a의 값이 주어지지 않았다면 이는 분명한 오류다.

```
a=1
def f(n):
    return n + a
```

자 이제 f는 주어진 인수에 1을 더하는 함수가 되었다. 하지만 다음과 같은 경우는 어떻게 될까?

```
a=1
def f(n):
    return n + a
a=3
```

이제 f가 1을 더하는가 아니면 3을 더하는가? 필요하다면 파이썬 인터프리터를 이용해서 시험해보자. 지금 나타난 출력 결과를 설명해보자. (힌트: 이 장의 첫 번째 페이지를 돌아보자.)

5장

튜플

1 순서쌍과 *n*-튜플

지금부터는 수학적 구조를 어떻게 프로그래밍에 적용할 수 있는지 알아본다. 이미 1장에서 수학적 구조의 예를 몇 가지 살펴보았다. 우선 순서쌍(ordered pair)부터 살펴보자.

여기서 "쌍(pair)"이란 단순히 어떤 두 가지가 그룹으로 묶인 것을 의미한다. "순서(ordered)"는 첫 번째와 두 번째 요소의 차이를 만드는 것을 의미한다. 첫 번째 요소와 두 번째 요소는 서로 다른 종류일 수도 있으며 다른 의미일 수도 있다. 어떤 경우에는 이 두 가지를 구분하는 것이 중요할 수도 있다. 따라서 순서쌍은 주어진 두 요소의 집합과는 전혀 다르다.

순서쌍은 이차원에서 위치를 지정할 때 유용하게 사용할 수 있다. 가장 대표적인 예로는 지구 표면의 위도와 경도 혹은 평면의 수평 수직 좌표 등이 있다. 복소수 역시 이와 유사하다. 실수(real)와 허수(imaginary) 부를 "복소수 평면(complex plane)"에서 좌표로 표시할 수 있다.

"3중 순서쌍(ordered triple)" 역시 구성 요소가 두 개가 아닌 세 개라는 점만 제외하면 앞에서 설명한 순서쌍과 유사한 수학적 객체다. 예를 들어 삼차원 위치를 지정하려면 세 개의 좌표가 필요하다. 따라서 세 개의 좌표는 숫자 세 개가 순서쌍으로 묶인 것이라고 볼 수 있다. 가정에 따라서 "순서(ordered)"라는 단어를 제외할 수도 있다. "3중 순서쌍(ordered triple)"이 아닌 "세 쌍(triple)"이라고 할 수도 있고 "순서쌍(ordered pair)"이 아닌 "쌍(pair)"이라고 할 수도 있다.

비슷한 방법으로 구성 요소가 네 개인 순서쌍은 "4중 순서쌍(ordered quadruple)" 혹은 간단히 "네 쌍(quadruple)"이라고 할 수 있다. 그 외에 구성 요소가 더 많은 쌍을 "다섯 쌍(quintuple)", "여섯 쌍(sextuple)", "일곱 쌍(septuple)", "여덟 쌍(octuple)"등과 같이 이름을 붙일 수 있다.

그러나 구성 요소가 상당히 많을 때는 라틴어 접두사를 붙이는 것은 비효율적이다. 그래서 이런 구조를 표현할 때는 구성 요소 개수와 관계없이 모두 "튜플(tuples)"이라는 용어를 붙인다. 따라서 이번에 사용할 수학적 용어는 바로 n-튜플(n-tuple)이다. 특정한 쌍의 수를 표현하기 위해서 n에 숫자를 대입하여 사용한다. 예를 들어 4-튜플은 네 쌍과 같은 말이고 2-튜플은 순서쌍과 같은 말이다.

수학에서 n-튜플은 (3, 4) 또는 (x, y, z)와 같이 구성 요소를 괄호로 묶고 쉼표로 구분해서 표현한다. n-튜플은 종종 복잡한 수학적 객체를 더 기본적인 객체로 구성하는 데 사용한다. 예를 들어 수학과 컴퓨터 과학에서 다음과 같은 전형적 정의를 볼 수 있다.

> 그래프 G는 (V, E)의 쌍이다. 이때 V는 정점의 집합이고 E는 간선의 집합이다.
>
> 형식 언어의 문법은 4-튜플 (N, T, P, S)이고 이때 N은 비종단 알파벳(nonterminal alphabet) 기호의 집합이고 T는 종단 알파벳(terminal alphabet) 기호의 집합이며 P는 생성 규칙(productions)의 집합, S는 개시(start) 기호의 집합이다.

n-튜플은 일반적으로 수학에서 사용하는 개념이기 때문에 유한한(대체로 적은 수) 구성 요소를 가진다. 또한, 모든 구성 요소가 같은 종류의 수학적 객체일 필요는 없다. 한편, 구성 요소는 집합에 속하기 때문에 모두 다를 필요도 없다.

2 파이썬의 튜플

수학에서 사용하는 n-튜플은 파이썬에서도 "튜플(tuple)"이라는 형식으로 표현한다. 파이썬의 튜플은 다음과 같이 쉼표를 이항 연산자로 사용하여 정의한다.

```
pair = 3, 4
quadruple = "Story number", 3, "is", True
```

두 번째 예에서 볼 수 있듯이 파이썬 튜플의 구성 요소는 각기 형식이 달라도 상관없다.

파이썬 프로그래머는 다음과 같이 튜플을 괄호로 묶는 경우가 많다.

```
pair = (3, 4)
quadruple = ("Story number", 3, "is", True)
```

엄밀히 따지자면 튜플을 표기할 때 괄호가 반드시 필요한 것은 아니지만, 여러 맥락에서 문법적으로 필요한 때가 있다. 예를 들어 함수 f에 튜플 3,4를 전달할 때 f((3,4))처럼 사용할 수 있다. 하지만 f(3,4)는 3과 4를 각각 독립적인 인수로 받아들인다. 괄호는 수학적인 표기법과 일관성을 가질 뿐만 아니라 리스트(list)와 집합(set) 같은 파이썬의 다른 표기법과도 무리 없이 조화를 이룬다. 이러한 이유로 이 책에서는 튜플을 표기하는 데 괄호를 사용할 것이다.

튜플 표기법에 관한 두 가지의 특수한 경우가 존재한다. 우선 빈 튜플은 ()로 표기한다. 그리고 하나의 구성 요소만 가진 튜플은 괄호 안에 값과 쉼표를 입력하고 두 번째 값은 입력하지 않는다. 쉼표는 하나의 구성 요소를 갖는 튜플과 단일 값을 구분하는 데 필요하다. 예를 들어 (3,)는 튜플이지만, (3)은 3이라는 정수 값일 뿐이다. 빈 문자열처럼 빈 튜플과 단일 구성 요소 튜플이 큰 비중이 없는 것처럼 보일 수 있으나 프로그래밍에서 분명한 용도가 존재한다.

쉼표 연산자는 여러 값을 하나의 객체로 묶는(pack) 역할을 한다. 튜플의 묶음을 풀기(unpack) 위해서는 튜플의 묶음 문법을 반대로 적용하여 처리할 수 있다. 즉, 좌변에 하나가 넘는 이름이 쉼표로 구분된 할당문을 이용하는 것이다. 예를 들어 만약 pair가 (3,4)라는 값을 갖고 있다면 다음 명령문이 pair의 묶음을 풀어 x에 3을, y에 4를 할당한다.

```
x, y = pair
```

튜플의 묶음을 풀고 있다는 점을 강조하고자 좌변 이름의 시퀀스를 괄호로 묶을 수도 있다.

```
(x, y) = pair
```

이런 형태가 x와 y 모두가 단순히 전체 튜플과 바인딩하는 것이 아니라는 것을 더욱 확실히 나타낸다.

또 다른 튜플의 묶음을 푸는 일반적인 문법으로 동시 할당(simultaneous assignment)이 있다.

```
x, y = y, x
```

이 명령문은 y와 x를 계산하여 이 둘을 이용한 튜플을 생성하고 다시 이 튜플의 묶음을 풀어 그 값을 각각 x와 y에 바인딩한다. 파이썬이 y를 x에, x를 y에 동시에 할당한 것 같은 효과를 지닌다. 이 명령문의 목적은 x와 y의 값을 임시 변수를 사용하지 않고 서로 교환하려는 것이다.

또한, 0부터 시작하는 구성 요소의 위치 번호를 이용해서 튜플의 구성 요소를 추출할 수도 있다. 만약 x 값이 (7,13)이라면 x[0] 값은 7이고 x[1] 값은 13이다. 이런 문법은 수학에서 x_0, x_1처럼 아래 첨자로 표기하는 것과 같다.

3 파일과 데이터베이스

연산에 n-튜플을 사용하는 응용 프로그램은 대체로 같은 종류인 n-튜플의 모임을 다룬다. 즉, 모임의 모든 n-튜플은 구성 요소의 개수가 같으며 각 n-튜플에서 서로 관련된 구성 요소는 형식과 의미가 같다. 이미 1장(**예제 1-2**)에서 이름과 이메일의 순서쌍을 포함한 파일을 살펴보았다. 그때 보았듯이 종종 전체 모임을 집합 혹은 튜플의 시퀀스 관점에서 다룰 수 있다.

다양한 데이터를 가진 컴퓨터 파일들을 이와 같은 종류의 모임으로 생각할 수 있다. 이러한 파일은 일반적으로 줄로 구분되고 각 줄은 다시 필드로 구분된다. 각 필드는 특정한 길이의 문자열일 수도 있지만, **예제 1-2**에서 이름과 이메일 사이를 구분한 것과 같이 쉼표와 같은 구분 기호(delimiter)를 사용하는 것이 일반적이다. 그 외에 많이 사용하는 구분 기호로는 탭과 공백 문자 등이 있다.

이런 파일을 단층 파일(flat file)이라고 한다. "단층(flat)"은 파일이 줄과 필드로 구분된 것 외에 다른 구조로 되어 있지 않다는 의미다. 구분 기호가 쉼표일 때 단층 파일은 CSV 형식이라고 불리기도 한다. 이때 CSV는 "Comma-Separated Values(쉼표로 분리된 값)"의 약자다. 많은 프로그램이 CSV 형식으로 데이터를 저장하며 이렇게 하면 다른 프로그램에서 파일을 쉽게 불러들일 수 있다.

대부분 데이터베이스는 데이터 요소로 된 n-튜플의 모임이다. 실제로 관계형 데이터베이스(relational database)라고 불리는 데이터베이스 형식은 수학적 용어로도 쉽게 정의할 수 있다. 관계형 데이터베이스는 관계의 집합이고 각 관계는 수학적 n-튜플과 비슷한 "튜플"의 집합이다. 1장에서 관계를 순서쌍의 집합이라고 정의했으나 그런 관계는 이항 관계(binary relation)라고 불리는 특수한 경우에 해당한다. 수학에서는 관계를 특정 n이 주어질 때 n-튜플의 집합과 같이 더 일반적으로 정의할 수 있다. 관계형 데이터베이스에서 관계 역시 이와 유사하다.

데이터베이스 관계를 테이블로 그릴 수 있으며 실제로 "테이블(table)"이라는 단어와 "관계"라는 단어는 서로 바꿔서 사용할 수 있다. 테이블의 각 구성 요소는 "튜플" 또는 "레코드(record)"라 부르며 튜플의 각 구성 요소는 "필드(field)"라고 부른다. 관계에서 필드는 이름으로 구별한다. 다음 테이블에서는 이러한 이름을 열 머리글(heading)로 나타냈다.

name	project	lab
Lambert	Alpha	221
Torres	Alpha	244
Malone	Beta	152
Harris	Beta	152
Torres	Beta	152

데이터베이스 튜플의 필드는 위치가 아닌 이름으로만 식별하기 때문에 엄밀히 말하면 관계형 데이터베이스 내부의 튜플과 수학적 n-튜플은 다르다고 볼 수 있다. 즉, 관계를 테이블로 고려한다면 실제로 열의 순서는 무작위라는 뜻이다. 따라서 데이터베이스 튜플을 더 정확하게 설명하려면 이름이 있는 필드의 집합 또는 필드 이름에서 값으로의 매핑이라고 해야 한다.

일부 단순한 관계형 데이터베이스 시스템에서는 관계를 단층 파일에 저장하는데 단층 파일 하나당 한 관계를 저장한다. 그리고 많은 데이터베이스 시스템에서도 최소한 이러한 형식으로 데이터를 내보낼(export) 수는 있다. 이러한 전형적인 파일 형식이 튜플 내에서 필드 순서가 무작위인 다양한 CSV 형식이다. 파일의 첫 번째 줄에 쉼표로 분리된 필드 이름이 있고 그 이후에 나오는 줄에 튜플이 있다. 이런 파일은 실제로 최소한의 구조를 갖고는 있기 때문에 "단층"이라고 할 수는 없다. 이러한 파일은 순서쌍으로 볼 수 있다. 이때 순서쌍의 첫 번째 구성 요소는 필드 이름의 시퀀스고 두 번째 구성 요소는 튜플의 집합을 표현하는 시퀀스다.

```
project,name,lab
Alpha,Lambert,221
Alpha,Torres,244
Beta,Malone,152
Beta,Harris,152
Beta,Torres,152
```

이 책의 뒷부분에서 단층 파일과 CSV 파일, 관계형 데이터베이스에 대해서 다시 한 번 자세히 살펴보기로 하겠다.

이 장에서 소개한 용어

- 세 쌍, 네 쌍 등(triple, quadruple, etc.)
- 구분 기호(delimiter)
- CSV 형식(CSV format)
- 이항 관계(binary relation)
- n-튜플(n-tuple)
- 단층 파일(flat file)
- 관계형 데이터베이스(relational database)

6장

시퀀스

1 시퀀스의 속성

프로그래밍을 하면서 "시퀀스(sequence)"라는 개념은 계속 만나게 될 것이다. 이미 지금까지 시퀀스의 예를 몇 가지 살펴보았다.

- 문자열은 문자의 시퀀스다.
- 파일은(최소한 파이썬 프로그램에서는) 줄의 시퀀스다. 각 줄은 다시 문자의 시퀀스다.
- 반복자나 range와 같은 파이썬 객체가 동적으로 생성하는 시퀀스도 있다.

이러한 시퀀스들이 공통으로 가진 특징에 대해 잠시 살펴보자.

우선 여기서 예로 든 모든 시퀀스는 일반적이지 않은 특별한 종류라는 것에 유의해야 한다. 우리가 연산에 사용하는 시퀀스 대부분은 동질적(homogeneous)인 특성이 있다. 즉, 시퀀스의 모든 원소는 같은 형식이거나 적어도 모든 원소를 아우르는 일반적인 형식으로 식별할 수 있어야 한다.

예를 들어 한 파일의 각 줄에 숫자와 문자 혹은 다른 특수 문자 등이 섞여 있을 수도 있지만, 간단히 이 모두를 문자의 시퀀스로 볼 수 있다.

따라서 "n-튜플"과 "시퀀스" 모두 순서가 있는 모임이지만, 우리가 사용하는 개념은 다르다고 볼 수 있다. 시퀀스는 동질성을 갖고 있을 것으로 생각하지만, n-튜플은 그렇지 않다. 대신 n-튜플은 원소의 수가 고정된 것으로 여긴다. 그러나 시퀀스는 꼭 그렇지 않다. 하나의 파일이 0부터 수천, 수만까지 몇 개의 줄을 갖고 있어도 상관없다.

이제 시퀀스의 수학적인 속성을 생각해보자. 문자열을 예로 들어 다양한 시퀀스가 필수적으로 가진 속성에 대해 알아보자.

문자열의 중요한 연산 중 하나는 연결 연산이다. 연결 연산을 이용해 A와 B라는 두 개의 문자열을 연결해서 A 문자열과 B 문자열을 하나로 합칠 수 있다.

같은 방법으로 다른 시퀀스의 연결을 정의할 수도 있다. 예를 들어 두 개의 파일을 연결하는 연산은 첫 번째 파일의 마지막 줄에 두 번째 파일의 첫 번째 줄이 연결되어 새로운 시퀀스를 생성한다.

시퀀스를 두 개 이상 연결하는 것은 시퀀스의 원소가 같은 형식일 때만 성립하므로 연결 연산의 결과 역시 입력된 형식과 같은 형식이다. 예를 들어 정수의 시퀀스와 문자열의 시퀀스를 연결할 수는 없다. 하지만, 두 시퀀스의 원소가 같은 형식이라면 연결 연산은 모든 원소가 같은 형식인 시퀀스를 생성하게 된다.

앞에서 언급했던 빈 문자열은 빈 시퀀스의 특별한 경우로 길이가 0인 시퀀스다. 빈 문자열이나 시퀀스를 e라고 가정하면 임의의 시퀀스나 문자열 a에 대해서 $a+e=a$ 그리고 $e+a=a$가 성립한다. 여기서 "+"는 연결 연산을 나타낸다. 이때 수학적 용어로 e는 연결 연산의 항등원(identity)이라고 할 수 있다.

문자열의 연결 연산에는 결합법칙이 성립한다. 만약 +가 연결 연산자라면 임의의 문자열 a, b, c에 대해 $(a+b)+c=a+(b+c)$가 성립한다. 물론 문자열뿐만 아니라 다른 형식의 시퀀스에도 똑같이 연결 연산의 결합법칙이 성립한다.

하지만 문자열이나 다른 시퀀스의 연결 연산에서 a와 b가 같거나 둘 중 하나가 빈 문자열이 아니라면 $a+b \neq b+a$가 성립한다. 즉, 교환법칙이 성립하지 않는다.

요약하자면 원소가 같은 종류로 구성된 모든 시퀀스의 집합을 A라고 하면 다음과 같은 사실을 알 수 있다.

- 연결 연산자 +는 A에서 두 개의 피연산자를 취하여 또 다른 A의 원소를 만들어 낸다.
- 연결 연산은 결합법칙이 성립하지만, 교환법칙은 성립하지 않는다.
- A는 e라는 빈 시퀀스를 갖고 있고 이는 연결 연산에 대한 항등원이다.

2 모노이드

파이썬에서 문자열과 다른 시퀀스에 대해 연결 연산자로 "+"를 사용하는 것은 개연성이 있다. 간혹 연결 연산은 하나의 시퀀스에 또 하나의 시퀀스를 "더한다."라고 표현하기 때문에 수학적인 더하기 연산자로 연결 연산을 표현하는 것은 매우 적절하다. 또한, 연결 연산은 덧셈과 유사하다. 수학적 정수를 이용하는 더하기 연산자를 생각해보자. 이 연산을 이용해서 두 개의 정수를 더해 새로운 정수를 결과로 얻을 수 있다.

덧셈은 결합법칙을 따른다. 그리고 더하기는 0이라는 항등원을 갖고 있다. 즉, 임의의 정수 n에 대해 $0+n=n+0$이 성립한다. 이러한 면에서 문자열의 연결 연산은 마치 정수의 더하기 연산과 비슷하다고 할 수 있다.

연결 연산에 대한 문자열과 더하기 연산에 대한 정수 모두 모노이드(monoid)라는 수학적 구조의 예다. 모노이드는 결합법칙이 성립하는 이항 연산자와 항등원을 지닌 집합이다.

조금 더 형식적으로 설명하자면 모노이드는 순서쌍 $(S, \otimes)$이며, 이때 S는 집합이고 $\otimes$는 이항 연산자로서 다음과 같은 조건을 만족한다.

1. 집합 S에 속한 모든 a와 b에 대해 $a \otimes b$가 정의되고 이 결과 또한 집합 S에 속한다.
2. 집합 S에 속한 모든 a와 b, c에 대해 $(a \otimes b) \otimes c \quad a \otimes (b \otimes c)$가 성립한다.
3. 집합 S에 속한 원소 e에 대해 집합 S에 속한 모든 a는 $e \otimes a \quad a \otimes e \quad a$가 성립한다.

그러면 집합 S를 항등원이 e인 $\otimes$ 연산에 대해서 모노이드라고 한다.

"모노이드"라는 개념은 "추상 대수학(abstract algebra)"이라는 고급 수학에서 시작되었다. 이름 자체가 특이하게 들릴 수도 있지만 실제로 이 개념은 아주 간단하다. 수학뿐만 아니라 프로그래밍에서도 모노이드의 예를 어렵지 않게 찾아볼 수 있다. 이미 이 책에서 자주 언급했지만, 앞으로도 계속 다룰 예로는 다음과 같은 것이 있다.

- 수학적 정수는 0을 항등원으로 하는 더하기 연산에 대해서 모노이드다. 또한, 1을 항등원으로 하는 곱하기 연산에 대해서도 모노이드다. 두 가지 연산 모두 교환법칙이 성립한다. 파이썬의 정수도 이와 같은 속성을 갖는다.
- 수학적 실수는 0을 항등원으로 하는 더하기 연산에 대해서 모노이드다. 또한, 1을 항등원으로 하는 곱하기 연산에 대해서도 모노이드다. 두 가지 연산 모두 교환법칙이 성립한다.

  파이썬의 부동 소수점 숫자는 더하기 연산에 대해서 모노이드라고 할 수 없다. 부동 소수점 수인 피연산자에 대해 $(a+b)+c$는 반올림 오차가 존재하기 때문에 언제나 $a+(b+c)$와 같다고 할 수 없기 때문이다. 곱하기 연산에 대해서도 마찬가지다. 하지만 계산 결과의 차이는 만족할 수 있을 정도로 아주 작다.
- 파이썬의 부울 형식은 True 값을 항등원으로 하는 and 연산자에 대해서 모노이드다. 또한, `False` 값을 항등원으로 하는 or 연산자에 대해서도 모노이드다.

  파이썬에서는 두 번째 피연산자가 정의되지 않거나 부울 값을 생성하지 않더라도 이 주장은 참이 될 수 있다. 파이썬이 부울 연산자를 계산하는 방법 때문이다(첫 번째 피연산자 값에 따라 두 번째 피연산자를 확인하지 않는 때가 있다). "모노이드" 정의에서 조건 1~3은 피연산자가 집합 S의 원소가 아닌 $\otimes$ 연산에 대해서는 언급하지 않고 있다.
- max가 최댓값을 구하는 함수라고 가정하자. 즉, max(x, y)는 $x \geq y$일 때 x, 그렇지 않다면 y가 결괏값이 된다. max를 마치 연산자처럼 생각해서 max(x, y)가 아닌 x max y라고도 할 수 있다는 점을 떠올려보자. 그렇다면 max는 결합법칙과 교환법칙이 모두 성립하고 음이 아닌 정수는 0을 항등원으로 하는 max 연산자에 대해서 모노이드라고 할 수 있다.
- 최솟값을 구하는 함수인 min 역시 비슷하게 정의할 수 있다. min 역시 결합법칙과 교환법칙이 모두 성립한다. 또한, 파이썬의 부동 소수점 숫자는 `float("inf")`를 이용해서 얻은 유한값을 항등원으로 하는 min에 대해서 모노이드다.
- 특정 집합의 원소로 된 시퀀스는 빈 시퀀스를 항등원으로 하는 연결 연산에 대해서 모노이드다.
- 파이썬의 문자열은 `""`를 항등원으로 하는 `+` 연산에 대해서 모노이드다.

나중에 이들과 또 다른 모노이드의 유사점을 이용하는 방법을 살펴볼 것이다.

결합법칙이 성립하는 이항 연산자를 갖고 있지만, 항등원은 갖고 있지 않은 집합은 추상대수학에서 반군(semigroup)이라고 부른다. 반군은 모노이드 정의에서 조건 3항이 빠진다는 것만 제외하고 모노이드와 매우 유사하다. 따라서 모든 모노이드는 반군에 속하지만 모든 반군이 모노이드는 아니다.

모노이드가 아닌 반군의 예로 더하기 연산에 대한 양의 정수 집합이 있다. 이 경우 항등원인 0은 양의 정수에 포함되지 않기 때문에 이 집합은 항등원을 갖고 있지 않다. 앞으로 항등원을 갖고 있지 않은 반군에 대한 예를 몇 가지 더 살펴볼 것이다. 하지만 우리가 다룰 반군 대부분은 항등원을 갖고 있기 때문에 모노이드다.

역원(inverse)과 항등원을 모두 가진 반군은 군(group)이다. 다시 말하자면 군은 모든 원소 a가 역원 a^{-1}를 갖는 모노이드다. 이때 역원 a^{-1}는 e가 항등원일 때 $a \otimes a^{-1} = e$와 $a^{-1} \otimes a = e$를 만족한다. 예를 들어 더하기 연산에 대해 정수는 군이고 역은 각 숫자의 반대 부호 숫자라고 할 수 있다. 군은 수학을 비롯한 입자 물리학 등 다양한 분야에서 중요하다. 하지만 프로그래밍에서는 군보다 모노이드가 중요한 개념으로 쓰인다. 예를 들어 연결 연산에 대한 문자열은 역원이 없으므로 군이 될 수 없다. 즉, 주어진 문자열과 연결하여 빈 문자열을 만들 수 있는 비어 있지 않은 문자열은 존재하지 않는다.

일부 모노이드는 모노이드 정의 조건 1~3 외에 다른 속성을 갖기도 한다. 예를 들어 더하기 연산에 대한 수학적 정수를 생각해보면 이 경우에는 모노이드일 뿐만 아니라 군이기도 하다. 게다가 더하기 연산에 대해서는 결합법칙과 교환법칙이 모두 성립한다. 또한, 정수에는 곱셈도 있어서 두 개의 연산자를 $a(b+c)=ab+ac$와 같은 분배 법칙으로 연관 지을 수도 있다. 정수는 "보다 작은" 관계로 정렬할 수 있고 각 정수는 특정한 소수로 인수분해가 가능하며 더 많은 속성이 있다. 수학자라면 정수가 더하기 연산에 대한 모노이드라는 사실 외에도 훨씬 많은 "구조(structure)"를 갖고 있다고 설명할 것이다.

반면에, 시퀀스에는 이러한 추가 구조가 없다. 특정 집합 S가 원소를 하나도 갖고 있지 않을 때를 포함해 원소로 구성된 유한한 시퀀스의 집합은 (연결 연산에 대해서) 수학자들이 "자유 모노이드(free monoid)"라고 말하는 구조를 형성한다. 이때 "자유"라는 것은 모노이드가 정의를 제외한 다른 어떤 제한이나 법칙도 따르지 않는다는 것이다. 즉, 프로그래밍에서 문자열이나 리스트 같은 이러한 자료형은 프로그래머가 상상할 수 있는 거의 모든 자료형을 저장하거나 표현할 수 있는 비어 있는 공간이라고 생각할 수 있다.

연결 연산에 대한 문자열이 바로 모노이드의 가장 전형적인 예라고 할 수 있다. 집합과 연산자가 모노이드를 구성한다는 점을 생각해보면 집합과 연산자가 최소한 어느 정도는 문자열과 연결 연산자처럼 동작한다고 할 수 있다. 물론 집합과 그에 관계된 연산자에 더 다양한 속성과 동작이 있을 수도 있겠지만, 적어도 문자열과 연결 연산의 속성과 동작은 기본적으로 갖고 있다. 모노이드가 어떻게 동작하는지 문자열을 떠올려보자. 비록 "모노이드"라는 용어 자체가 그 개념을 모두 내포하고 정확하게 표현하고는 있지만, "모노이드" 대신 "문자열과 같은 객체", 혹은 "모노이드다."라고 말하는 대신 "문자열과 같다."라고도 할 수 있다.

때로는 문자열과 연결 연산에 대해서 아는 것을 프로그램에서 다른 모노이드에 적용할 수 있다. 예를 들어 여러 개의 문자열 연결 연산자를 가진 표현식을 생각해보자.

$$s_0 + s_1 + s_2 + \cdots + s_n$$

연산자 +는 결합법칙이 성립하기 때문에 연산의 순서를 알리려고 괄호를 사용할 필요도 없고 왼쪽에서 오른쪽 또는 오른쪽에서 왼쪽으로 계산해야 하는 등의 순서를 정할 필요도 없다. 즉, 계산 순서는 전혀 고려하지 않아도 된다. 단순히 표현식을 연산자 +로 결합한 모든 피연산자의 시퀀스라고 받아들이는 것만으로도 충분하다.

따라서 각각의 + 연산자를 대신해서 포함된 모든 피연산자에 대해서 연결 연산을 수행하는 "대(big) +" 연산자의 개념을 생각해볼 수 있다.

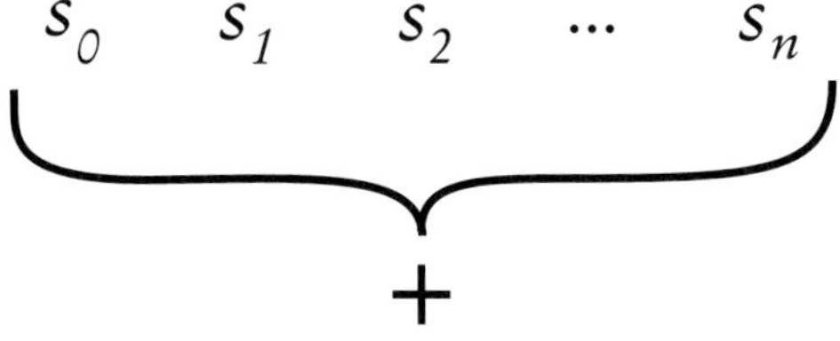

파이썬에서 이러한 "대 +" 연산을 구현하는 방법은 흔하게 볼 수 있다. 자세한 내용은 연습문제를 통해 살펴본다.

"대 +" 연산이 어떻게 작동하는지, "대 +" 연산을 문자열에 어떻게 구현하는지 한 번 이해하고 나면 다른 모노이드에도 이를 적용할 수 있다. "대 +" 연산이 동작하는 것과 마찬가지로 임의의 모노이드 연산자 ⊗에 대해 사용할 수 있는 "대 ⊗" 연산 역시 정의할 수 있다.

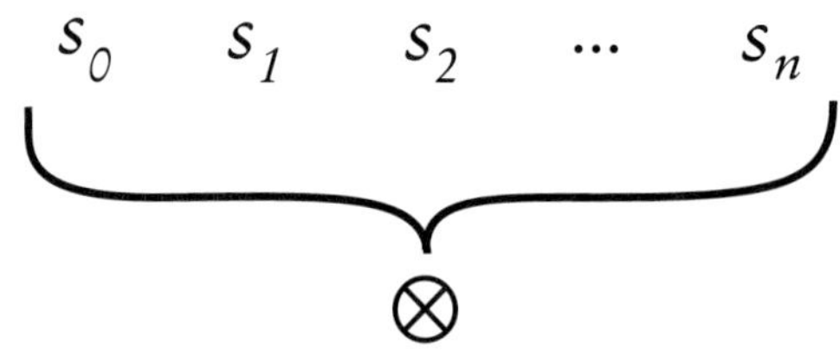

그리고 ⊗ 연산자가 어떤 종류든지 "대 +" 연산을 구현한 파이썬 코드를 모델로 해서 "대 ⊗" 연산을 구현하여 사용할 수 있다.

"대" 연산자(지금까지 불러온 것처럼)는 수학에서도 일반적으로 사용하고 있으며 그 중 일부 연산자는 전통적인 기호로 나타내기도 한다. 예를 들어 정수와 실수를 계산하는 "대 +"는 Σ(그리스 문자 시그마이며 수학에서 "합"을 의미)이고 "대 *"는 Π(그리스 문자 파이이며 수학에서 "곱"을 의미)로 나타낸다.

지금까지 이야기한 모노이드는 프로그래밍에 필요한 함축적인 내용일 뿐이고 앞으로 더 자세한 내용을 살펴보겠다.

3 파이썬의 시퀀스

앞에서 시퀀스를 표현하는 파이썬 구조인 튜플을 살펴보았다. 그 외 또 다른 형식으로 "리스트(list)"가 있다. 실제로 파이썬 튜플은 수학적인 n-튜플이나 시퀀스를 모두 표현할 수 있는데 파이썬의 리스트 역시 마찬가지다.

리스트는 다음과 같이 값의 시퀀스를 쉼표로 분리하고 전체 시퀀스를 대괄호로 묶어서 생성한다.

```
[2,3,5,7,11]
```

이 구조를 리스트 표시(list display)라고 한다. 비어 있는 리스트는 []로 나타낸다. 하나의 원소만을 가진 리스트 표시는 다른 형식과 겹치는 다른 의미가 없으므로 ["John"]과 같이 쉼표가 없는 대괄호만 이용해서 작성할 수 있다.

(2,3,5,7,11)과 같은 구조를 "튜플 표시(tuple display)"라고 생각할 수 있으나 실제로는 그렇지 않다. 앞에서 본 것처럼 쉼표는 이항 연산자고 튜플을 만들어내는 것은 괄호가 아닌 쉼표다. 하지만 괄호를 이용하는 튜플 표기법과 대괄호를 이용하는 리스트 표시는 겉으로 보기에도 비슷할 뿐만 아니라 파이썬 문법 규칙 덕분에 비슷한 의미도 있다.

리스트와 튜플은 많은 면에서 서로 비슷하다. 예를 들어 리스트에서 위치는 0에서부터 시작하고 원소는 첨자 표기법을 이용해서 선택할 수 있다. 만약 a라는 이름으로 리스트 [2,3,5,7,11]과 바인딩한다면 a[2]의 값은 5가 된다.

튜플과 마찬가지로 리스트는 좌변에 하나 이상의 이름을 가진 할당문을 이용해서 묶음을 풀 수도 있다. 다음은 앞서 **예제 1-2**에서 수행했던 묶음을 푸는 연산을 나타낸 것이다.

```
name, email = line.split(",")
```

line에 쉼표가 하나일 때 함수 split이 반환하는 값은 원소가 두 개인 리스트 형식이다. 할당문은 이 리스트를 두 개의 변수에 묶음을 풀어서 할당한다.

튜플과 리스트의 가장 큰 차이점이라면 리스트는 변경할 수 있는 객체(mutable object)고 튜플은 그렇지 않다는 점이다. 즉, 리스트는 값이 변할 수 있다. 예를 들어 첨자 표기법을 할당문의 좌변에 사용하여 리스트의 원소를 바꿀 수 있다. 다음 예제를 살펴보자.

```
a = [2,3,5,7,11]
a[2] = False
```

이 명령문을 실행하면 a라는 이름은 여전히 같은 list 객체와 바인딩 되지만, 두 번째 줄에서 객체 일부가 변경되어 최종적으로 [2,3,False,7,11]의 형태가 된다. (리스트 역시 튜플과 마찬가지로 다양한 형식을 모두 포함할 수 있다.)

변경할 수 있는 객체를 사용하기 시작했으니 객체와 그 값을 구분할 수 있어야 한다. 파이썬에서 이름은 객체에 바인딩 된다. 값에 직접 바인딩 되는 것이 아니다. 다음 코드를 살펴보자.

```
a = [2,3,5,7,11]
b = a
a[2] = False
```

b=a라는 할당문을 이용해서 b를 a가 바인딩 된 객체와 같은 객체에 바인딩할 수 있다. 말하자면 해당 객체의 별명(alias)을 생성한다고 할 수 있다. 변경할 수 있는 객체의 별명을 생성할 때는 의도치 않은 효과가 생길 수 있으니 주의해야 한다. 앞선 코드에서 a는 최종적으로 [2,3,False,7,11]라는 값을 지닌 객체에 바인딩 된다. 하지만 b에 대해서 처음 정의한 이후에 아무것도 연산을 수행한 적이 없음에도 b 역시 a와 같이 변경된다.

만약 다른 프로그래밍 언어에서 사용하는 포인터(pointer)라는 개념에 익숙하다면, 이 예제에서 파이썬의 바인딩을 객체에 대한 포인터로 생각할 수 있다. 첫 번째 줄이 리스트를 만들고 a 값을 리스트의 포인터로 만든다. 두 번째 줄은 해당 포인터를 b에 복사한다. 이제 같은 리스트를 지정하는 두 개의 포인터가 존재하게 된다.

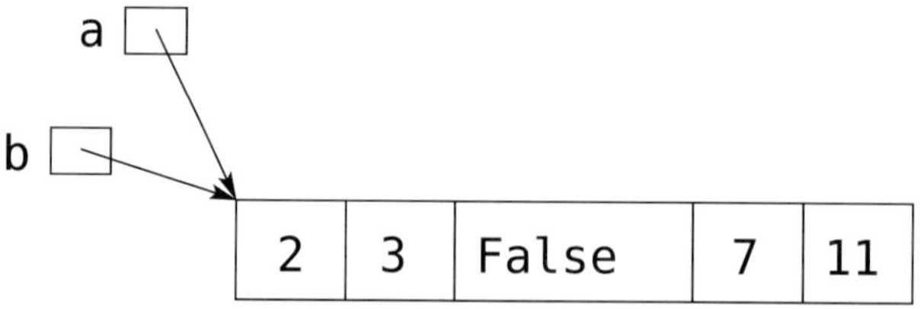

파이썬에는 "슬라이싱(slicing)"이라고 불리는 데이터 처리 방법이 있다. 만약 x가 튜플이라면 x[i:j]는 또 다른 튜플로서 x의 원소 중에서 i부터 j 직전까지의 원소를 포함하는 튜플이 된다. 이때 j는 새로운 튜플에 포함되지 않는다. 리스트에서도 이와 같은 처리를 수행할 수 있다. 예를 들어 앞의 명령문 이후에 a[0:2]를 입력해 보면 [2,3]이라는 리스트를 돌려준다. 최대 한계치 없이 범위를 지정할 때도 이러한 문법을 유용하게 사용할 수 있다. 이렇게 하면 시퀀스의 가장 마지막까지를 모두 포함한다. 예를 들어 x[1:]은 x의 원소

중에서 첫 번째 원소를 제외한 그 이후의 모든 부분을 포함하게 된다.

문자열은 튜플과 마찬가지로 시퀀스다. 따라서 문자열 역시 첨자를 이용해서 슬라이싱을 할 수 있다. 예를 들어 name이 "John Davis"라면 name[0:4]의 결괏값은 문자열 "John"이 된다.

만약 a가 튜플이나 리스트, 문자열이라면 len(a)는 a의 길이, 즉 총 원소의 개수를 나타낸다. 문자열은 총 문자의 개수를 나타낸다.

시퀀스에 대한 연산 중에는 메서드-호출 문법(method-call syntax)을 사용하는 연산도 있다. 이미 앞서 문자열에 대한 startswith 메서드를 본 적이 있다. 다른 메서드들도 어떤 파이썬 시퀀스에라도 적용할 수 있다. 그 한 예가 바로 튜플이나 리스트, 문자열에서 특정 값의 개수를 계산하는 count다. 만약 a가 "Look at me!"라는 값을 갖고 있다고 할 때 a.count("o")는 2라는 값이 된다.

파이썬에는 리스트를 변경할 수 있는 메서드도 있다. 이러한 메서드는 리스트에만 적용할 수 있으며 튜플이나 문자열에는 적용할 수 없다. 왜냐하면, 유일하게 리스트만 변경할 수 있기 때문이다. 리스트의 끝에 새로운 값을 추가하는 append를 예로 들 수 있다. 예를 들어 b가 [1,2,3]이라는 값을 갖고 있다고 가정하자. 이때 b.append(4)를 실행하면 b는 [1,2,3,4]라는 값을 갖게 된다.

연산자 +는 두 개의 튜플 또는 두 개의 리스트를 연결해서 형식이 같은 새로운 시퀀스를 결과로 반환할 수 있다. 따라서 파이썬에서 모든 튜플과 리스트의 집합은 + 연산에 대해서 모노이드다. 파이썬에서 뿐만 아니라 특정한 형식 또는 특정한 속성의 원소를 가진 모든 튜플이나 리스트 역시 모노이드다. 예를 들어 문자열로만 구성된 모든 리스트나 유럽의 도시 이름으로만 구성된 튜플 등이 있다. (파이썬에서는 튜플과 리스트 또는 리스트와 문자열과 같이 서로 다른 형식을 연결하는 데는 + 연산을 다중 정의(overload)하지 않는다.)

따라서 변경할 수 있다는 속성만 제외한다면 튜플과 리스트는 거의 똑같다고 할 수 있다. 그리고 대부분은 프로그래머가 어떤 형식을 선택해도 상관없는 경우가 많다. 이 책에서는 시퀀스를 변경해야만 하는 경우가 아니라면 리스트보다는 튜플을 주로 사용할 것이다.

형변환 함수 int처럼 튜플과 리스트 역시 서로 형식을 바꿀 수 있는 형변환 함수가 있다. 예를 들어 tuple([2,3,5,7,11])의 값은 (2,3,5,7,11)이고 list("Hello")의 값은 ["H","e","l","l","o"]다. 심지어 tuple이나 list를 반복자나 range 객체처럼 값의 시퀀스를 생성하는 객체에 사용할 수도 있다. 예를 들어 tuple(range(5))의 값은 (0,1,2,3,4)가 된다. 여기서 tuple은 range를 이용해서 튜플로 묶음을 만들어내는 데 필요한 모든 값을 한 번에 생성하게 된다.

파이썬의 for-문은 어떤 종류의 시퀀스 원소에 대해서도 반복할 수 있다. 이미 몇 가지 예를 살펴보았지만, 다음과 같이 튜플을 사용하는 또 다른 방법도 있다.

```
for place in ("London", "Paris", "Istanbul"):
   print("Hello from " + place + "!")
```

이와 같이 상수로 된 튜플에 대한 반복은 값이 고정된 집합의 각 원소에 대해 같은 연산을 수행하는 데 유용하다.

4 고계 시퀀스 함수

고계 함수를 이용해서 시퀀스에 대한 다양한 연산을 쉽게 처리할 수 있다. 전형적인 고계 함수인 map, filter, reduce의 정의와 사용방법에 대해서 알아보자.

우선 map은 시퀀스의 모든 인수에 인수가 하나인 함수를 적용하고 결괏값을 튜플로 생성한다. 함수 map을 호출하는 방법은 다음과 같다.

```
map(f,sequence)
```

예를 들어 4.3절에서 정의한 함수에 map을 적용하면 map(double, (2,3,5,7,11))은 (4,6,10,14,22)이고 map(square,range(10))은 (0,1,4,9,16,25,36,49,81)이 된다.

함수 map을 정의하는 방법은 다음과 같다. 전혀 어렵지 않다.

```
def map(f,sequence):
   result = ()
   for a in sequence:
      result += (f(a),)
   return result
```

이 경우에 result가 변경할 수 없는 객체임에도 "result +=..."를 이용해서 변경을 시도하는 것 같은가? 하지만 그렇지 않다. "result +=..."는 "result = result + ..."라는 것을 떠올려보자(튜플끼리 연결 연산을 수행한 다음, 이를 다시 result와 바인딩한다). 따라서 이 코드가 실제로 result 자체를 변경하는 것은 아니다.

sequence가 for-문의 헤더로 사용되면 시퀀스를 생성하는 모든 값이 될 수 있다. 즉, 튜플이나 리스트, range, 반복자 등이 될 수 있다.

파이썬에는 map과 비슷한 내장 함수가 있지만, 이와 똑같이 작동하지는 않는다. 이러한 파이썬 내장 함수는 다음 장에서 살펴본다.

두 번째 함수인 filter는 부울 값과 시퀀스를 반환하는 인수가 하나인 함수를 취한다. 함수 filter는 시퀀스의 각 원소에 주어진 함수를 적용하고 튜플을 반환하는데, 이때 튜플에는 주어진 함수가 True 값을 반환하는 원소만 포함된다. 함수를 호출하는 방법은 다음과 같다.

```
filter(test,sequence)
```

예를 들어 filter(lambda x:x>0, (2,3,0,-5,7,-11))의 결괏값은 (2,3,7)이 된다.

물론 파이썬에는 이와 비슷한 내장 함수가 있지만, 이를 쉽게 정의해서 사용할 수도 있다. 자세한 내용은 연습문제를 통해 살펴본다.

세 번째 함수인 reduce는 또 다른 함수와 값의 시퀀스를 받아 주어진 함수를 이용해 연산을 수행하여 하나의 값으로 줄인다. 함수를 호출하는 방법은 다음과 같다.

```
reduce(f,sequence,initial)
```

여기서 f는 인수가 두 개인 함수로 이항 연산자와 유사하게 동작하는 속성이 있다. reduce는 함수 f를 이용해서 마치 두 개의 값 사이에 연산자가 있는 것처럼 값의 연속한 쌍을 연산해서 하나의 값으로 만든다. 또 다른 인수인 initial 값은 시작값으로 사용한다. 만약 시퀀스가 비어 있다면 기본값으로 initial 값이 반환된다.

예를 들어 함수 plus가 다음과 같이 두 개의 인수를 더하는 함수라고 가정해보자.

```
plus = lambda x,y: x+y
```

그리고 정수의 시퀀스인 a_0, a_1, a_2, …와 i가 정수 값이라고 가정하자. 그렇다면 reduce(plus,a,i)의 결괏값은 다음과 같다.

$$i + a_0 + a_1 + a_2 + \cdots$$

특히 reduce(plus,a,0)의 값은 a의 모든 요소의 합이 된다. 다른 방법으로 6.2절에서 다뤘던 "대 +" 연산자를 a에 적용하는 것과 같다.

지금쯤이면 함수 reduce를 쉽게 구현할 수 있을 것이다. 이 코드는 map과 상당히 유사하다.

```
def reduce(f,sequence,initial):
    result = initial
    for a in sequence:
        result = f(result, a)
    return result
```

함수 reduce는 모노이드 형태인 임의의 값과 연산자에 적용할 수 있다는 것에 주목하자. 이때 모노이드 항등원을 시작값으로 사용한다. 실제로 함수 reduce를 통해 6.2절에서 살펴보았던 "대" 연산을 더욱 간단한 방법으로 정의할 수 있다.

특히 집합 A가 e를 항등원으로 하는 ⊗ 연산에 대한 모노이드라고 가정해보자. 함수 f가 해당 모노이드 연산을 구현한다면 $f(x, y)=x \otimes y$가 된다. 그리고 S가 A의 값 a_0, a_1, a_2, … 의 시퀀스라고 가정한다면 다음이 성립한다.

$$\begin{aligned} \texttt{reduce}(f, S, e) &= e \otimes a_0 \otimes a_1 \otimes a_2 \otimes \cdots \\ &= a_0 \otimes a_1 \otimes a_2 \otimes \cdots \end{aligned}$$

다시 말하자면 이는 S에 적용한 "대 ⊗" 연산이다.

예를 들어 만약 S가 숫자의 시퀀스라면(정수, 부동 소수점 숫자 또는 어떤 조합이어도 상관없다) 함수 reduce(plus,S,0)의 결괏값은 S의 모든 원소의 합이 된다. 이러한 합을 하나의 함수로서 정의해보자.

```
sum = lambda S: reduce(plus, S, 0)
```

이제 함수 sum은 인수가 하나인 함수로 "대 +" 연산과 같은 동작을 한다. 시퀀스 원소의 곱을 구하려면 같은 패턴을 이용해서 다음과 같이 처리할 수 있다.

```
product = lambda S: reduce(lambda x,y: x*y, S, 1)
```

또는 S가 문자열의 시퀀스라고 가정해보자. 그러면 S에 있는 모든 문자열의 연결은 다음과 같다.

```
cat = lambda S: reduce(lambda x,y: x+y, S, "")
```

사실 이 코드는 … reduce(plus,S,"")라고 작성할 수 있다. 왜냐하면 plus(앞서 정의한)를 문자열에 대해 사용할 때는 연결 연산을 하도록 자동으로 다중 정의되기 때문이다.

여기서 정의한 함수 reduce는 왼쪽에서 오른쪽으로 연산을 수행한다는 것에 주의하자.

reduce(f, S, e) = $(\cdots(((e \otimes a_0) \otimes a_1) \otimes a_2) \otimes \cdots)$

이것을 알면 결합법칙이 적용되지 않을 때에도 왼쪽에서 오른쪽으로 계산을 진행하는 모든 연산에 함수 reduce를 적용할 수 있다는 점을 알 수 있다. 하지만 오른쪽에서 왼쪽으로 계산해야 한다면 함수 reduce와 비슷한 함수 reduceRight를 이용해서 다음과 같이 처리할 수 있다.

reduceRight(f, S, e) = $(a_0 \otimes (a_1 \otimes (a_2 \otimes (\cdots \otimes e) \cdots)))$

함수 reduceRight를 정의하는 방법의 하나는 다음과 같이 재귀를 이용하는 것이다.

```
def reduceRight(f, sequence, initial):
    if len(sequence) == 0:
        return initial
    else:
        return f(sequence[0],
                 reduceRight(f, sequence[1:],
                             initial))
```


물론 주어진 연산에 결합법칙이 성립한다고 가정한다면 계산 순서는 결과에 영향을 미치지 않고 reduce와 reduceRight의 결괏값은 같다.

함수 map, filter, reduce와 이 함수를 이용해 정의한 함수들을 바탕으로 많은 프로그래밍 작업을 할 수 있다. 예를 들어 1.2절에 있는 예제 스크립트를 단 하나의 파이썬 표현식을 이용해서 다시 작성할 수 있다.

가장 처음에 다룬 **예제 1-1**의 스크립트를 다시 살펴보자. name이라는 파일 안에 있는 "John"으로 시작하는 모든 줄을 출력한다.

```
file = open("names")
for line in file:
    if line.startswith("John"):
        print(line)
```

예제 6-1은 이를 또 다른 방법으로 작성한 것이다. 반복자 open("names")는 문자열의 시퀀스를 만들고 각 문자열은 "새 줄(new line)" 문자로 끝난다. "John"으로 시작하는 문자열만을 얻으려면 함수 filter를 사용할 수 있다. 그리고 앞서 함수 reduce로 정의했던 함수 cat를 이용해서 여러 문자열을 하나로 연결할 수 있다. print로 결과를 출력하면 "새 줄" 문자로 인해 문자열이 줄로 분리된다. 만약 이런 특징이 없다면 함수 map을 이용해서 "새 줄" 문자를(파이썬에서는 "\n") 각 줄에 삽입할 수 있다.

예제 6-1 함수형으로 구현한 이름 검색

```
print(cat(filter(lambda x: x.startswith("John"),
                 open("names")))
```

예제 1-2에서 다룬 스크립트를 다시 작성하는 것은 연습문제로 남기고, 여기서는 세 번째로 다룬 **예제 1-3**을 다시 작성해보자. 이 예제는 observations라는 파일 안에 포함된 모든 정수의 평균값을 출력한다.

```
sum = 0
count = 0

file = open("observations")
for line in file:
   n = int(line)
   sum += n
   count += 1

print(sum/count)
```

이를 계산하고자 함수 map과 형변환 함수 int를 사용해서 파일 내에 포함된 각 줄의 시퀀스를 정수의 튜플로 변환한다. 그러고 나서 이 튜플 내에 있는 모든 원소의 합(앞에서 함수 reduce를 이용하여 정의한 함수 sum을 사용한다)을 튜플의 총 길이로 나누는 함수를 적용한다. 다음 예제는 이러한 전체 프로그램을 나타낸 것이다.

예제 | 6-2 함수형으로 구현한 관찰 결과 평균

```
print((lambda a: sum(a)/len(a))(
        map(int, open("observations"))))
```

이러한 프로그래밍 기법을 함수형 프로그래밍(functional programming)이라고 부른다. 함수형 프로그래밍은 명령어의 시퀀스를 입력하는 것이 아니라 함수 호출의 중첩 구조를 사용한다. 변수의 중간 결과를 저장하지 않고 함수 호출에서 반환된 값을 취해서 다른 함수를 호출하기 위한 인수로 직접 사용한다. 또한, 반복을 사용하지 않고 재귀와 `map`, `filter`, `reduce`와 같은 고계 함수를 사용한다.

LISP와 그 변형인 Scheme, 그리고 ML과 그 변형인 Haskell 등이 함수형 프로그래밍의 특징을 강조해서 다른 형태의 프로그래밍을 배제한 대표적인 "함수형 프로그래밍 언어(functional programming languages)"다. 하지만 함수형 프로그래밍은 파이썬으로도 충분히 작성할 수 있을 뿐만 아니라 여러분의 프로그래밍 기술 중 유용한 한 가지로 추가할 수 있다.

5 내장

리스트 내장(list comprehension)은 리스트를 생성하는 파이썬의 또 다른 구조다. 즉, 리스트를 표시하는 또 다른 종류라고 할 수 있다.

리스트 내장으로 하나 또는 그 이상의 다른 시퀀스를 바탕으로 리스트를 생성할 수 있다. 마치 `map`과 `filter` 함수를 적용하듯이 함수를 적용하고 필터링한 것 같은 형식이다. 하지만 처리 결과의 구조를 더 직접적으로 나타내는 문법을 사용한다.

리스트 내장의 가장 기본적인 형태는 다음과 같다.

```
[표현식 for 이름 in 시퀀스]
```

이는 이름을 시퀀스의 순차적인 값에 바인딩하여 각 바인딩의 식을 계산하고 그 결과를 바탕으로 리스트를 만든다. 예제는 다음과 같다.

```
[2**n for n in range(5)]
```

이 식의 결괏값은 2의 0승부터 4승까지의 결과인 [1,2,4,8,16]이다. 즉, 달리 표현하면 다음과 같다.

```
list(map(lambda n: 2**n, range(5)))
```

내장은 하나 이상의 "for...in" 구문을 포함할 수 있기 때문에 map을 적용하는 것보다 일반적인 방법이라고 할 수 있다. 예제는 다음과 같다.

```
[(a,b) for a in range(6) for b in range(5)]
```


이 방법으로 첫 번째 값은 0~5 중 하나고 두 번째 값은 0~4 중 하나인 숫자의 순서쌍 30개를 생성할 수 있다.

또한, 내장에는 시퀀스에서 값을 추출하는 필터를 포함할 수도 있다. 이와 관련한 문법은 다음과 같다.

```
[표현식 for 이름 in 시퀀스 if 조건]
```

이 문법은 map(expression, filter(test, sequence))와 유사하지만, 표현식(expression)과 조건(test)이 함수라기보다는 표현식이며 그 결과는 리스트로 반환된다.

예제는 다음과 같다.

```
[line[5:] for line in open("names")
   if line.startswith("John ")]
```

이는 names라는 파일에서 "John "으로 시작하는 줄을 선택하고 해당 줄에서 남은 문자열을 리스트로 생성한다. 즉, 파일에 존재하는 이름 목록이 성과 이름으로 구성되어 있다고 가정해 보면 결과는 이름이 John이라는 사람들의 성을 리스트로 반환한다.

튜플 내장은 어떠할까? 리스트 내장과 유사하게 다음과 같이 작성해보자.

```
(line[5:] for line in open("names")
   if line.startswith("John"))
```

이 방법을 이용해 John이라는 이름을 가진 사람들의 성으로 구성된 튜플(리스트가 아닌)을 얻을 거로 생각할 수도 있다. 그러나 파이썬에는 편리한 기능이 하나 있다. 이 문법은 나무랄 곳 하나 없이 완벽하지만, 이 스크립트는 튜플 내장이 아니고 발생자 표현식(generator expression)이라 불리는 문법이며 그 값은 시퀀스를 동적으로 생성하는 반복자가 된다. 이 발생자 표현식은 다음 장에서 자세히 살펴본다. 하지만 지금은 발생자 표현식을 이용해서 튜플 내장처럼 사용할 수 있다는 것을 알아두자. 물론 파이썬에 튜플 내장이라는 것이 있다면 말이다.

이후의 장에서 살펴보겠지만, 파이썬에는 집합과 매핑에 관련된 내장도 있다.

6 병렬 처리

사람들은 컴퓨터가 더 많은 데이터를 더 빠르게 처리하기를 원한다. 지금까지 컴퓨터 제작업체들은 어떻게든 컴퓨터의 처리속도를 더 빠르게 하고자 노력해왔다. 즉, 한 번에 하나의 데이터를 처리하는 단일 처리 성능을 향상시켜 더 빠르게, 더 작게, 더 저렴하게 만들고자 모든 노력을 기울였다. 그러나 더는 이런 방향으로 진보하기는 어렵다. 컴퓨터 칩을 만드는 업체들은 이미 분자의 크기나 빛의 속도, 그리고 클록 속도가 빨라지면서 발생하는 컴퓨터 칩의 발열 문제와 같은 가장 기본적인 물리학 법칙의 한계에 부딪혔기 때문이다.

그런 이유에서 미래 컴퓨터 산업은 한 번에 다양한 처리를 할 수 있는 병렬 처리(parallel processing)에 달렸다고 할 수 있다. 그리고 미래는 바로 눈앞에 다가와 있다. 한때 병렬 처리 하드웨어는 연구실 수준에서만 가능했고 슈퍼컴퓨터를 이용해야만 했지만, 이제는 이미 많은 사람이 일상생활에서 알게 모르게 사용하고 있다.

- 일반적으로 사용하는 현대 컴퓨터들은 다중 코어 프로세서를 갖고 있다. 즉, 하나의 칩 또는 가깝게 연결된 칩 여러 개로 구성된 그룹의 내부에 "프로세서"라고 부르는 것들이 두 개 이상 있다. 새로 출시되는 컴퓨터일수록 더 많은 코어를 갖고 있다.
- 그래픽 처리 장치(GPU)는 이미 많은 데스크톱과 노트북뿐만 아니라 게임기와 심지어 휴대전화에도 장착할 수 있을 만큼 충분히 저렴해졌다. 현대 GPU는 병렬 처리를 위한 다양한 연산 요소를 갖고 있고 생산 업체는 매년 더 높은 병렬성을 갖는 GPU를 생산하고 있다.

병렬 컴퓨팅은 앞으로 프로그래머들에게 커다란 도전이 될 수 있을 것이다. 이 병렬 컴퓨팅에 익숙해지도록 프로그래머는 새로운 방향으로 생각하는 방법을 배우고 새로운 기술을 익혀야 할 것이다. 지금까지 프로그래밍 형태는 순차적이라고 할 수 있다. 즉, 프로그램 제어에 일관된 하나의 흐름만 있었다. 하지만 앞으로는 많은 수의 컴퓨터를 동시에 사용해서 같은 결과를 더 빠르게 만들어내는 코드를 작성하는 방법을 생각해 보아야 한다.

물론 이런 방법이 언제나 간단하고 쉽지는 않다. 병렬 연산을 위해서는 컴퓨터 사이의 협력이 필요하다. 가장 중요한 것 중 하나는 컴퓨터 사이의 간섭으로 연산이 방해받지 않게 하는 것이다. 컴퓨터 사이에 생기는 간섭이 부정확한 결과를 만들 수도 있기 때문에 동시에 처리하지 못하는 계산도 존재할 수 있다. 예를 들어 두 개의 프로그램이 동시에 하나의 파일에 서로 다른 내용을 저장한다고 생각해보자. 어떤 순서로 또는 어떤 방법으로 처리할 수 있을까?

컴퓨터 과학계에서는 지난 수십 년 동안 컴퓨터들이 간섭을 받지 않고 병렬 연산을 수행하고 동기화와 프로그램 구조에 문제가 없는 기술을 개발하고자 노력했다. 물론 이런 새로운 기술은 이 책의 주제에서 한참 벗어난 이야기므로 아주 간단한 예만 살펴보자.

만약 두 개의 연산이 완전히 독립적이라면 그 두 가지 연산은 독립적으로 진행할 수 있다. 즉, 하나의 연산이 나머지 하나에 영향을 미치지 않는다면 분산 처리를 하든 동시에 계산하든 아무런 영향을 미치지 않는다는 것이다.

예를 들어 다음과 같은 할당문의 시퀀스를 생각해보자.

```
x = E
y = F
```

만약 표현식 F가 x를 사용하지 않고 동시에 E가 y를 사용하지 않으며 E와 F가 서로에게 영향을 미치는 부수 효과를 갖고 있지 않다면, 할당문은 서로에게 완전히 독립적이라고 할 수 있으며 당연히 이 두 연산을 병렬로 처리하는 것에 아무런 문제가 없다. 그렇지 않다면 서로에게 영향을 미치기 때문에 연산을 순차적으로 처리해야만 한다.

프로그램 코드에서 어느 부분이 독립적이고 어느 부분이 서로에게 영향을 미치는지 분석하는 것은 간단한 문제는 아니다. 또한, 이를 고려해서 서로에게 완전히 독립적인 코드를 작성하는 것 역시 쉽지 않은 문제다. 그나마 다행인 것은 함수형 프로그래밍에서는 연산 대부분이 자연스럽게 서로 독립적이라는 점이다. 따라서 병렬 처리를 적용할 기회가 많다.

표현식의 계산과 함수의 적용으로 구성되어 아무 부수 효과가 없는 프로그램이나 연산을 생각해보자. 이러한 연산은 병렬로 처리할 가능성이 충분히 열려 있다.

- 함수 $f(P, Q)$의 호출 또는 $P \otimes Q$를 살펴보자. P를 계산하는 것은 Q와는 독립적이기 때문에 병렬로 처리할 수 있다. 인수가 세 개, 네 개 또는 그 이상인 함수 호출도 같은 원리를 적용할 수 있다.
- 매핑 연산인 map(f, S)를 살펴보자. f를 S의 어떠한 원소에 적용하는 것은 f를 또 다른 원소에 적용하는 것과는 완전히 독립적이다. 그러므로 이 모든 연산은 병렬로 처리할 수 있다.
- 필터링 연산 filter(test, S)도 마찬가지다. S의 원소에 대한 모든 test 연산을 독립적으로 수행할 수 있기 때문에 병렬로 처리할 수 있다.
- reduce 연산 형식인 reduce(f, S, e)를 살펴보자. 여기서 f는 모노이드처럼 결합법칙이 성립하고 e라는 항등원을 갖는다. 시퀀스 S를 하위 시퀀스인 S_1과 S_2로 나누고 $S = S_1 + S_2$라고 가정하자. 그러면 f의 결합법칙에 따라 다음이 성립한다.

$$\text{reduce}(f, S, e) = f(\text{reduce}(f, S_1, e), \text{reduce}(f, S_2, e))$$

따라서 S_1과 S_2를 분리하여 함수 reduce를 적용할 수 있기 때문에 사실상 병렬이라고 할 수 있고 이 두 결과를 f를 이용해서 결합할 수 있다. 실제로는 S_1과 S_2를 계속해서 더 작은 시퀀스로 나누고 reduce 연산을 적용할 수도 있다.

예를 들어 S가 $a_0 \ldots a_7$의 총 8개 원소를 갖고 있고 f는 모노이드 연산자인 ⊗를 의미하고 reduce 연산은 다음 표현식 E를 계산한다고 가정하자.

$$E = a_0 \otimes a_1 \otimes a_2 \otimes a_3 \otimes a_4 \otimes a_5 \otimes a_6 \otimes a_7$$

결합법칙에 따라서 E는 다음과 같다.

$$((a_0 \otimes a_1) \otimes (a_2 \otimes a_3)) \otimes ((a_4 \otimes a_5) \otimes (a_6 \otimes a_7))$$

따라서 E를 계산하려면 ⊗를 병렬로 네 쌍의 원소에 적용하여 결과를 받아 다시 ⊗를 병렬로 두 쌍에 적용하고 마지막으로 다시 두 쌍에 ⊗를 적용할 수 있다.

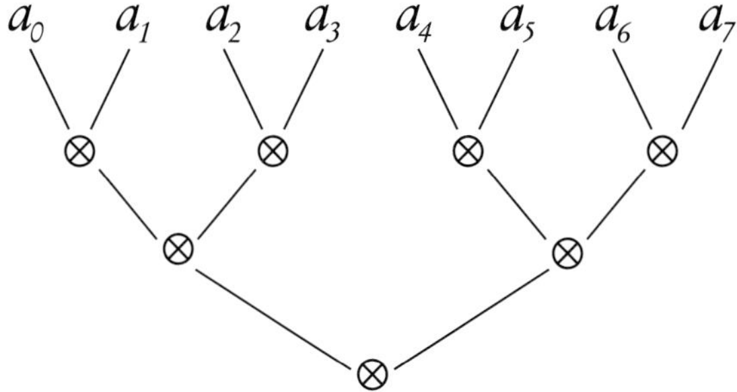

수학과 컴퓨터 과학에서는 이런 다이어그램을 "트리(tree)"라고 부른다. 여기서 "루트(root)"는 가장 아래쪽에 있고 "잎(leaves)"은 가장 위쪽에 있다. 이 트리 구조는 연산자와 피연산자 사이의 연결 관계를 나타낸다. 연산자 ⊗가 이항 연산자이기에 트리의 각 연산자는 두 개의 피연산자와 연결되어 있다. 따라서 이 트리를 이진 트리(binary tree)라고 부른다.

E를 완전히 왼쪽에서 오른쪽으로 계산한다고 하면 다음과 같은 트리를 그릴 수 있다.

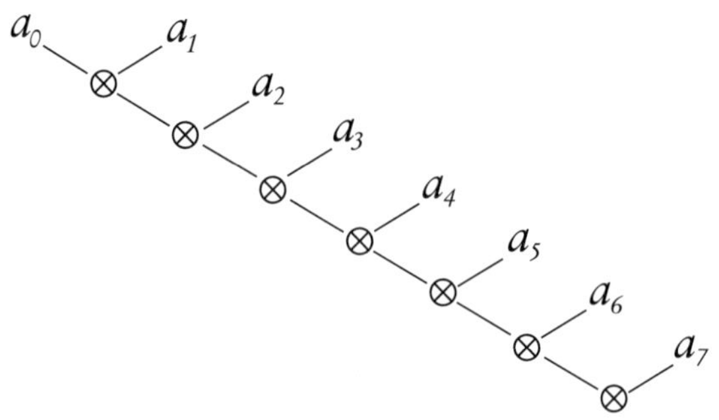

오른쪽에서 왼쪽으로 계산한다면 다음 그림과 같다.

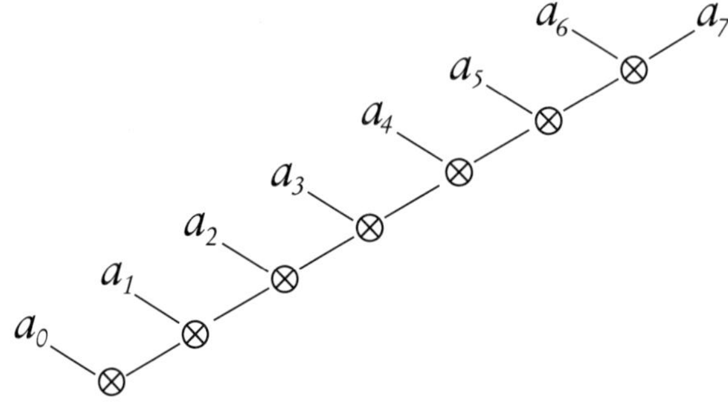

하지만 이 세 트리 중 첫 번째 트리는 "평형(balanced)" 구조로 되어 있다. 이런 평형 트리는 포함하는 잎에 대해 가능한 수준(level)이 가장 적다.

사실 n개의 잎을 가진 평형 이진 트리에서 연산자 수준의 개수는 $\log_2 n$을 올림한 값과 같다. 예를 들어 첫 번째 트리에서 총 8개의 피연산자가 있기 때문에 $\log_2 8=3$이 된다. 따라서 3개의 연산자 수준이 있다.

이처럼 평형 트리로 표현식 계산을 구성하고 같은 수준에 있는 연산을 병렬로 처리할 때 "평형 병렬 계산(balanced parallel evaluation)"을 사용한다고 말한다. 이제 하나의 연산 $\otimes$을 수행하는 데 걸리는 시간을 시간 단위로 정의해보자. 그러면 필요한 만큼 많은 연산을 병렬로 수행할 수 있다면 평형 병렬 계산을 이용해서 이런 종류의 표현식을 가장 효율적으로 계산할 수 있고, 이때 계산에 걸리는 시간은 $\log_2 n$ 시간 단위가 된다.

물론 이런 분석에서는 다른 프로세서에 계산을 할당하고, 결과를 전송하고, 모든 계산을 조율하는 등의 오버헤드는 계산하지 않았다. 실질적인 총 처리 시간을 계산하려면 오버헤드 시간을 고려해야만 한다. 하지만 만약 연산자 ⊗가 시간을 많이 요구하는 연산이어서 오버헤드 시간이 실제 계산에 필요한 시간보다 훨씬 작다고 가정한다면 평형 병렬 계산을 통해 총 처리 시간을 의미 있는 수준으로 단축할 수 있다.

평형 병렬 계산을 이용해서 최대한 병렬로 실행되는 reduce 연산을 생각해볼 수 있다. 물론 이런 버전의 reduce 연산은 함수가 결합법칙이 성립해야만 한다.

이 책에서는 파이썬이나 다른 언어를 이용해서 이런 연산을 병렬로 처리하는 방법은 논의하지 않는다. 이러한 주제는 이 책의 범위를 벗어나며, 특정 시점에 특정 컴퓨터 환경에서 사용할 수 있는 기술에 중점적으로 의존한다. 하지만 독립적인 연산은 병렬로 실행할 수 있다는 가장 중요한 원칙은 변함없으며 이 원칙의 의미도 일반적이고 광범위하게 적용할 수 있다.

물론 프로그래머가 병렬 컴퓨팅 환경에 새롭게 적응하는 것은 매우 큰 도전이 될 것이다. 하지만 수학적 특성을 이용해서 데이터와 연산을 생각하고, 고계 연산과 함수형 프로그래밍을 이용해서 계산할 수 있는 프로그래머라면 이미 한걸음 나아간 것이다.

앞으로 다룰 내용에서도 병렬 컴퓨팅에 수학적 사고를 적용할 기회가 더 있을 것이다.

이 장에서 소개한 용어

- 항등원(identity)
- 별명(alias)
- 반군(semigroup)
- 리스트 표시(list display)
- 리스트 내장(list comprehension)
- 트리(tree)
- 모노이드(monoid)
- 함수형 프로그래밍(functional programming)
- 군(group)
- 변경할 수 있는 객체(mutable object)
- 병렬 처리(parallel processing)
- 이진 트리(binary tree)

연습문제

1 파이썬의 부동 소수점 연산에서 $(a+b)+c=a+(b+c)$라는 식이 성립하지 않는 값을 찾아보고 그 이유를 설명해보자. 파이썬 인터프리터를 이용해서 확인해보자.

2 수학적으로 실수인 0과 1 사이의 백분율(percentage)은 덧셈에 대해서 모노이드인가? 곱셈에 대해서는 어떠한가?

3 파이썬의 정수는 연산자 `**`에 대해서 모노이드인가? 만약 그렇다면 항등원은 무엇인가?

4 파이썬의 `and`와 `or` 연산자는 교환법칙이 성립하는가?

5 추상 대수학이라는 분야에는 반군과 모노이드에 관련된 흥미롭고 유용한 결과들이 포함되어 있다. 그 중 모노이드는 항등원 원소를 오직 하나만 가질 수 있다는 특징이 있다. 가령 e_1과 e_2가 모두 같은 모노이드의 항등원이라면 $e_1=e_2$가 성립해야만 한다.

이것이 왜 참인지 설명해보자. (힌트: 연산자 $\otimes$가 모노이드 연산자일 때 $e_1 \otimes e_2$에 대해서 생각해보자.)

6 파이썬의 내장 함수를 사용하지 않고 각자 자신만의 `filter` 함수를 정의해보자. 이 함수가 튜플을 반환하도록 해보자.

7 사실 `map`과 `filter` 함수는 `reduce` 함수의 특별한 경우라고 할 수 있다. 반복과 재귀 대신에 `reduce`를 이용해서 `map`과 `filter`의 다른 버전을 정의해보자.

8 하나의 함수와 항등원 원소를 인수로 취하고 이 함수의 "대" 버전(6.2절)과 같이 작동하는 인수가 하나인 함수를 생성하는 고계 함수 `big`을 정의해보자. 예를 들어 만약 함수 `plus`가 6.4절과 같이 정의되어 있다면 `big(plus, 0)`은 숫자의 시퀀스(튜플이나 리스트 또는 다른 시퀀스) 값을 취하고 그 합을 반환한다.

9 세 번째 인수인 `initial`을 제외하고 두 개의 인수만으로 작동하는 함수 `reduce`를 정의해보자. 대신 시퀀스의 첫 번째 인수를 시작 원소로 사용하자. 최소한 하나 이상의 원소가 시퀀스에 있을 때만 함수가 작동한다. 만약 시퀀스가 오직 하나의 원소를 갖고 있다면 함수는 해당 원소를 반환한다.

이것은 모노이드가 아닌 반군에 적합한 reduce 연산이며 초깃값(initial)으로 사용하기 위한 항등원을 갖고 있지 않다.

10 시퀀스의 순서를 뒤집는 함수 `reverse`가 있다고 가정하자. 즉, `reverse((1,2,3))`의 결과는 `(3,2,1)`이 된다. 한 학생이 간단한 `reduceRight`를 정의해서 시퀀스의 순서를 뒤집고 `reduce`를 적용하여 그 뒤집힌 결과를 반환하는 방법을 다음과 같이 제안했다고 가정하자.

```
def reduceRight(f,sequence,initial):
    return reduce(f,reverse(sequence),initial)
```

이 해법의 문제점은 무엇인가? 어떤 경우에 이 `reverseRight` 버전이 잘못된 결과를 반환하는가?

11 John Davis의 이메일 주소를 출력하는 1.2절의 두 번째 스크립트를 단 하나의 파이썬 표현식으로 다시 작성해보자.

7장

스트림

1 동적 생성 시퀀스

일부 데이터 시퀀스는 파이썬의 문자열과 튜플, 리스트와 같은 정적 자료구조로 되어 있다. "정적(static)" 시퀀스는 파이썬의 리스트처럼 변경 가능할 수도 있지만, 어떤 한순간에는 온전한 자료구조로 존재한다. 반면에 일부 시퀀스는 동적으로 생성되기도 한다.

예를 들어 프로그램으로의 입력 스트림(stream)이 이미 크기와 내용이 결정된 값이 아니라 시간이 지나면서 동적으로 변화되어 지속적으로 입력되는 줄이나 문자, 센서의 숫자 등과 같은 값일 수도 있다. 심지어 일부 입력 스트림에는 끝없이 무한한 데이터가 계속해서 입력될 수도 있다.

여기서는 스트림이라는 용어를 값이 동적으로 생성된 시퀀스(dynamically-generated sequence, 동적 생성 시퀀스)를 대표하는 의미로 사용하자. 시퀀스에는 두 가지 종류가 있다. 하나는 정적 시퀀스고 나머지 하나가 바로 동적 생성 시퀀스인 스트림이다.

파이썬에서 스트림은 앞에서 살펴본 두 가지 종류의 객체 즉, 반복자와 range 객체에 의해서 생성된다. range 객체는 반복자와 온전히 같다고는 할 수 없으며 반복자보다 활용할 방법이 몇 가지 더 있다. 예를 들어 함수 `len`을 range 객체에는 적용할 수 있지만, 반복자에는 적용할 수 없다. 그러나 깊게 파고들어 range 객체와 반복자를 구분하는 것은 이 책의 범위를 벗어난다. 이 책에서는 두 가지를 거의 구분할 필요 없이 비슷하게 사용한다. range 객체는 다르다는 것을 특별히 언급하지 않는다면 반복자를 설명하는 모든 내용은 range 객체에도 적용된다.

반복자를 호출하는 가장 일반적인 경우는 for-문이다.

```
for 이름 in 반복자 :
    명령문
```

다시 한 번 **예제 1-1**을 살펴보자. 여기서 함수 `open`이 반복자를 반환한다는 것을 기억하자.

```
file = open("names")
for line in file:
   if line.startswith("John"):
      print(line)
```

만약 "in"에 따라오는 값이 반복자가 아니고 다음 예제와 같이 정적 시퀀스라면 어떤 상황이 발생할 것인가?

```
for place in ("London", "Paris", "Istanbul"):
   print("Hello from " + place + "!")
```

실제로 일어나는 일은 다음과 같다. 파이썬은 시퀀스에서 값을 생성하기 위해 반복자를 생성하고 for-문은 더는 반환할 값이 없을 때까지 해당 반복자를 호출한다.

이전 장에서 보았듯이 파이썬은 튜플 내장처럼 보이지만 시퀀스를 동적으로 생성하는 구조(발생자 표현식)를 갖고 있다. 다시 말하자면 발생자 표현식은 스트림을 생성한다.

발생자 표현식은 대괄호가 아닌 괄호를 사용한다는 것만 제외하면 리스트 내장과 같은 문법 구조로 되어 있다.

```
(line[5:] for line in open("names")
     if line.startswith("John"))
```

발생자 표현식의 값은 반복자다. 지금까지 본 것처럼 반복자는 객체고 반복자에 이름을 바인딩해서 함수로 전달할 수도 있다.

이 발생자 표현식에는 흥미로운 점이 있다. 이 표현식은 함수 open으로 반환되는 또 다른 반복자를 이용해서 정의된다. 앞으로도 자주 볼 수 있겠지만, 반복자로 다른 반복자를 정의하는 것은 일반적인 일이다. 다음 예제를 통해 어떤 상황이 발생하는지 살펴보자.

```
surnames = (line[5:] for line in open("names")
                 if line.startswith("John "))
for s in surnames:
    print(s)
```

발생자 표현식이 처리되어 반복자를 생성하고 surnames라는 이름이 해당 반복자에 바인딩 되었다. for-문은 surnames의 값을 한 번에 하나씩 호출한다. 매번 surnames는 다른 줄을 얻고자 열려 있는 파일의 반복자를 호출한다. 해당 파일에서 줄을 읽어들여 line과 바인딩한다. 그러고 나서 line[5:]를 계산하여 s와 바인딩한다. 마지막으로 for-문의 본문이 실행된다.

그렇다면 같은 반복자를 한 번 더 사용하면 어떻게 될까?


```
surnames = (line[5:] for line in open("names")
                 if line.startswith("John "))
for s in surnames:
    print(s)
for s in surnames:
    print(s)
```

두 번째에서는 반복자가 아무것도 생성하지 않는다. 반복자에서 값을 취하면 그 값은 "소비(consumed)"된 것으로 간주한다. 반복자가 생성한 모든 값을 이미 처리했기 때문에 for-문은 반복자를 "빈(empty)" 상태로 남긴다.

2 발생자 함수

파이썬에는 발생자 함수(generator function)라는 또 하나의 동적 시퀀스를 생성하는 구조가 있다. 이 함수는 반복자를 반환한다. 앞서 살펴본 내장 함수 open이 이러한 유형이다. 이 함수는 파일을 열고 파일의 줄에서 문자열을 생성하는 반복자를 반환한다. 이제부터 프로그래머가 자신만의 발생자 함수를 정의하는 방법을 살펴보자.

발생자 함수는 다음과 같이 yield-문(yield-statement)을 실행하여 값을 산출(yield)한다.[1]

yield 표현식

파이썬은 함수 정의에 yield-문이 포함되면 일반적인 함수가 아닌 발생자 함수로서 정의한다. 다음은 발생자 함수의 예다.

```
def fibs(n):
    a=1
    b=1
    for i in range(n):
        yield a
        a, b = b, a + b
```

함수 `fibs`는 길이 n을 갖고 처음 두 개의 값이 1과 1이며 그 이후의 값은 바로 이전 두 값의 합으로 구성되는 시퀀스를 생성한다. 바로 잘 알려진 피보나치 수열이다. 예를 들어 `fibs(7)`의 결과는 1, 1, 2, 3, 5, 8, 13이 된다.

발생자 함수가 호출되면 파이썬은 함수의 본문을 실행하는 것이 아니라 함수의 본문을 실행할 반복자를 반환한다. 이 반복자가 첫 번째 값을 처리하고자 호출되면 반복자가 함수 본문을 실행하기 시작한다. 실행이 yield-문에 이르면 반복자는 yield-문 안에 있는 표현식의 값을 전달한다. 이때 이 값은 반복자가 생성한 시퀀스 값 중 하나다. 그리고 yield-문 이후의 함수 본문 실행은 잠시 중단된다.

반복자가 다음 값을 불러들이면 함수 본문이 중단되었던 곳에서 마치 제어권이 함수 밖으로 나간 적이 없었던 것처럼 기존 바인딩을 그대로 사용하여 재실행된다. 함수 본문은 연산을 계속한다(보통은 값을 더 생성한다). 반복자는 함수 본문이 종료될 때 종료되고 이때

1 프로그램에서 return이나 yield는 모두 값을 반환하지만 의미가 다르다. 이 책에서는 return과 구분하고자 yield는 '반환'이라는 용어 대신 '산출'이라는 표현을 사용한다 — 옮긴이주.

생성된 값의 시퀀스도 함께 종료된다.

fibs 발생자 함수를 한 번에 튜플이나 리스트의 시퀀스 원소를 모두 반환하는 다른 유사한 함수들과 비교해보자. 튜플을 생성하고 반환하는 버전은 다음과 같다.

```
def fibsTuple(n):
    result = ()
    a=1
    b=1
    for i in range(n):
        result += (a,)
        a, b = b, a + b
    return result
```

다음 부분을 유심히 살펴보자. result += (a,)의 의미는 result = result + (a,)라는 것에 주의해야 한다. 매번 루프를 실행할 때마다 함수는 새로운 튜플을 생성하는데, 이 튜플은 끝에 또 다른 값을 연결한 result의 복사본이다. 마지막 튜플을 제외한 각 튜플은 다시 사용하지 않는다.

튜플이 아닌 리스트를 생성하는 다음 함수와의 차이를 확인해보자.

```
def fibsList(n):
    result = [ ]
    a=1
    b=1
    for i in range(n):
        result.append(a)
        a, b = b, a + b
    return result
```

매번 루프마다 새로운 자료구조를 만들어내는 것이 아니라 result를 수정하기 때문에 이 새로운 버전이 더 효과적이다. n이 커질수록 그 차이가 더 의미 있게 된다.

효율성 측면에서 보자면 fibsTuple과 fibsList 모두 하나로 생성된 시퀀스 객체를 반환하지만, 함수 fibs는 동적 시퀀스를 생성하는 반복자를 반환한다. 그 차이를 다음과 같이 생각할 수 있다. 함수 fibsTuple이나 fibsList 모두 함수를 호출하는 코드는 n 값을 함수로 "밀어내고(push)" 함수는 시퀀스 객체를 반대로 "밀어낸다".

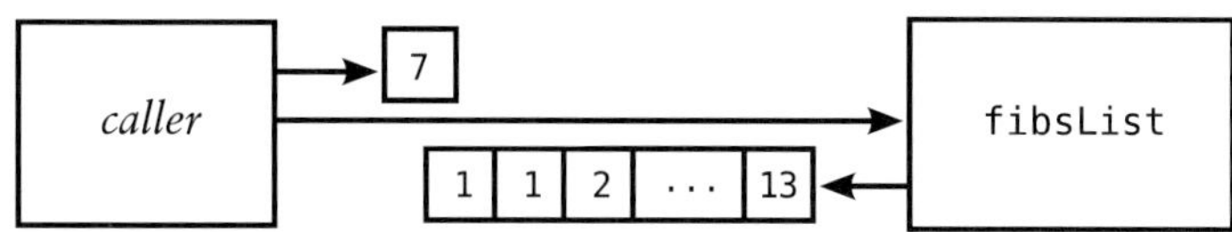

함수 fibs의 호출기(caller)는 n 값을 함수로 "밀어내고" 필요할 때 함수로부터(또는 더 정확하게 말하면 함수에 의해서 반환된 반복자로부터) 값을 "끌어온다(pull)".

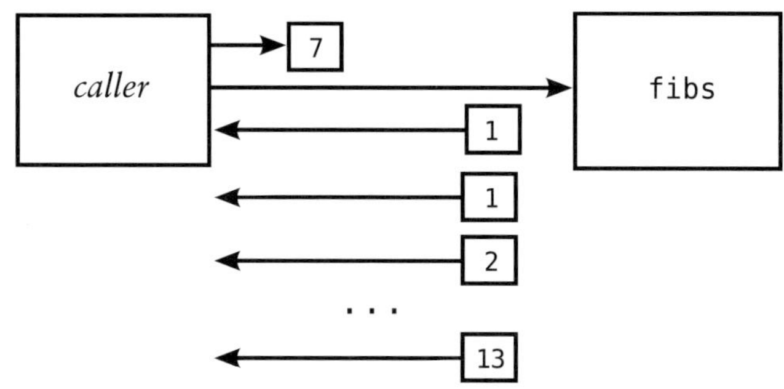

6.4절에서 정의한 함수 map을 떠올려보자.

```
def map(f,sequence):
   result = ()
   for a in sequence:
      result += (f(a),)
   return result
```

이렇게 구현한 함수 map은 fibsTuple과 같은 방법으로 튜플을 반환한다. 계산 결과는 정확하지만, 함수 fibsTuple과 마찬가지로 효율성이 문제가 된다. (처음 함수 map를 정의할 때 효율성 문제를 알아차렸는가?)

6.4절에서 파이썬에는 내장 함수로 정의된 함수 map이 있다고 말했다. 함수 map의 구현은 사실 발생자 함수라고 할 수 있으며 이는 다음과 같이 작동한다.

```
def map(f,sequence):
    for a in sequence:
        yield f(a)
```

앞서 우리가 작성한 프로그램에서 튜플을 반환하는 대신에 이 정의를 사용할 수도 있다. 더 간단하고 직관적일 뿐만 아니라 더 효율적이기도 하다. 물론 내장 함수 map을 사용할 수도 있다.

함수 map과 마찬가지로 함수 filter와 다른 파이썬 내장 함수 그리고 라이브러리에서 제공하는 함수 등 시퀀스를 다루는 함수는 사실 발생자 함수다. 이 함수들은 정적 시퀀스나 스트림을 인수로 취하고 스트림을 결과로 반환한다.

다른 함수와 마찬가지로 발생자 함수 역시 지금껏 살펴본 예제보다 훨씬 더 복잡한 연산을 수행할 수 있다. 게다가 발생자 함수는 yield-문을 하나 이상 포함하여 여러 개의 연산 결과를 하나의 동적 생성 시퀀스로 합칠 수 있다. 예제는 다음과 같다.

발생자 함수 combinations는(**예제 7-1**) 음수가 아닌 정수 n과 서로 다른 값으로 된 시퀀스 하나를 취하여 시퀀스에서 한 번에 n개의 원소를 선택하는 조합을 (튜플로) 생성한다. 이는 다음과 같은 세 가지 경우가 있다.

- 만약 $n = 0$이라면 비어 있는 튜플이라는 하나의 결과가 된다.
- 만약 $n > 0$이지만 시퀀스가 비어 있다면 아무 결과도 없다. (파이썬 명령어인 pass는 자리표시자(place-holder)일 뿐 특별한 역할을 하지 않는다.)
- 그렇지 않으면 함수는 시퀀스의 첫 번째 원소를 포함하지 않는 조합과 포함하는 조합, 두 종류의 조합을 재귀적으로 생성한다.

예제 | 7-1 발생자 함수를 이용한 조합

```
def combinations(n,seq):
    if n == 0:
```

```
        yield ()
    elif len(seq) == 0:
        pass
    else:
        first = seq[0]
        rest = seq[1:]
        for a in combinations(n, rest):
            yield a
        for a in combinations(n-1, rest):
            yield (first,) + a
```

코드를 자세히 살펴보고 어떻게 작동하는지 어째서 올바른 결과가 나오는지(특히 재귀 조건에서) 이해하도록 하자. 매개 변수 n이 0에 가까워지거나 또는 매개 변수 seq가 짧아지기 때문에 각 재귀 호출이 기저 조건에 가까워지는 방향으로 작동하는 것에 주목하자.

이 연산은 반복보다 재귀를 사용해 훨씬 쉽게 수행할 수 있는 좋은 예다. 같은 작업을 반복만 사용하여 수행하는 프로그램을 각자 작성해보도록 하자.

3 끝이 없는 스트림

발생자 함수를 이용해서 끝나지 않는 스트림을 정의하기는 쉽다. 다음 간단한 예제를 살펴보자. 함수 endlessStream은 어떤 값이라도 인수로 받아들여서 그 값을 반복하는 끝없는 스트림을 생성한다.

```
def endlessStream(x):
    while True:
        yield x
```

또 다른 예제는 다음과 같다. 함수 integers는 특정 초깃값에서 시작해서 연속한 정수를 생성한다.

```
def integers(n):
    while True:
        yield n
        n += 1
```

파이썬이 저장하기에 그 값이 너무 커질 때까지 또는 영원히 이어지는 끝없는 스트림이 생성되었다. 실용적인 목적에서는 거의 끝이 없다고 가정해도 무방하다.

끝나지 않는 스트림을 기술하는 데는 "무한(infinite)"이라는 단어보다 "끝이 없다(endless)."라는 단어를 사용할 것이다. 무한한 크기의 객체를 계산한다는 잘못된 인식을 심지 않기 위해서다. 물론 무한한 크기의 객체를 계산한다는 것은 애초에 불가능하다. 파이썬 프로그램에서 생성할 수 있는 끝없는 스트림은 단순히 한계 없이 계속 원소를 받아들일 수 있는 시퀀스를 말한다.

함수 endlessStream이 끝없는 스트림을 생성한다는 것은 명확하지만, 발생자 함수의 정의를 보면 일반적으로 발생자 함수로 생성한 함수가 끝이 있는지 없는지는 명확하지 않을 수 있다.

이러한 스트림은 프로그램 외부 환경으로 종료될 수도 있다. 예를 들어 사람이 입력하는 키보드에서 값을 입력받아 각 줄을 산출하는 발생자 함수가 있다고 하자. (내장 함수인 input은 "새 줄(new line)" 문자로 종료하지 않고 사용자 입력으로부터 다음 줄을 반환한다.) 첫 번째로 비어 있는 줄이 스트림의 생성을 종료시킨다.

```
def inputLines():
    while True:
        line = input()
        if line == "":
            return     # the stream terminates
        else:
            yield line
```

이 코드에서는 프로그램 자체가 아닌 외부 사용자에게 종료 시점이 달렸으므로 발생자 함수의 종료 시점을 예측할 방법은 없다.

온전히 프로그램의 제어에 따라 종료가 결정된다고 해도 스트림이 종료할지 판단하는 것은 어렵기도 하고 때로는 불가능하다. 다음은 이런 상황을 설명하는 간단한 예제다.

처음 제안한 수학자의 이름을 따라서 콜라츠(Collatz) 알고리즘이라고도 하는 간단한 알고리즘을 살펴보자. 이 알고리즘은 어떤 양의 정수 n에서 시작한다. 그리고 다음과 같은 과정을 반복한다.

- 만약 n이 짝수라면 2로 나눈다.
- 그렇지 않다면 3을 곱하고 1을 더한다.
- n이 1이 되면 멈춘다.

주어진 n을 시작점으로 하여 값의 스트림을 생성하는 콜라츠 알고리즘을 구현한 파이썬 발생자 함수는 다음과 같다.

```
def Collatz(n):
   yield n
   while n != 1:
      if n % 2 == 0:
            n = n // 2
      else:
            n = 3*n + 1
      yield n
```

예를 들어 인수 n 값이 3이라면 스트림은 3, 10, 5, 16, 8, 4, 2, 1을 생성한다.

이 책이 쓰인 2014년에도 콜라츠 알고리즘이 모든 초깃값 n에 대해서 종료할지는 여전히 풀리지 않은 수학적 문제다. 시도한 모든 n마다 시퀀스가 종료되었지만, 어느 수학자도 임의의 n에 대해 성립하는지는 밝혀내지 못했다.

컴퓨터 과학을 계속 공부하다 보면 컴퓨터 과학 이론에서 연산의 종료는 상당히 중요한 문제라는 것을 알게 될 것이다. 단순하게 특정한 알고리즘이 있을 때 그 알고리즘의 종료를 판단하는 것은 어렵거나 불가능하다는 정도만 알아두자. 이는 프로그래밍이 어려운 수많은 이유 중 하나일 뿐이다.

4 스트림의 연결

스트림은 동적이기도 하고 때로는 끝이 없기도 하지만, 다른 시퀀스와 비슷하게 작동한다. 여기서는 연결 연산과 관련된 스트림의 동작에 대해서 알아보자.

가장 명확한 방법으로 스트림 X와 Y를 연결해서 또 다른 스트림을 생성하는 연결 연산을 정의해보자. 먼저 스트림 X의 원소를 생성하고 나서 스트림 Y의 원소를 생성하면 된다.

이러한 정의를 직접 구현할 수 있는 파이썬 발생자 함수는 다음과 같다.

```
def concat(X,Y):
   for a in X:
      yield a
   for b in Y:
      yield b
```

함수 concat은 for-문이 반복할 수 있는 문자열과 튜플, 리스트, range 객체, 반복자 등 모든 시퀀스에 자동으로 다중 정의(overload)된다는 것에 유의하자. 이 함수는 두 개의 스트림이나 두 개의 정적 시퀀스 또는 스트림과 정적 시퀀스를 연결할 수 있다. 하지만 for-루프는 객체가 이미 반복자인지 여부와는 상관없이 반복자를 사용하여 스트림 X와 Y를 반복한다. 따라서 concat은 모든 경우에 두 개의 스트림을 하나로 연결하며 언제나 정적 시퀀스가 아닌 스트림을 생성한다.

만약 A가 끝이 없는 스트림을 생성한다면 함수 concat(A,B)의 의미는 무엇일까? 그 결과 역시 온전하게 정의할 수 있다. 간단히 말하자면 B에서는 어떠한 값도 취하지 않는다. 따라서 concat(A,B)는 A와 같다. 즉, concat(A,B)와 A라는 두 표현식이 완전히 같은 스트림을 생성하게 된다.

또한, 이러한 연결 연산에서는 결합법칙이 성립한다. 끝이 있거나 없는 임의의 스트림 A, B, C에 대해서 concat(A,concat(B,C))=concat(concat(A,B),C)가 성립한다는 것은 다음과 같이 쉽게 알 수 있다.

만약 A, B, C가 모두 끝이 있는 시퀀스를 생성한다면 concat(A,concat(B,C))의 결괏값은 A로 생성된 값 이후에 (B로 생성된 값 이후에 C로 생성된 값)의 형식이 된다. 이와 유사하게 concat(concat(A,B),C)는 (A에서 생성된 값 이후에 B에서 생성된 값) 이후에 C에서 생성된 값의 결과다. 하지만 여기서 말하는 "이후"는 결합법칙이 성립하는 유한 시퀀스의 일반적인 연결을 말한다.

만약 A가 끝이 없는 시퀀스를 생성한다면 concat(A,concat(B,C))의 결과는 B나 C와는 상관없이 A가 된다. 또한, concat(concat(A,B),C)는 B에 상관없이 concat(A,C)가 되고, 결국 결괏값은 C와는 상관없이 A가 된다. 따라서 concat(A,concat(B,C))=concat(concat(A,B),C)가 성립한다. B가 끝이 없는 스트림을 생성하지만 A는 그렇지 않을 때나 C만 끝이 없는 스트림을 생성할 때도 이와 유사하게 쉽게 확인할 수 있다.

함수 concat에서 결합법칙이 성립한다는 것을 또 다른 방법으로 확인할 수 있다. 만약 E가 발생자 함수에 대한 호출이라면 다음과 같은 for-문은 발생자 함수의 본문에 있는 코드와 같아진다. 이때 함수의 인수는 해당 코드 내에서 적절하게 대체된 상태다.

```
for e in E:
    yield e
```

사실상 함수의 코드가 값을 산출하고 for-문은 단지 그 값을 통과시킬 뿐이다.

따라시 concat(A,concat(B,C))는 다음과 같은 두 개의 코드 시퀀스를 연결한 것과 같다.

```
for a in A:
    yield a
```

```
for b in B:   # all this is
   yield b    # the meaning
for c in C:   # of
   yield c    # concat(B,C)
```

이와 마찬가지로 concat(concat(A,B),C))는 다음과 같은 두 개의 코드 시퀀스를 연결한 것과 같다.

```
for a in A:   # all this is
   yield a    # the meaning
for b in B:   # of
   yield b    # concat(A,B)

for c in C:
   yield c
```


하지만 이들 두 코드는 정확히 같다. 따라서 결과가 무엇이든 간에 같아야 한다.

그러므로 concat에서 결합법칙은 성립한다. 게다가 빈 스트림이라는 항등원도 갖고 있다. 다시 한번 정의를 살펴보자.

```
def concat(X,Y):
   for a in X:
      yield a
   for b in Y:
      yield b
```

만약 X가 빈 스트림을 생성한다면 첫 번째 for-문은 아무 계산을 하지 않고 바로 종료된다. 그리고 두 번째 for-문은 Y와 같은 것을 생성하므로 concat(X,Y)는 Y와 같은 결과를 갖게 된다. 마찬가지로 Y가 빈 스트림을 생성한다면 concat(X,Y)는 X와 같다.

따라서 빈 스트림을 함수 concat의 항등원이라고 할 수 있다. 비록 빈 스트림을 생성할 수 있는 객체는 빈 문자열이나 빈 튜플 또는 아무런 값을 산출하지 않고 종료하는 발생자 함수 등 여러 가지가 있을 수 있지만, 빈 스트림 값은 오직 하나만 존재한다. 파이썬에서는 이 모든 객체로부터 생성되는 스트림들을 구분하지 않는다.

즉, 결론을 말하자면 스트림은 빈 스트림을 항등원으로 하는 concat에 대해서 모노이드다. 이제는 또 다른 모노이드를 보아도 그다지 놀랍지 않다!

5 스트림을 이용한 프로그래밍

함수형 프로그래밍처럼 스트림으로 프로그래밍하는 것도 또 하나의 유용한 프로그래밍 기술이다. 이 절에서는 스트림 프로그래밍의 일부를 살펴본다.

값의 시퀀스를 생성하는 연산을 해서 다른 연산이 해당 시퀀스를 반복하게 하려면, 첫 번째 연산이 스트림을 생성하도록 하는 것이 좋다. 그러면 해당 연산을 발생자 함수에 넣을 수 있다.

예를 들어 발생자 함수는 객체로부터 간편하게 시퀀스를 생성할 수 있다. 이때 객체는 우리가 원하는 값을 포함하고 있지만 구조는 다르다. 파일의 모든 문자에 연산을 수행하려 한다고 생각해보자. 지금까지 본 것처럼 파이썬의 파일은 줄의 시퀀스고 각 줄은 문자의 시퀀스로 구성된다. 하지만 지금 구하려는 것은 단지 문자의 시퀀스로만 구성된 조금 다른 구조다.

스트림으로서 시퀀스를 생성하는 발생자 함수는 다음과 같다. 이 함수는 파일 이름을 인수로 받아들인다.

```
def chars(file):
    for line in file:
        for char in line:
            yield char
```

그러고 나서 다음과 같은 주요 연산을 수행할 수 있다.

```
f = open(someFileName)
for char in chars(f):
    char를 이용한 주요 연산
```

이보다 조금 복잡한 예도 있을 수 있다. 파일이 텍스트 파일이며 파일에 있는 단어의 시퀀스를 만들고 싶다고 가정하자. 이는 파일 구조 자체와는 꽤 다른 구조를 갖는 시퀀스다.

파이썬 메서드인 split을 이용해서 파일의 각 줄을 단어로 분리할 수 있다. 메서드 split을 다른 인수 없이 호출하면 주어진 문자열을 "화이트스페이스(white space)"로 분리한다. 화이트스페이스란 공백(space) 문자와 "새 줄(new line)" 문자(그리고 이 예제에서는 고려할 필요가 없지만 탭(tab) 문자와 같이 화면에는 아무것도 표시되지 않는 다른 문자들)로 이루어진 시퀀스다. 이것이 텍스트 한 줄을 단어로 나누는 일반적인 방법이다.

이번에는 문장의 시작이나 끝에 있는 마침표나 쉼표, 따옴표 등을 모두 제거한 단어를 생성한다고 하자. 파이썬에는 이런 처리를 할 수 있는 또 다른 문자열 메서드가 있다. 만약 punctuation이 없애고자 하는 구두점 문자가 포함된 문자열이라면 word.strip(punctuation)으로 얻은 결괏값은 처음부터 끝까지 모든 구두점이 사라진 word가 된다. (strip은 punctuation에 있는 문자를 집합으로 다룬다. 이는 파이썬 공식 문서에 있는 strip에 대한 설명에서 사용하는 용어다.)

이제 마지막으로 남은 문제가 있다. 만약 화이트스페이스가 줄의 가장 앞에 있다면 split은 "단어"의 시퀀스에 원하지 않는 빈 문자열을 생성하게 된다. 각 줄의 마지막에 화이트스페이스가 있어도 이런 상황이 발생할 수 있다. 사실 모든 줄에는 "새 줄" 문자인 "화이트스페이스"가 적어도 하나는 있다. 이 문제를 해결하기 위해서 메서드 strip을 사용할 수 있다. 문자열을 제외한 다른 인수 없이 strip을 호출하면 이 메서드는 문자열 앞뒤의 "화이트스페이스" 문자를 제거한다.

파일에 포함된 단어들의 스트림을 생성하는 발생자 함수는 다음과 같다. 이번에는 파일을 여는 작업도 함수에서 실행하므로 이 함수는 파일 이름을 인수로 받아들인다.

```
def words(fileName):
   punctuation = ".,:;'" + '"'
   file = open(fileName)
   for line in file:
      words = line.strip().split()
      for word in words:
         yield word.strip(punctuation)
```

이전 예제와 마찬가지로 다음과 같이 주요 연산을 수행할 수 있다.

```
for word in words(someFileName):
    word를 이용한 주요 연산
```

이 예제를 발생자 함수를 사용하지 않고 모두를 하나의 큰 중첩 루프로 조합해 작성한다면 어떻게 될지 살펴보자.

```
punctuation = ".,:;'" + '"'
f = open(someFileName)
for line in file:
   words = line.strip().split()
   for word in words(f):
      strippedWord = word.strip(punctuation)
            strippedWord를 이용한 주요 연산
```

같은 연산을 수행하지만, 이전 버전보다 깔끔하지 못하다. 단어를 찾아서 구두점을 삭제하는 등 보조적인 코드에 주요 연산이 가려져서 잘 드러나지 않는다. 만약 이러한 모든 세부 사항을 발생자 함수로 분리할 수 있다면 발생자 함수를 이용하는 프로그램은 단어의 시퀀스를 사용하는 주요 연산에만 집중할 수 있다.

정의에 따라 스트림은 제때에 한 원소씩 잇따라 동적으로 생성된다. 실제로는 스트림의 원소가 반드시 같은 시간 간격을 두고 나타날 필요는 없다. 예를 들어 7.3절에 있는 발생자 함수 inputLines를 다시 떠올려보자.

```
def inputLines():
   while True:
      line = input()
      if line == "":
         return     # the stream terminates
      else:
         yield line
```

사용자가 키보드로 입력한다면 이 함수는 프로그램 입장에서 전혀 예측할 수 없는 줄이 그때그때 생성되는 것이다.

이번에는 입력된 줄을 저장함과 동시에 각 줄을 입력하는 시간도 함께 기록해보자.

그러려면 프로그램 내부에서 현재 시각을 얻을 방법이 필요하다. 파이썬 라이브러리에는 다양한 형식으로 시각을 가져오고 연산할 수 있는 여러 종류의 함수가 있으나 지금은 이런 세부 내용이 중요하지 않다. 함수 time()을 이용해 원하는 형태로 정확한 현재 시각을 받을 수 있다고 가정하자.

그렇다면 이제 다음과 같이 원소가 두 개인 튜플의 스트림을 생성하는 함수를 작성할 수 있다. 각 튜플은 각 줄이 입력되는 시각과 줄의 내용 자체다.

```
def timedInputLines():
   for line in inputLines():
      t = time()
      yield (t, line)
```

이는 간단한 코드지만 적절한 시점에 이벤트를 발생시킬 수 있는 흥미로운 방법이다. 함수 timedInputLines를 사용하는 코드를 생각해보면, 이 함수를 호출하여 반복자를 얻고 필요할 때 반복자로부터 값을 "끌어올(pull)" 수 있을 것이다. 이 코드가 값을 끌어오려 할 때마다 timedInputLines는 for-문의 본문을 한 번 더 실행하고 나서 값을 산출하게 된다. 따라서 for-문은 inputLines에서 한 줄을 더 끌어오려 한다. 그리고 inputLines는 사용자가 입력할 때까지 다음 줄을 산출할 수 없다. 따라서 필요하다면 이 코드는 사용자가 입력할 때까지 모든 작동을 중단하고 기다린다.

사용자가 줄을 입력하자마자(빈 줄이 아니라는 가정하에) inputLines는 그 줄을 즉시 처리하고 timedInputLines는 for-문의 본문을 다시 실행하게 된다. 그리고 t에 사용자가 줄을 입력하는 시점과 가까운 현재 시각이 입력되고 timedInputLines가 튜플을 산출해서 이 함수를 호출한 코드로 보낸다.

연산에는 한 번에 하나 이상의 스트림을 사용할 수 있다. 다음과 같은 예를 살펴보자. 파이썬에는 zip이라는 내장 함수가 있다. 이 함수는 두 개의 정적 또는 동적 시퀀스 X와 Y를 취해서 원소가 두 개인 튜플에 X와 Y의 쌍을 포함하는 스트림을 생성한다. 예를 들어 zip((1,2,3),("a","b","c"))의 값은 스트림 (1,"a"), (2,"b"), (3,"c")가 된다.

zip에 의해 생성된 스트림은 X나 Y 중 하나가 종료될 때 종료된다. 즉, 스트림은 X나 Y 중 하나만 끝이 없고 다른 하나는 끝이 있다면 종료되지만, 둘 다 끝이 없을 땐 종료되지 않는다. 이런 특징을 통해 끝이 없는 스트림을 유용하게 사용할 수 있다. 예를 들어 함수 integers로 생성한 스트림과 시퀀스에 있는 원소를 묶어서(zip) 시퀀스의 원소에 번호를 붙일 수 있다. 만약 y 값이 ("a","b","c","d")라면 zip(integers(1),y)의 값은 스트림 (1,"a"), (2,"b"), (3,"c"), (4,"d")가 된다.

이 기법은 다음과 같이 응용할 수 있다. 1.2절에서 온도 측정 데이터 파일을 처리했던 코드를 다시 떠올려보자. observations라는 파일에서 특정 임계값인 threshold를 넘는 모든 값을 찾는 코드가 필요하다고 가정하자. 이때 단순히 값만 필요한 것이 아니라 값과 파일에서의 위치(줄 번호)가 쌍으로 필요하다고 가정하자. for-문이나 if-문 등 일반적인 코드로도 이런 데이터를 생성할 수 있지만, 이번에는 함수형 프로그래밍 형식으로 스트림을 이용해서 시도해보자.

이전에 살펴본 것과 같이 함수 map(int,open("observations"))는 파일에서 줄의 스트림을 정수 관측값의 스트림으로 바꾼다. 이렇게 얻은 스트림을 integers(1)로 만든 스트림과 묶어서(zip) 각 관측값과 파일에서의 위치를 쌍으로 만든다. 그러고 나서 쌍으로 된 결과 스트림을 필터링한다. 이를 하나의 식으로 표현한 코드는 다음과 같다.

```
filter(lambda a: a[1] > threshold,
      zip(integers(1),
          map(int,open("observations"))))
```

이 표현식에서 다양한 스트림이 하나의 함수에서 다음 함수로 파이프로 연결되듯 흐르는 것을 떠올릴 수 있다.

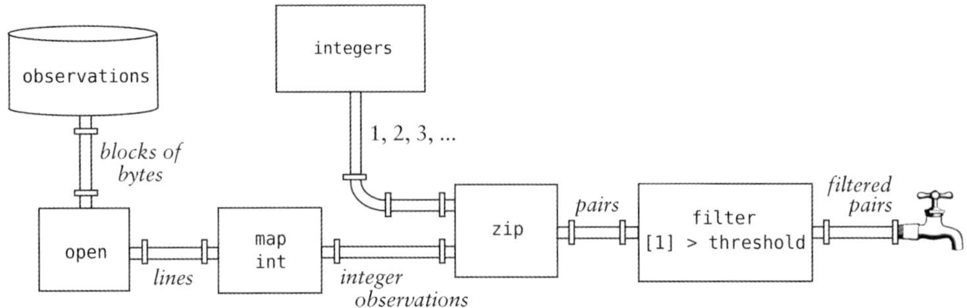

파이썬에서 함수 zip을 제공하지 않는다고 가정하고 직접 정의하는 방법을 생각해보자. 물론 파이썬의 내장 함수 zip은 주어지는 시퀀스의 개수와 상관없이 묶을 수 있지만, 시퀀스가 두 개일 때만 고려해보자. 따라서 zip(X,Y)의 정의는 다음과 같다. X와 Y를 동시에 반복하면서 X의 첫 번째 원소와 Y의 첫 번째 원소를 쌍으로 생성하고 X의 두 번째 원소와 Y의 두 번째 원소를 쌍으로 생성하는 등의 작업을 계속한다.

아마 시작하자마자 문제에 부딪힐 것이다. 파이썬에서 어떻게 이런 반복을 진행할 수 있을까? "X에 포함된 각각의 x와 Y에 포함된 각각의 y에 대해서 동시에 진행한다." 같은 생각을 할 수도 있지만, 파이썬에는 그런 명령어는 없다. 만약 X와 Y가 정적 시퀀스라면 X[i]와 Y[i]와 같은 첨자를 이용해서 i를 지속적으로 바꾸어 원소를 얻을 수 있다. 하지만 파이썬에서는 스트림에 첨자를 사용할 수 없다. 대신 시퀀스의 다음 원소를 계속해서 호출할 수 있는 next라는 내장 함수를 제공한다. 함수 next는 다음과 같이 호출된다.

```
next(iterator, endMarker)
```

여기서 인수 iterator는 시퀀스의 연속적인 원소를 생성하기 위한 반복자다. 지금까지 본 것처럼 for-문은 시퀀스 객체가 아직 반복자가 아니라면 이러한 반복자를 자동으로 생성한다. 하지만 함수 next를 사용하려면 반복자를 명시적으로 생성해야만 한다. 이는 함수 int나 tuple과 같은 형변환 함수처럼 사용하는 함수 iter를 사용해서 처리할 수 있다. 만약 X가 어떤 정적 시퀀스거나 스트림 객체라면 iter(X)는 X에 대한 반복자다. 만약 X가 이미 반복자라면 iter(X)는 X와 같다. 따라서 이런 경우에는 iter를 생략할 수 있다. 그렇지 않다면 X가 range 객체일지라도 함수 iter를 사용해야만 한다.

또 다른 인수 endMarker는 이 시퀀스에 더 이상 원소가 없다는 신호(즉, 반복자가 언제 종료될지)를 반환할 next의 구분 값이다. 물론 endMarker는 시퀀스에 포함된 어떠한 값과도 같아서는 안 된다. 파이썬 프로그래밍에서는 이 값을 None으로 사용하는 경우가 많다. 이는 "값이 없음"을 의미하는 특별한 값으로 이 값만의 형식을 갖고 있다. 즉, 어떤 종류의 값도 없다는 의미다.

이제 다음과 같이 for-문이 아닌 함수 next를 이용해서 시퀀스 X를 반복적으로 사용하는 코드 패턴을 살펴보자. iter(X)를 이용해서 반복자를 생성하여 it에 바인딩한다. 그리고 None이라는 값을 얻을 때까지 next(it,None)을 사용하여 반복자로부터 값을 끌어온다.

이제 함수 zip(X,Y)의 정의를 작성해보자. 함수 next를 X와 Y 모두에 반복하도록 사용할 수 있다. 하지만 X를 반복하는 데 for-문을 사용하고 그 반복문 내에서 Y를 반복하기가 조금 더 쉽다. 다음은 이 방법을 나타낸 예제다. Y 값에는 None이 포함되어 있지 않다는 사실을 전제하자.

```
def zip(X,Y):
    it = iter(Y)
    for x in X:
        y = next(it, None)
        if y == None:
            return
        else:
            yield (x,y)
```

X가 끝나거나(for-문이 종료되기 때문에) Y가 끝날 때(y가 None이 되어 return 명령문이 실행되기 때문에) zip이 종료되는 것을 확인하자. 만약 X와 Y가 모두 끝이 없다면 그 둘을 묶은 결과도 끝이 없게 된다.

함수 iter를 이용해서 정적 시퀀스를 사실상 스트림으로 변환할 수 있는 것처럼 tuple이나 list를 이용해서 스트림을 정적 시퀀스로 변환할 수도 있다. 이 형변환 함수의 어느 것이라도 스트림에 적용하게 되면 스트림의 모든 값이 한 번에 산출되어 정적 구조로 패키징된다. 이러한 프로세스를 스트림의 구체화(materializing) 프로세스라고 한다.

스트림을 구체화하는 이유는 무엇일까? 바로, 파이썬에서 정적 시퀀스에는 사용할 수 있지만 스트림에는 적용할 수 없는 연산을 처리하려면 스트림을 구체화해야 한다. 이러한 연산 중 하나가 첨자다. 또한, 스트림을 리스트로 변환한다면 원소를 수정할 수 있다. 그리고 스트림의 값을 한 번 이상 반복하려 할 때도 스트림의 구체화가 필요할 수 있다.

물론 끝이 없는 스트림을 구체화할 때는 사용에 주의를 기울여야 한다. 예를 들어 만약 list(integers(0))을 계산한다면 integers(0)에 의해 반환되는 스트림은 종료되지 않을 것이다. 그리고 스트림을 구체화하려는 list 함수 계산 역시 종료되지 않을 것이다. 또는 만약 tuple(inputLines())를 계산한다면 tuple 함수는 사용자가 빈 줄을 입력하기 전까지 구체화를 종료하지 않을 것이다. 따라서 이 프로그램은 사용자가 빈 줄을 입력할 때까지 기다리게 되어 사용자가 입력하는 내용과 상호 작용하지 못할 것이다.

끝이 없는 스트림에서 필요한 원소의 개수를 알거나 계산할 수 있다면 딱 그만큼의 원소를 구체화할 수 있다. 예를 들어 끝이 없는 스트림에서 처음 n개의 원소만 필요하다면 해당 원소만을 가진 스트림을 생성하고(이번 장 연습문제 2 참고) 결과를 길이 n인 튜플이나 리스트로 변환할 수 있다.

하지만 대부분 연산에서는 스트림에 끝이 있고 없고를 떠나서 스트림 전체나 일부를 구체화할 필요는 거의 없다. 앞에서 정의한 zip의 예에서 볼 수 있듯이 연산을 직접 스트림에 반복할 수 있고 사용할 스트림의 원소 개수를 제어할 수 있다.

따라서 여러 맥락에서 끝이 없는 스트림은 전혀 특별한 것이 아니다. 때로는 발생자 함수를 이용하여 끝이 있는 스트림보다 오히려 끝이 없는 스트림을 생성해서 코드를 간단하게 구성할 수 있다. 스트림을 얼마나 사용할지는 발생자 함수를 사용하는 코드에서 결정할 수 있다.

예제를 살펴보자. 이 절 앞에서 본 것처럼 zip을 이용해서 integers로 생성한 스트림으로 시퀀스 원소에 번호를 붙일 수 있다. S가 스트림이라면 원소에 0부터 번호를 매기는 코드는 다음과 같이 작성할 수 있다.

```
zip(integers(0), S)
```

이미 알고 있듯이 integers(0)은 0에서 시작하는 끝이 없는 스트림을 생성한다. range(n) 역시 0에서 시작하는 정수의 시퀀스를 생성하지만, 개수가 n개로 제한된다. 만약 끝이 없는 스트림을 사용하지 않으려면 integers가 아닌 range를 사용할 수 있지만, S의 길이를 먼저 계산해야 한다. 그러려면 먼저 S를 구체화하는 단계가 필요하다. 따라서 결과 코드는 다음과 같을 것이다.

```
zip(range(len(tuple(S))), S)
```

이 코드는 더 복잡할 뿐만 아니라 비효율적이다. 또한, S를 구체화할 수 없다면 작동하지도 않을 것이다.

6 분산 처리

6.6절에서 살펴보았듯이 병렬 처리는 매일 사용하는 컴퓨터 시스템에까지 발전하고 있다. 하지만 지난 수년간 이미 비슷한 처리 방법을 일상적으로 사용해왔다. 더 크고 복잡한 연산을 처리할 때 여러 컴퓨터 간의 통신으로 연산을 분산해서 처리하는 분산 처리(distributed processing)라는 방법이다. 인터넷이나 웹과 상호 작용할 때 이러한 분산 컴퓨팅을 사용한다. 인터넷과 웹 환경에서는 마치 하나의 컴퓨터로 수백만 개의 프로세서를

사용하는 것과 같은 환경을 접하게 된다. 웹 검색이나 사용자 다수가 함께하는 게임 같은 것들을 분산 처리의 예로 볼 수 있다.

분산 컴퓨팅은 "메시지 전달(message-passing)"에 기반을 둔다고 설명하기도 한다. 예를 들어 컴퓨터 A가 컴퓨터 B에 데이터를 요청하는 메시지를 보내면 컴퓨터 B는 해당 데이터를 포함한 메시지를 전달한다. 하지만 실제로 분산 컴퓨팅에서 통신은 단문 메시지가 아니라 스트림을 기반으로 한다. 따라서 컴퓨터 B는 다른 컴퓨터에서 요청 스트림을 받아 해당 스트림에 대한 반복을 수행하여 각 요청에 응답한다. 이는 이 장의 예제들과 비슷하다. 또는 응답으로 반환하는 데이터가 너무 작지만 않다면 "패킷(packets)"의 스트림으로 데이터를 나눠 컴퓨터 A에 전달할 수도 있다. 그러면 컴퓨터 A가 해당 스트림에 대한 반복을 처리할 것이다. RSS 피드 또는 오디오와 비디오 스트리밍 서비스 같은 일부 데이터의 스트림은 끝이 없을 수도 있다.

많은 연산이 데이터를 생성하거나 저장하는 장소와 데이터가 필요한 곳이 다르다는 단순한 이유로 분산 처리된다. 하지면 연산을 분산하는 또 다른 이유는 여러 컴퓨터의 처리 능력을 이용해 하나의 문제를 해결하려는 것이다.

그렇다면 항상 연산을 분산해야 할까? 물론 그렇지 않다. 이는 처리할 연산에 달렸다. 따라서 적합하지 않은 연산에 대해서는 분산 컴퓨팅을 사용하지 말아야 한다. 네트워크를 통해 한 컴퓨터에서 다른 컴퓨터로 데이터를 전송하는 것은 비교적 느린 프로세스다. 또한, 컴퓨터 한 대가 내부에서 스스로 처리할 수 있는 연산 속도에 비하면 많이 느리다. 따라서 만약 연산에 참여할 컴퓨터가 많다고 하더라도 각 컴퓨터가 데이터에 수행할 연산의 양이 적다면 여러 컴퓨터로 많은 양의 데이터를 전송하는 것은 의미가 없다.

하지만 만약 각 원격 컴퓨터가 이미 각자 데이터를 갖고 있다면 분산 처리가 조금 더 효율적일 수 있다. 예를 들어 네트워크 전반에 걸쳐 있는 웹페이지나 파일에 대해 연산을 수행한다고 생각해보자. 각 컴퓨터는 `map`, `filter`, `reduce`와 같은 연산을 사용해 각자의 파일 시스템에 있는 데이터를 검색하거나 집계할 수 있다. 그리고 중앙 컴퓨터로 상대적으로 적은 양의 데이터를 보내서 최종 결과를 집계한다. 또는 6.6절에서 보았듯이 $a_0 \ldots a_7$에 $\otimes$를 적용하는 reduce 연산처럼 단계적으로 집계를 진행할 수 있다. 이때 일부 컴퓨터는 중

간 집계 컴퓨터로서 다른 여러 컴퓨터에서 데이터를 받아서 집계하고 결과를 다음 단계의 집계 컴퓨터로 전달한다.

여기서 다시 약간의 수학을 이용하면 최대 효율을 내는 분산 컴퓨팅을 설계할 수 있다. 예를 들어 만약 집계 연산에 결합법칙이 성립한다면, 연산을 장치 사이에 더 자유롭게 분산할 수 있고 데이터 일부를 병렬로 연산할 수 있다. 만약 교환법칙도 성립한다면 이보다 더 자유로워진다. 예를 들어 집계 컴퓨터는 순서에 상관없이 다른 컴퓨터로부터 들어오는 대로 결과를 처리할 수 있다.

이 장에서 소개한 용어

- 스트림(stream)
- 발생자 함수(generator function)
- 구체화(materialize)
- 발생자 표현식(generator expression)
- yield-문(yield-statement)
- 분산 처리(distributed processing)

연습문제

1 7.2절의 함수 `fibs`와 `fibsTuple`, `fibsList`를 시험해보자. `fibsTuple(n)`이 `fibs(n)`에 비해서 눈에 띄게 오랜 시간이 걸리는 n 값을 찾아보자. 또는 그 반대의 경우도 찾아보자. `fibsList`와 `fibs`에 대해서 같은 실험을 해보자. 만약 컴퓨터 시스템에서 파이썬 프로그램이 돌아가는 데 걸리는 시간을 계산할 수 있다면 이를 사용하자. 그렇지 않다면 파이썬 인터프리터를 서로 작동시키고 관찰해보자.

2 스트림에서 처음 n개의 원소를 산출하거나 스트림이 n보다 짧다면 스트림 전체 값을 산출하는 발생자 함수 `prefix(n,stream)`을 작성해보자. 끝이 있는 스트림이나 끝이 없는 스트림에 관계없이 작동해야 하고 스트림을 구체화하지 않아야 한다.

하지만 prefix가 반환하는 스트림은 어떤 경우에도 끝이 있다는 점에 주의하자. 따라서 필요하다면 구체화할 수도 있다.

3 7.3절의 발생자 함수 integers를 다시 살펴보자. 실제로 integers가 끝이 없는 스트림을 생성한다고 말하는 것이 타당한가? 여러분의 대답을 2장의 처음 두 연습문제와 비교해보자.

4 다음 표현식의 값은 각각 무엇인가? 정확하게 대답해보자. 예를 들어 스트림과 다른 시퀀스를 구분해서 대답하자. 여러분의 답이 정확하다는 것을 확인하고자 다음 표현식을 계산하는 코드를 작성해보자. 함수 map은 내장 함수고 4.3절에서 정의한 double과 7.3절에서 정의한 integers를 사용한다고 가정하자.

- map(double, range(5))
- map(double, integers(0))
- map(integers, integers(0))

5 7.5절의 timedInputLines 예제에서 모든 코드는 사용자의 입력을 기다린다고 가정했다. 만약 코드가 처리되기 전에 입력이 더 빨리 들어오면 어떻게 되는가? 예를 들어 프로그램이 사용자의 키보드 입력이 아니라 다른 프로그램에서 입력이 들어오는 것을 바탕으로 실행된다고 해보자. 함수 timedInputLines가 어떻게 작동하는가?

6 1.2절에서 다뤘던 온도의 평균을 구하는 스크립트를 다시 살펴보자. 여러 기상 관측소가 다양한 장소에 있고 각 기상 관측소에서 각각 온도를 측정한다고 가정하자. 평균을 구하는 연산을 각 기상 관측소의 컴퓨터에 분산하여 수행하고(즉, 각 기상 관측소에서 각자 평균을 구하고) 중앙 컴퓨터로 전달하여 해당 결과를 바탕으로 최종 평균을 계산하는 것이 가능할까?

8장

집합

1 수학적 집합

1.3절에서 기본적인 개념만 다뤘던 집합을 이 장에서 더 구체적으로 살펴보자.

집합 이론은 고급 수학의 중심이라고 할 수 있으며 집합 이론으로 수학 자체의 기반을 정의할 수도 있다. 집합 이론은 정식으로 공부하고자 한다면 추상적이고 어려운 주제다. 하지만 이 책에서는 집합을 훨씬 쉽고 간단하게 설명하고 프로그래밍에서 필요한 집합 이론의 개념에만 집중한다. 이 절에서는 여기서 필요한 집합의 정의를 설명하고 집합에 대한 흥미롭고 유용한 사실을 살펴본다.

집합은 원소라고 부르는 순서가 없는 다양한 것들의 모임이다. 이 원소는 숫자나 이름, 사람, 도시 등 원하는 어떤 것이어도 상관없다. 예를 들어 가족 구성원의 이름으로 집합을 정의하고 또 다른 집합은 100 미만의 모든 홀수로 정의할 수 있다.

집합에 대한 특정 논점에 따라서는 논의 영역(universe of discourse)을 명시적으로 정의할 수 있다. 논의 영역이란 여기서 이야기하려는 집합의 구성원이 될 수 있는 모든 것 또는 모든 "원소"를 의미한다. 그리고 이런 모든 원소의 집합을 전체 집합(universal set)이라고 한다. 여기서는 상황에 따라 이야기하려는 것들로 논의 영역을 암묵적으로 정의하고 전체 집합의 개념은 전혀 다루지 않는다.

수학에서 논의 영역은 때로는 집합 자체를 포함할 뿐만 아니라 튜플이나 다른 복합적인 수학 객체를 포함하기도 한다. 즉, 집합이 튜플과 같은 다른 집합을 포함할 수도 있다는 뜻이다.

집합은 구성원 즉, 원소로 정의된다. 두 개의 집합이 완전히 같은 구성원을 갖고 있다면 두 집합은 같은 집합이라고 간주한다.

집합은 다양한 방법으로 정의할 수 있다. 그 중 다음과 같은 세 가지 방법이 있다.

- 우선 구성원의 목록을 나열하는 방법이 있다. 모임을 집합으로 정의할 때 중괄호 {}를 사용한다. 따라서 숫자 1, 3, 5의 집합은 다음과 같이 쓴다.

  {1, 3, 5}

- 두 번째 방법으로, 포함된 구성원의 속성을 이용해 정의할 수 있다. 예를 들어 "100 미만의 모든 양의 홀수"와 같은 정의로 집합을 정의할 수 있다. 이 정의를 수학적으로 옮기면 다음과 같다.

  $\{ n \mid 0<n<100$이고 n은 홀수$\}$

  여기서 수직 구분선 $\mid$는 "~ 을 만족하는"이라는 의미가 있다.

  더 큰 "기저(base)" 집합의 구성원으로 속성을 선택할 수도 있다. 그러면 새로운 집합은 기저 집합의 정의 일부로서 명시된다.

  $\{ n \mid n$은 정수이고 $0<n<100$을 만족하는 홀수$\}$

  또는 기저 집합이 암묵적으로 내포될 수도 있다. 이는 문맥에 따라서 정의되거나 전체 집합이라고 가정할 수 있다.

- 합집합과 교집합, 차집합과 같은 연산자로 다른 집합에서 새로운 집합을 형성할 수 있다.

만약 원소가 없다면 공집합(empty set)이라고 부르며 $\varnothing$ 또는 $\{\}$으로 표기한다.

만약 a가 집합 S의 원소라면 $a \in S$라고 쓴다. 그렇지 않다면 $a \notin S$로 쓴다. 예를 들어 $1 \in \{0, 1, 2\}$이고 $1 \notin \{2, 4, 6, 8\}$이다.

만약 집합 A의 모든 원소가 또 다른 집합 B의 원소라면 집합 A는 집합 B의 부분집합(subset)이라 하고 $A \subseteq B$로 표기한다. 예를 들어 $\{2, 4\} \subseteq \{1, 2, 3, 4, 5\}$와 같이 쓸 수 있다. 하지만 이 정의에 따르면 $\{2, 4\} \subseteq \{2, 4\}$도 성립하게 된다. 실제로 수학적으로 집합은 그 자신의 부분집합이다. 만약 $A \subseteq B$와 $A \neq B$가 둘 다 성립한다면 집합 A는 집합 B의 진 부분집합(proper subset)이라 하며 $A \subset B$라고 표기한다.

집합 A와 B의 합집합(union)은 $A \cup B$이라 표기하고 이는 집합 A와 B의 모든 원소를 가진 새로운 집합이 된다.

집합 A와 B의 교집합(intersection)은 $A \cap B$이라고 표기하며 집합 A와 B에 공통으로 속한 원소의 집합이다.

집합 A와 B의 차집합(difference)은 $A-B$로 표기하고 집합 A에는 있으나 집합 B에는 없는 모든 원소의 집합이다. (때로는 집합 A에 대한 집합 B의 "여집합(complement)"이라 불리기도 한다.) 예를 들어 {1, 2, 3, 4, 5}−{2, 4, 6}은 {1, 3, 5}가 된다.

합집합과 교집합은 모두 결합법칙이 성립한다. 즉, $A \cup (B \cup C) = (A \cup B) \cup C$가 성립하고 $A \cap (B \cap C) = (A \cap B) \cap C$ 역시 성립한다. 두 연산자 모두 교환법칙도 성립한다. 이는 실제로 논리적으로 결합법칙과 교환법칙이 성립하는 "or"와 "and"를 이용해서 합집합과 교집합을 정의하기 때문이다.

공집합은 합집합 연산의 항등원이다. 따라서 공집합을 항등원으로 하는 합집합 연산에 대해서 집합은 모노이드라고 할 수 있다. 만약 전체 집합이 있다면 이는 교집합 연산에 대한 항등원이다. 그리고 전체 집합을 항등원으로 하는 교집합에 대해서 모노이드라고 할 수 있다. 전체 집합이 없더라도 집합은 여전히 교집합에 대한 반군이라고 할 수는 있다.

수학적으로 집합은 때로는 크기가 무한하기도 하다. 즉, 무한한 구성원을 가질 수 있다. 예를 들어 수학자는 모든 정수 또는 모든 실수의 집합이라는 개념을 자주 사용한다. 집합 이론에서 흥미로운 사실이나 문제 대부분은 무한 집합과 관계가 있다.

수학자는 집합의 원소를 명백하게 구성하여 집합을 정의하는 것이 아니라 집합에 속하는 원소의 조건을 정의하여 집합을 정의하기도 한다. 그러한 예로 다음과 같이 특정 식을 만족하는 해의 집합이 있다.

$\{x \mid x^2-5x+6=0\}$

대수학에 익숙하다면 이 집합의 원소를 찾는 것이 어렵지 않겠지만, 집합의 정의에서는 직접적으로 그 방법을 알 수 없다. 또 다른 예는 다음과 같다.

{(a, b, c, n) | a, b, c 모두 양의 정수이고 n은 2보다 큰 정수이며, $a^n+b^n=c^n$을 만족한다.}

이런 집합의 원소를 찾는 것은 단순한 계산이 아니다. 이 집합은 최근까지도 공집합인지, 유한집합인지, 무한 집합인지 수학적으로 밝혀지지 않았었다. 하지만 앤드루 와일즈라는 수학자가 1995년 이 속성을 만족하는 답은 없다는 것을 증명해서 공집합으로 결론이 났

다. ("페르마의 마지막 정리" 문제)

수학자와 비교하면 프로그래머는 집합을 사용하는 데 제약을 받는다. 우선 프로그램에서는 무한 집합을 생성할 수 없다. 둘째로 2.3절에서 언급한 것처럼, 유한하지만 컴퓨터에 저장할 수 없을 만큼 큰 용량의 집합을 정의하는 것도 피해야 한다. 마지막으로 프로그램에서 집합을 생성하려면 방법을 알아야 한다. 하지만 이런 제약에도 불구하고 집합은 프로그래밍에서 자주 사용된다.

2 파이썬의 집합

파이썬에서 집합은 튜플과 리스트처럼 값을 가질 수 있는 자료구조며 파이썬에서는 이러한 구조를 컨테이너(container)라고 부른다. 9.2절에서 살펴보겠지만, 파이썬에는 사전(dictionary)이라는 컨테이너도 있다.

정적 시퀀스나 스트림과 마찬가지로 파이썬의 집합은 for-문을 이용해서 집합의 모든 원소를 반복할 수 있는 객체다. 이런 객체는 파이썬 용어로 이터러블(iterable)이라고 한다.

대괄호가 아닌 중괄호를 사용한다는 점만 제외하면 리스트 표시와 같은 집합 표시(set display)를 이용해서 집합을 생성할 수 있다. 파이썬에서 집합 구성원을 표시하는 기호는 수학 표기법과 같다.

```
{1, 3, 5}
```

또 다른 집합 표시로 대괄호가 아닌 중괄호를 사용한다는 점만 제외하면 리스트 내장과 같은 집합 내장(set comprehension)이 있다. 다음은 100보다 작은 양의 홀수만으로 구성된 집합을 생성하는 예다.

```
{n for n in range(100) if n % 2 == 1}
```

집합 내장은 파이썬에서 집합 구성원의 속성으로 집합을 정의하는 방법이다. 파이썬에서는 단지 속성만을 문장으로 나타낼 수는 없다. 따라서 또 다른 집합이나 이터러블을 생성하는 것으로 시작하고(여기서는 `range(100)`에 해당한다) 그 안에서 원하는 속성을 지닌 값을 선택해야 한다.

또한, set라는 형변환 함수를 사용하여 값의 모임을 집합으로 생성할 수 있다. 예를 들어 A가 이터러블일 때 `set(`A`)`라고 작성한다. (이제 "이터러블"이라는 용어를 익혔으니, 모든 이터러블은 또한 `tuple`이나 `list`와 같은 형변환 함수의 인수로 사용할 수 있다고 말할 수 있다.) 특별한 경우로서 `set()`와 같은 형태는 공집합을 생성한다.

파이썬에는 앞선 절에서 정의한 모든 집합 연산자에 대응하는 연산자가 있다. 다음은 이를 표로 정리한 것이다.

표 8-1 집합 연산자

	수학	파이썬
집합의 원소다	$\in$	`in`
집합의 원소가 아니다	$\notin$	`not in`
부분집합	$\subseteq$	`<=`
진 부분집합	$\subset$	`<`
합집합	$\cup$	`|`
교집합	$\cap$	`&`
차집합	$-$	`-`

파이썬은 `not in`이라는 두 단어로 구성된 시퀀스를 하나의 연산자로 처리한다. 연산자 `|`와 `&`는 수학 연산자와는 다른 형태지만, 합집합과 교집합의 정의를 설명할 때 사용했던 "or"와 "and"를 떠올리면 기억하기 쉽다.

예상과 달리, 파이썬에서는 `{}`를 이용해서 공집합을 생성할 수 없다. 파이썬에서 `{}`는 빈 사전(empty dictionary)을 의미한다. `{}`이 공집합을 의미하는 것이 논리적으로 옳을 수 있으나 파이썬에는 집합의 개념이 포함되기 전에 사전의 개념이 먼저 생겼다. 따라서 이런 표기 방법은 파이썬의 역사와 관련된다. 따라서 공집합을 생성하려면 set()이라고 작성해야 한다.

파이썬에서는 가능한 모든 파이썬 값을 포함하는 전체 집합을 생성할 방법은 없다. 게다가 대부분 프로그래밍 환경에서는 "논의 영역"이 존재하더라도 이는 무한하거나 너무 커서 그 값으로 전체 집합을 생성한다는 것이 불가능하다. 모든 파이썬 문자열의 집합 또는 모든 파이썬 정수의 집합을 상상해보자. 하지만 집합의 모든 원소가 다소 작은 유한한 집합에서 비롯되었다면 해당 집합을 전체 집합으로 사용할 수 있다.

리스트와 마찬가지로 파이썬의 집합은 변경할 수 있다. 또한, 리스트의 append와 마찬가지로 집합 역시 값을 추가하는 메서드가 있다. 예를 들면 다음과 같다.

```
setA = {2,4}
setA.add(3)
```

명령문을 실행하면 SetA는 2, 3, 4를 값으로 갖게 된다. 만약 3이 이미 setA의 원소였다면 두 번째 명령문을 실행해도 아무런 변화가 없다.

파이썬에는 집합 연산을 수행하는 다른 메서드와 함수가 있다. 그중 두 가지를 더 살펴보자. 집합 A와 값 x에 대해서 명령문 A.discard(x)는 값 x를 집합 A로부터 제거하는 연산을 수행한다. 만약 x가 A에 포함되어 있지 않다면 이 명령문을 실행해도 아무런 변화가 없다. 또한, 함수 len을 집합에 적용할 수도 있다. 즉, len(A)를 이용해 집합 A에 속한 모든 원소의 개수를 알 수 있다.

수학과 마찬가지로 파이썬에서도 집합에는 순서가 없다. 즉, 집합에 대해서 반복 연산을 한다면 모든 원소에 대해서 무작위 순서로 연산을 진행한다는 의미다. 예를 들어 만약 다음과 같은 명령문을 실행한다고 가정해보자.

```
cities = {"London", "Paris", "Vienna", "Istanbul"}
for place in cities:
   print(place)
```

이 코드를 실행하면 다음과 같은 결과를 볼 수 있다.

```
Paris
London
Istanbul
Vienna
```

또는 결과의 순서가 이 예와는 전혀 다를 수도 있다.

파이썬은 집합에 원소가 있는지 효과적으로 확인할 수 있도록 설계되었다. 파이썬에서는 in이나 not in 연산뿐만 아니라 교집합과 합집합 연산에서도 원소를 확인해야 하기 때문에 이 설계는 상당히 도움된다. A & B의 연산을 처리하는 데 파이썬은 다음과 같은 절차를 거친다. 집합 A의 각 원소가 집합 B에도 존재하는지 확인한다. 이와 유사한 방법으로 A | B를 처리하는 데 다음과 같은 절차를 거친다. 집합 A의 원소부터 시작해 집합 B의 모든 원소를 확인하여 집합 A에 포함되지 않은 모든 원소와 더한다.

파이썬은 해싱(hashing)이라는 기술을 이용해서 집합을 구현한다. 해싱에 대한 자세한 내용은 다루지 않겠다. 간단히 말하자면 해싱이란 객체의 값을 사용하여 자료구조에서 객체의 위치를 계산하는 것과 관련이 있다. 따라서 값이 집합의 원소인지 확인하려면 파이썬은 단순히 해싱 연산을 수행하여 해당 위치에 그 값을 지닌 객체가 존재하는지 확인한다. 집합이 크다면 각 원소의 값과 비교하는 것보다 훨씬 빠르다.

하지만 이런 연산을 할 때 한번 집합 안에 객체가 포함되고 나면 해당 객체의 값은 변해서는 안 된다. 왜냐하면, 객체 값이 변하면 그 값과 집합 내의 객체 위치가 대응하지 않기 때문이다. 따라서 파이썬의 집합은 오직 변경할 수 없는 객체만 포함할 수 있다. 그러므로 특히 리스트는 포함할 수 없다.

마찬가지로 파이썬 집합은 또 다른 파이썬 집합을 포함할 수도 없다(파이썬 집합은 변경 가능하기 때문이다). 그러나 "프로즌 집합(frozen set)"이라 불리는 또 다른 자료구조는 포함할 수 있다. 이 구조는 비록 변경은 불가능하지만, 집합과 같은 속성이 있다. 앞서 튜플이 변경할 수 없다는 점만 제외하면 리스트와 비슷하게 동작한다고 언급했었다. 집합과 프로즌 집합 사이의 관계도 이와 마찬가지다.

프로즌 집합을 생성하는 데 형변환 함수 fronzenset을 사용한다. 이 함수의 인수는 집합뿐만 아니라 시퀀스같은 값의 모든 모임을 포함할 수 있다. 비어 있는 프로즌 집합을 생성하려면 fronzenset()을 사용한다.

따라서 집합을 프로즌 집합으로 변환하여 집합이 또 다른 집합을 포함하는 구조를 만들 수 있다. 예를 들어 수학에서 숫자 {0, 1, 2} 중에서 한 번에 두 개씩 묶을 수 있는 모든 조합은 다음과 같다.

{{0,1}, {0,2}, {1,2}}

파이썬에서 집합 안의 집합은 프로즌 형식이어야 하기 때문에 이런 식으로 쓸 수 없고, 다음과 같이 작성해야 한다.

```
{frozenset(c) for c in ((0,1),(0,2),(1,2))}
```

3 사례 연구: 일자리 채용 후보 찾기

지금까지 공부한 것을 이용해서 간단한 데이터 처리 문제에 적용해보자.

우선 한 회사가 한 대학교에서 졸업하는 학생들을 채용하고자 한다고 가정하자. 회사는 컴퓨터 과학이나 전기 공학 전공이며 학점이 B 이상인 학생들을 대상으로 면접을 진행하고자 한다.

이 학생들을 선별하는 데 대학교의 데이터 파일을 사용할 수 있다. 파일 cs는 컴퓨터 과학 전공 학생의 모든 이름 목록을 담고 있으며 파일 ee는 전기 공학 전공 학생의 모든 이름 목록을 담고 있다. 파일 year4는 4학년에 재학 중인 모든 학생의 이름 목록을, 파일 goodGrades는 평균 학점이 B 이상인 학생들의 이름 목록을 담고 있다.

모든 조건을 충족하는 학생을 찾는 방법을 살펴보자. 아주 쉬운 프로그래밍이다. 최적의

해답을 찾도록 해보자. 이 문제로 초보 프로그래머에게 접근 방법을 설명하고 이 책에서 다룬 내용을 사용해 조금씩 나아가는 과정을 설명할 것이다.

막 프로그래밍을 시작한 초보자는 프로그램에 대해서 다음과 같은 전형적인 구조를 배운다.

1. 모든 입력을 읽는다.
2. 연산을 수행한다.
3. 결과를 출력한다.

난이도 있는 프로그래밍 문제에는 이런 접근 방법이 지나치게 단순할 수 있지만 지금 문제에는 적합한 구조다.

따라서 입력을 받아들이는 것부터 생각해보자. 초보자라면 또 다른 전형적인 전략을 쓸 것이다. 3.3절에서 살펴본 것처럼 우선 파일의 모든 줄을 받아들여서 한 번에 하나씩 마지막 줄까지 읽는 접근 방법이다. 즉, while-문에서 함수 `readline`을 호출하고 빈 문자열인지 확인한다.

분석 #1: 이 과정 전부가 필요하지 않다. 지금까지 다뤘던 for-문으로 파일을 불러들이는 것이 훨씬 쉬운 방법이다.

이제 한 단계 나아가서 파일에서 줄을 읽고 이름을 자료구조로 취합해보자. 가장 먼저 떠오르는 구조는 리스트다. 만약 프로그래머가 파이썬 같은 고급 언어에 익숙하지 않다면 특히나 더욱 그렇다. 따라서 빈 리스트를 만드는 것으로 시작한다. 그리고 파일에서 줄을 읽을 때마다 각 이름을 추가한다.

```
names = [ ]
for line in file:
    names.append(line.strip())
```

분석 #2: 이 과정 전부가 필요하지 않다. 이러한 계산은 바로 리스트 내장이 작동하는 방식이다. 따라서 다음과 같이 바꿔 쓸 수 있다.

```
names = [ line.strip() for line in file ]
```

각 데이터 파일에서 읽어들이고자 다음과 같은 명령문을 사용할 수 있다.

```
year4 = [line.strip() for line in open("year4")]
cs = [line.strip() for line in open("cs")]
ee = [ line.strip() for line in open("ee") ]
goodGrades = [ line.strip() for line in open("goodGrades") ]
```

분석 #3: 여기에는 공통되는 연산이 많다. 이러한 연산을 분리해서 함수로 만들어보자. 이렇게 코드를 단순하게 만드는 것은 좋은 습관이다. 파이썬에서는 함수가 리스트 내장을 사용해서 결과를 반환할 수 있기 때문에 이러한 함수를 작성하기는 쉽다.

```
def listOfNames(filename):
   return [ line.strip() for line in open(filename) ]

year4 = listOfNames("year4")
cs = listOfNames("cs")
ee = listOfNames("ee")
goodGrades = listOfNames("goodGrades")
```

이제 프로그램에 필요한 모든 데이터를 자료구조로 만들었다. 다음 단계는 주요 연산을 실행할 차례다. 이 프로그램의 명령문은 다음과 같다. "컴퓨터 과학이나 전기 공학을 전공하고 학점이 B 이상인 학생"을 찾는다. 이 요구 사항을 파이썬으로 옮기는 가장 확실한 방법은 다음과 같다.

```
candidates = [ ]
for student in year4:
   if (student in cs or student in ee) \
```

```
        and student in goodGrades:
      candidates.append(student)
```

분석 #4: 집합을 이용하면 같은 계산을 더 효과적으로 할 수 있다. 이 연산 과정은 대부분 in 연산자를 이용하여 처리한다. 파이썬에서 in 연산은 리스트보다 집합에서 더 효율적이다. 따라서 코드를 다시 설계해서 리스트가 아닌 집합으로 입력을 받아들이도록 수정해야 하지만, 이는 어렵지 않으므로 여기서는 생략하자.

```
candidates = set()
for student in year4:
   if (student in cs or student in ee) \
         and student in goodGrades:
      candidates.add(student)
```

분석 #5: 이 모든 과정이 필요하지 않다. 자료구조를 초기화하고 하나씩 값을 추가할 필요없이 더 간단한 내장을 다시 사용할 수 있다.

```
candidates = {student for student in year4
                      if (student in cs or student in ee)
                          and student in goodGrades}
```

분석 #6: 심지어 이 과정도 모두 필요하지는 않다. 이제 모든 집합에 이름을 갖고 있다. 왜 간단한 집합 연산을 적용하지 않는가?

```
candidates = year4 & (cs | ee) & goodGrades
```

찾고자 하는 데이터는 "컴퓨터 과학이나 전기 공학을 전공하고 학점이 B 이상인 학생"이었다. 같은 처리를 하는 데도 프로그램을 얼마나 간단하게 할 수 있는지 확인했다. 이 방법이 훨씬 효율적이기도 하다.

따라서 모든 조각을 하나로 맞추고 계산 결과를 출력하기 위한 for-문을 추가하면 다음과 같은 최종 프로그램이 만들어진다. 더 간단하고 효율적이다.

예제 8-1 집합 연산을 사용해서 일자리 채용 후보 찾기

```
def setOfNames(fileName):
   return {line.strip()
              for line in open(fileName)}

year4 = setOfNames("year4")
cs = setOfNames("cs")
ee = setOfNames("ee")
goodGrades = setOfNames("goodGrades")

candidates = year4 & (cs | ee) & goodGrades

for student in candidates:
   print(student)
```

원한다면 각 초보자 단계의 프로그램 전체를 구성해서 이와 비교해보자.

4 단층 파일과 집합, 튜플

5.3절에서 소개한 단층 파일이라는 개념을 다시 살펴보자. 지금까지 보았듯이 많은 단층 파일을 바탕으로 집합이나 값의 시퀀스를 표현할 수 있다. 이전 사례 연구나 **예제 1-1**에서 본 것처럼 이런 값들은 단순한 숫자나 문자열일 수도 있다. 이 프로그램들에서 파일은 각 줄에 하나의 이름으로 구성된 수강생 이름을 포함하고 있지만, 개념으로는 각각의 파일이 이름의 집합이라고 할 수 있다.

대체로 파일에서 데이터를 취하는 프로그램은 해당 파일의 모든 데이터를 사용한다. 당연하지만 그런 프로그램을 개발할 때 가장 첫 번째 단계는 모든 데이터를 불러들여서 프로그램의 자료구조에 넣는 것이다. 앞 절에서 살펴본 함수 setOfNames가 하는 역할이 바로 그것이다. 파일 이름을 매개 변수로 받아서 해당 파일에 있는 이름들로 된 집합을 반환한다.

이 방법에 약간 변화를 준 함수를 살펴보자.

```
def setOfValues(fileName):
    file = open(fileName)
    return {line.strip() for line in file}
```

여기서 이 함수는 파일의 값이 꼭 이름이 아닌 다른 문자열이어도 어색하지 않도록 조금 더 일반적인 이름을 갖고 있다. ("set"이라는 이름을 사용할 수도 있겠지만 그렇게 하면 같은 이름으로 된 파이썬 내장 함수인 집합을 생성하는 함수를 사용하지 못하게 된다.) 여기서는 분리된 명령어로 open을 호출하지만, setOfNames와 마찬가지로 이 부분을 집합 생성자에 포함할 수 있다. 처음에 말했듯이 이 책의 모든 예제에서는 파일이 열리지 않을 때와 같은 예외를 처리하는 코드는 다루지 않는다.

함수 setOfValues는 파일의 값으로 집합을 생성하지만, 간단히 리스트를 생성하도록 수정할 수도 있다.

```
def listOfValues(fileName):
    file = open(fileName)
    return [ line.strip() for line in file ]
```

또는 스트림을 생성할 수도 있다.

```
def streamOfValues(fileName):
    file = open(fileName)
    return (line.strip() for line in file)
```

또는 스트림을 생성하고 구체화하여 튜플을 생성할 수도 있다.

```
def tupleOfValues(fileName):
    file = open(fileName)
    return tuple((line.strip() for line in file))
```

파일의 데이터를 집합이나 시퀀스가 아니라 다중 집합(multiset)으로 다루고 싶을 때 처리하는 방법은 9.5절에서 살펴보겠다.

데이터 파일이 필드로 구분된 줄을 갖고 있으면 어떻게 처리할 수 있을까? 5.3절에서 살펴본 쉼표로 값이 구분된 CSV 파일을 생각해보자.

단일 값들로 된 파일처럼 전체 파일을 읽어 데이터 모두를 자료구조에 넣기 원할 수 있다. CSV 파일에 대해 가장 명백한 자료구조는 집합이다. 또는 시퀀스나 튜플의 일종일 수도 있다.

메서드 `split`을 이용해서 줄을 필드로 구분할 수 있다.

```
line.split(",")
```

그렇다면 다음과 같은 내장을 사용해서 튜플들의 집합을 만들 수 있을 것처럼 보인다.

```
{line.strip().split(",") for line in file}
```

하지만 이는 옳은 방법은 아니다. 파이썬 메서드인 `split`은 튜플이 아닌 리스트를 생성하기 때문이다. 그리고 리스트는 변경 가능한 형식이기 때문에 리스트의 집합을 생성할 수는 없다.

따라서 메서드 `split`으로 얻은 각 리스트를 튜플로 변환하고 나서 튜플들의 집합을 생성해야 한다.

```
{tuple(line.strip().split(",")) for line in file}
```

파일을 읽고 파일이 나타내는 튜플들의 집합을 얻는 함수는 다음과 같다.

```
def setOfTuples(fileName):
    file = open(fileName)
    return {tuple(line.strip().split(","))
                for line in file}
```

물론 파일에 있는 데이터로부터 튜플들의 리스트나 튜플들의 스트림, 튜플들의 튜플과 같은 구조도 쉽게 작성할 수 있다. `listOfTuples`, `streamOfTuples`, `tupleOfTuples`과 같은 함수가 있다고 가정해보자. 정의는 이름에서 볼 수 있듯이 아주 명백하다.

한 번 이러한 자료구조로부터 튜플들을 얻고 나면 for-문을 이용해 모든 튜플에 대해 반복할 수 있다. 예를 들어 파일 `directory`가 CSV 파일로 각 줄에는 이름, 전화번호, 이메일 주소가 있다고 가정하자. 다음과 같은 코드를 사용하면 각 튜플을 얻고 튜플의 묶음을 풀어서 필드를 다루는 어떤 연산을 수행할 수 있다.


```
directory = setOfTuples("directory")
for entry in directory:
    (name, phone, email) = entry
    ...
```

또한, 묶음을 푸는 문법을 for-문의 헤더에 포함할 수도 있다. for-문은 마치 좌변에 있는 이름을 우변 값에 바인딩하는 할당문과 같이 이름을 스트림의 값에 바인딩하는 과정을 반복한다. 파이썬에서는 for-문의 헤더에서 마치 할당문처럼 튜플의 원소를 쉼표로 분리된 이름 시퀀스에 바인딩할 수 있다.

```
directory = setOfTuples("directory")
for (name, phone, email) in directory:
    ...
```

`for (...) in …` 형식을 내장에도 사용할 수 있다. 예를 들어 이전과 같은 파일을 갖고 있는데 이름과 이메일 주소만 필요하다고 가정하자. 파일에서 해당하는 두 개의 원소로 구성된 튜플의 집합을 생성하는 방법은 다음과 같다.

```
directory = setOfTuples("directory")
emailDirectory = {(entry[0], entry[2])
                    for entry in directory}
```

하지만 "묶음을 푸는" 구조에서 코드의 의도가 명확하게 드러나도록 튜플 원소에 이름을 지정할 수 있다.

```
directory = setOfTuples("directory")
emailDirectory = {(name, email)
                      for (name, phone, email)
                       in directory}
```

내장을 필터링과 함께 사용하여("for ... in ... if ..."와 같은 형식으로) 파일을 읽으면서 특정한 튜플이나 튜플의 필드를 선택할 수 있다. 예를 들어 앞 절에 있는 예제를 다시 생각해보자. cs나 ee라는 파일이 주어진 것이 아니라 모든 학생의 이름과 전공이 다음과 같이 구성된 하나의 student 파일을 갖고 있다고 생각해보자.


```
John Baez,math
Jude Collins,CS
Joan Denver,CS
Joan Denver,EE
Roberta Dylan,physics
...
```

Joan Denver와 같이 전공이 하나 이상인 학생은 여러 줄에 걸쳐서 표시된다. 따라서 파일은 관계를 의미하지만 매핑은 아니다. 하지만 지금은 둘의 차이를 파고들 필요는 없다.

집합 cs와 ee를 다음과 같은 방법으로 쉽게 생성할 수 있다.

```
students = setOfTuples("students")
cs = {name for (name,major) in students
         if major == "CS"}
```

```
ee = {name for (name,major) in students
        if major == "EE"}
```

각 내장이 얼마나 쉽게 내용을 읽어들이고 명확한 의미를 나타내는지에 주목하자. 또한, 작업 처리량에 비해서 간단하고 쉽게 작성할 수 있다.

모든 컴퓨터 과학과 전기 공학 전공 학생을 포함한 csOrEE라는 하나의 집합을 생성하면 cs와 ee라는 두 집합을 생성하는 것보다 더 간단하게 일자리 채용 후보 찾기를 수행할 수 있다.

```
students = setOfTuples("students")
csOrEE = {name for (name,major) in students
            if major == "CS" or major == "EE"}
```

주요 연산을 하는 데 합집합 연산을 하지 않아도 된다. 따라서 다음과 같이 바꿔 쓸 수 있다.

```
candidates = year4 & csOrEE & goodGrades
```

한 가지 더 간단한 방법으로 코드를 향상시킬 수 있다. students 구조를 한 번 이상 사용하지 않기 때문에 집합으로 구체화할 필요가 없다. 튜플의 모임을 스트림으로 놔두고 내장을 해당 스트림에 대해서 반복하도록 처리하면 된다.

이런 모든 변화를 적용한 코드는 **예제 8-2**와 같다.

예제 8-2 다른 입력 파일로 일자리 채용 후보 찾기

```
def setOfNames(fileName):
   return {line.strip()
           for line in open(fileName)}

def streamOfTuples(fileName):
   return (line.strip().split(","))
           for line in open(fileName))
```

```
year4 = setOfNames("year4")
csOrEE = {name for (name,major)
             in streamOfTuples("students")
             if major == "CS" or major == "EE"}
goodGrades = setOfNames("goodGrades")

candidates = year4 & csOrEE & goodGrades
for student in candidates:
   print(student)
```

다른 형식의 입력 파일에 이 프로그램을 적용하는 방법도 쉽게 알 수도 있을 것이다(연습문제 3 참고).

5 집합의 다른 표현

파이썬은 언어 자체에 집합과 집합을 이용하는 데 편리한 표기법을 기본적으로 포함하고 있다. 하지만 개념적으로 집합으로 볼 수 있는 모든 종류의 모임을 표현하는 데 꼭 파이썬 집합을 사용해야 하는 것은 아니다. 앞 절에서 students라는 파일에 있는 이름들이 바로 그런 상황의 예라고 할 수 있다. 개념적으로 이 학생들의 이름은 순서도 상관없고 중복도 없어야 하므로 집합이다. 하지만 오히려 파일에서는 정적 시퀀스로 표현되고 우리가 작성한 프로그램에서는 스트림으로 보인다. 이런 두 가지 표현이 모두 적절하다고 할 수 있다.

집합에 대한 표현은 집합이나 그 원소에 수행하고자 하는 연산에 따라서 달라진다. **예제 1-1**과 **1-2**의 파일, students라는 파일과 같이 집합의 모든 원소에 반복 연산을 하고자 한다면 시퀀스로 표현하는 것도 아무 문제가 없다. 이런 경우에는 굳이 파일에 있는 데이터를 파이썬 집합으로 변환할 필요가 없다.

만약 연산이 집합의 원소인지를 확인하거나 합집합이나 교집합을 계산하는 것이라면 개념적인 집합을 파이썬 집합으로 표현하는 것이 더 좋다. 파이썬은 이런 연산에 편리하고 깔끔한 문법을 갖고 있을 뿐만 아니라 파이썬 인터프리터로 이를 효과적으로 구현할 수 있다.

집합과 집합 연산이 내장되지 않은 프로그래밍 언어에서는 프로그래머가 직접 기능을 구현해야 한다. 컴퓨터 과학자들은 집합에 대한 자료구조와 연산 알고리즘을 다양하게 개발했다. 컴퓨터 과학을 전공하는 학생이라면 나중에 이를 접하게 될 것이다. 다행히 많은 프로그래밍 언어에는 집합과 집합 연산을 다룰 수 있는 추가 라이브러리가 있다. 하지만 이런 라이브러리가 파이썬의 내장 함수만큼 편리하지는 않다.

그러나 파이썬이나 다른 언어에서 단지 사용할 수 있다는 이유만으로 엄청난 성능을 지닌 기능을 사용하는 것은 적절하지 않다. 집합을 표현하는 또 다른 대안을 예로 들어보자. 프로그램에서 어떤 특정한 용도로 n개의 다른 객체 또는 값으로 된 집합이 필요하다고 가정하자. 필요한 속성은 모두 다르다는 것 하나뿐이고 실행할 유일한 연산은 각 값이 서로 같은지 확인하는 것이다. 부분집합을 만들 필요도 없으며 각 값은 개별적으로 사용할 것이다.

프로그램을 설계하는 단계에서는 필요한 값이나 객체를 집합으로 생각하는 것이 전체 프로그램을 명확하게 구상하는 데에 많은 도움이 된다. 하지만 프로그램을 구현하는 단계에서는 집합의 원소를 표현하는 가장 좋은 방법이 단순히 0에서 $n-1$까지의 정수가 될 수도 있다. 만약 집합의 모든 구성원을 반복해야 한다면 전체 집합은 파이썬 range 객체로 표현할 수 있다. 그렇지 않다면 이 집합을 명시적으로 표현할 필요가 없다. 이보다 더 간단할 수 있을까?

이 장에서 소개한 용어

- 구성원(member)
- 전체 집합(universal set)
- 부분집합(subset)
- 합집합(union)
- 차집합(difference)
- 이터러블(iterable)
- 집합 내장(set comprehension)
- 논의 영역(universe of discourse)
- 공집합(empty set)
- 진 부분집합(proper subset)
- 교집합(intersection)
- 컨테이너(container)
- 집합 표시(set display)
- 해싱(hashing)

연습문제

1 8.3절의 예제처럼 사람 이름을 가진 파일들의 이름으로 된 집합을 인수로 받는 파이썬 함수를 작성해보자. 이 함수는 모든 파일 안에 있는 이름을 집합으로 반환한다. 예를 들어 파일들은 각기 다른 날 수업에 들어온 학생들의 목록일 수 있다. 그리고 함수를 이용해서 지금까지 수업에 한 번도 빠지지 않은 학생들의 이름을 구한다. 가능한 한 가장 단순하고 깔끔하게 코드를 작성해보자.

2 정수 값 n을 이용해서 n의 서로 다른 인수들의 집합을 생성하는 집합 내장을 작성해보자. 이때 인수는 n을 나누어 떨어뜨리는 수 중에 1과 n을 제외한 수다. 이 내장을 이용해서 `isPrime(n)`을 작성하여 만약 n이 소수면 `True`를 반환하고 그렇지 않다면 `False`를 반환하도록 하자. 소수는 인수가 없는 정수다.

n의 소인수(소수인 인수)만을 검사하도록 `isPrime`을 다시 작성할 수 있는가? 만약 n에 인수가 있다면 그중에는 반드시 소인수가 있다는 사실은 쉽게 알 수 있다. 또한, 만약 n에 인수가 있다면 그중 적어도 하나는 n의 제곱근보다 작거나 같아야 한다는 사실도 어렵지 않게 알 수 있다. 이 사실을 이용해서 이 함수의 작업량을 줄여보자.

어느 버전의 `isPrime`이 더 효율적인가? 두 가지 버전의 실행 시간을 모두 측정해보자.

3 입력 파일이 다음과 같은 CSV 파일이라고 가정하고 **예제 8-1**과 **8-2**의 프로그램을 파이썬을 이용해서 작성해보자.

- 파일 students는 이름, 전공, 학년(4학년이면 4인 정수)이라는 세 필드를 갖고 있다.
- 파일 grades는 이름과 학점(0.0에서 4.0 사이로 소수점을 사용하고 B 학점은 3.0)이라는 두 필드를 갖고 있다.

한번 **예제 8-1**과 **8-2**를 보았으므로 이 문제가 너무 쉽다고 느낄 수 있다면, 바로 그것이 이 연습문제를 푸는 목적이다.

4 8.5절의 마지막 부분에서 이야기했듯이 모두가 다르다는 것을 제외한 다른 속성은 존재하지 않는 n개의 객체 또는 값의 집합이 프로그램에서 어떤 용도로 필요한가? 다양한 예를 떠올려보자.

9장

매핑

1 수학적 매핑

앞서 1.3절에서 간단히 매핑을 소개했다. 이번 장에서는 좀 더 자세하게 알아보려고 한다. 집합과 마찬가지로 매핑을 쉽고 간단하게 설명하고 프로그래머에게 가장 유용한 매핑의 속성에 집중한다.

매핑은 어떤 첫 번째 원소도 같은 것이 없는 순서쌍의 집합이다. 따라서 매핑은 순서쌍에서 각 첫 번째 원소의 값을 특정한 두 번째 원소와 관련짓는 것이다.

수학적으로 "매핑"은 "함수"와 같은 의미며 함수 표기법을 이용해서 매핑을 정의할 수 있다. 예를 들어 "$f(3)=7$"은 순서쌍 (3, 7)이 매핑 f에 속한다고 말할 수 있다.

집합과 마찬가지로 매핑을 정의하는 방법도 다양하다. 그 중 하나는 순서쌍을 다음과 같이 명시적으로 나열하는 것이다.

$$\{(1, 1), (2, 2), (3, 6), (4, 24)\}$$

첫 번째 원소가 두 번째 원소에 매핑된다는 것을 강조하는 방법으로 연산자 ↦을 사용할 수 있다.

$$\{1 \mapsto 1, 2 \mapsto 2, 3 \mapsto 6, 4 \mapsto 24\}$$

여기서 각각의 쌍 $a \mapsto b$를 매플릿(maplet)이라고 한다.

수학자들은 매핑을 정의하는 데 다양한 형식적 또는 비형식적 표기법을 사용한다. 예를 들어 계승(factorial) 함수인 f를 정의하는 데 다음과 같은 세 가지 방법을 사용할 수 있다.

$f(n) = n!$ 모든 양의 정수 n에 대해서

$f = \lambda n . n!$ 모든 양의 정수 n에 대해서

$f = \{ n \mapsto n!$ 모든 양의 정수 n에 대해서 $\}$

매핑 f의 정의역(domain)은 **dom** f라고 표기하며 매핑의 순서쌍 중 첫 번째 원소 값의 집합이다. 치역(range)은 **ran** f라고 표기하며 매핑의 순서쌍 중 두 번째 원소 값의 집합이 된

다.[1] 계승 함수에서는 매핑의 정의역과 치역이 무한 집합일 수 있음을 주의하자.

때로 매핑의 정의역은 맥락에 따라 명확하게 드러나기도 한다. 하지만 때로는 불명확함을 피하고자 정의역을 명시해야 하는 때도 있다. 예를 들어 "$\lambda x . x+1$"을 생각해보자. 이 함수가 음수가 아닌 정수에 대해 후속자 함수(successor function)를 정의하는가 아니면 임의의 실수에 1을 더하는 함수를 정의하는가 아니면 또 다른 무엇인가? 정의역의 선택에 따라서 순서쌍의 집합이 다르므로 다른 함수를 얻게 된다.

수학과 프로그래밍에서 모든 함수는 인수를 하나 이상 가질 수 있다. 일반적으로 이런 함수를 정의하는 두 가지 방법이 있다. 우선 첫 번째 방법은 값의 튜플로부터 하나의 값으로 향하는 매핑으로 함수를 정의하는 것이다. 두 개의 값을 곱의 결과로 매핑하는 함수를 예로 생각해보자.

$$p(x, y) = xy$$

이럴 때 매플릿 표기를 따라서 p는 다음과 같이 정의할 수 있다.

$$p = \{(x, y) \mapsto xy\}$$

이 정의에 따르면 $p(x, y)$는 $p((x, y))$의 줄임 형식으로 해석할 수 있기 때문에 $p(2, 3)=6$이 성립한다.

인수가 하나 이상인 함수를 정의하는 두 번째 방법은 매핑의 체인(chain)으로 정의하는 것이다. 즉, 하나의 인수를 나머지 인수의 함수에 매핑하는 것이다. 다음과 같은 방법으로 p를 정의할 수 있다.

$$p = \{x \mapsto \{y \mapsto xy\}\}$$

이런 방법을 이용해 매핑의 체인으로 정의된 함수는 수학자인 하스켈 커리(Haskell Curry)의 이름을 따서 "커리되었다(curried)."라고 표현한다.

1 수학에는 이와 관련된 다양한 용어와 정의가 있지만, 이 책에서는 이렇게 정의한다. 하지만 다른 곳에서는 또 다른 용어를 사용할 수도 있다.

이 정의에 따르면 $p(x)$의 값은 인수 하나를 취해 x를 곱하는 함수로 정의할 수 있다. 그리고 $p(x, y)$는 $(p(x))(y)$를 줄여서 작성한 것으로 해석할 수 있기 때문에 예상한 대로 $p(2, 3)=6$이 성립한다.

p가 커리 함수로 정의된다면 $p(x)$ 자체도 꽤 유용한 의미가 있다. 함수 p는 4.3절에서 부분 적용(partial application)을 논의할 때 살펴본 `multiplyBy` 함수와 같다. 일반적으로 함수가 커리로 정의되면 자동으로 인수에(왼쪽에서 오른쪽으로) 부분 적용이 정의된다.

매핑을 집합으로서 정의했지만, 일반적인 집합 연산자는 매핑에서 그다지 유용하지 않다. f와 g라는 매핑이 있을 때 $f \cup g$와 같은 연산을 한다고 생각해보자. 이 표현식은 순서쌍의 집합을 나타내지만, f와 g의 정의역이 겹치지 않는 특별한 경우를 제외하고는 매핑이라고 할 수 없다. 표현식 $f \cap g$와 $f-g$는 매핑이지만 대부분은 그다지 유용하지 않다.

매핑에 적용할 수 있는 특별한 수학 연산자가 있다. 여기서는 그중 세 가지를 설명한다. 첫째는 정의역 제한(domain restriction) 연산자다. 매핑 f와 집합 A에 대해서 $f|_A$는 정의역이 A로 제한되는 f를 의미한다. 다음과 같이 정의할 수 있다.

$$f|_A = \{a \mapsto b \mid a \mapsto b \in f \text{ and } a \in A\}$$

두 번째 매핑 연산자는 재정의 합집합(overriding union) 또는 재정의(override)라고 불린다. f와 g라는 두 개의 매핑에 연산 $f \oplus g$는 g로 재정의한 f를 의미한다. 즉, g의 정의역에서는 g와 같고 그렇지 않다면(g의 정의역은 아니고 f의 정의역이라면) f와 같은 매핑이다.[2] 연산자 $\oplus$를 다음과 같이 정의할 수 있다.

$$f \oplus g = g \cup (f|_{\mathrm{dom}\, f - \mathrm{dom}\, g})$$

매핑을 재정의하는 것은 수학적으로 큰 의미가 없지만, 컴퓨터 연산에서는 아주 중요하다. 컴퓨터의 주기억장치를 매핑이라고 표현할 수도 있다. 즉, 위치로부터 해당 위치에 저장된 값으로의 매핑이다. 그리고 하나 또는 그 이상의 메모리 위치에 값을 저장하는 연산은 매

2 기호 $\oplus$는 Z 표기법에서 나왔다. Z는 수학적 표기법으로 프로그램의 명세를 작성하고자 옥스퍼드 대학(Oxford University)에서 개발했다.

핑의 재정의라고 볼 수 있다. 이와 유사하게 자료구조의 원소에는 첨자 또는 키(key)를 이용해서 접근할 수 있다. 이때 자료구조는 매핑을 형성하고 자료구조에 값을 저장하는 모든 연산은 매핑을 재정의한다. 다음 절에서 파이썬을 통해 이러한 예를 살펴본다.

비록 처음에는 명확하게 이해가 되지 않을 수 있지만, 재정의 연산자는 결합법칙이 성립한다. 즉, 모든 매핑 f, g, h에 $(f \oplus g) \oplus h = f \oplus (g \oplus h)$가 성립한다. 또한, 연산자 $\oplus$의 항등원인 빈 매핑(공집합)이 있다. 따라서 매핑은 빈 매핑을 항등원으로 하는 $\oplus$ 연산에 대한 모노이드라고 할 수 있다. 하지만 $\oplus$ 연산은 비대칭이기 때문에 교환법칙이 성립하지 않는다. 두 번째 피연산자에 있는 매플릿이 첫 번째 피연산자에 있는 매플릿보다 우선시 된다.

때로는 결합법칙이 성립한다는 재정의의 속성을 사용하여 커다란 매핑(예를 들어 데이터베이스에서 볼 수 있는)의 업데이트 효율을 높일 수 있다. 또한 분산 시스템에서 서로 떨어진 위치에 있는 매핑의 업데이트 효율도 높일 수 있다. 매핑 f에 대한 업데이트의 시퀀스 $g_0, g_1, \ldots g_n$은 $(((f \oplus g_0) \oplus g_1) \oplus \ldots) \oplus g_n$로 f를 대체한다. 특히 모든 업데이트가 f보다 비교적 작다면 모든 업데이트 $g_0 \oplus g_1 \oplus \ldots \oplus g_n$을 한꺼번에 처리하고 그 결과를 f에 재정의하는 것이 효과적일 수 있다. 앞선 표현식에는 괄호도 없고 결합법칙을 적용하여 원하는 방법으로 결합할 수 있으며 "대 $\oplus$" 연산을 이용해서 연산 과정 전체를 다시 묶을 수도 있음을 기억하자. 하지만 재정의에는 교환법칙이 성립하지 않기 때문에 업데이트 순서를 지켜야만 한다.

매핑의 세 번째 연산자는 합성(composition) 연산자다. 두 개의 매핑 f와 g에 대해 합성은 $g \circ f$라고 쓰고 다음과 같이 정의된다.

$$(g \circ f)(x) = g(f(x))$$

즉, 다음과 같다.

$$g \circ f = \{(a, c) \mid (a, b) \in f \text{ and } (b, c) \in g\}$$

연산 $g \circ f$는 "g after f"라고 읽기도 한다.

$g \circ f$의 정의역에 있는 값 x는 **dom** f에 속해야 할 뿐만 아니라 $f(x)$는 **dom** g에도 속해야만 한다.

매핑 f는 자신과 합성할 수 있어 $\mathbf{ran}\, f \subseteq \mathbf{dom}\, f$를 연산할 때 매우 유용하다. 실제로 매핑은 자신과 한 번 이상 합성할 수 있다. 이때 $f \circ f$ 대신 f^2, $f \circ f \circ f$ 대신 f^3과 같이 f의 거듭제곱으로 표기할 수 있다.

2 파이썬 사전

앞서 이미 수학의 매핑처럼 작동하는 파이썬의 구조를 살펴보았다. 그중에서 값을 반환하는 파이썬 함수가 매핑이란 것은 확실히 알 수 있다. 그러나 정적 시퀀스(튜플이나 리스트, 문자열)도 매핑과 같은 방법으로 작동한다. 정적 시퀀스 S에 접근할 때 위치를 사용할 수 있음을 떠올려 보자. i가 범위 0부터 `len(S)-1` 사이의 정수 값일 때 `S[i]`라고 표기할 수 있다. 따라서 S를 이 범위를 정의역으로 하는 매핑으로 사용할 수 있다.

파이썬 사전(dictionary)은 매핑처럼 작동하는 또 다른 정적 컨테이너다. 하지만 정의역이 정수 범위일 필요가 없어서 각 순서쌍 중 첫 번째 원소는 다양한 파이썬 형식이 될 수 있다.

사전을 생성하는 데 순서쌍을 명시적으로 나타내는 사전 표시(dictionary display)를 사용할 수 있다. 사전 표시는 순서쌍을 가진 집합 표시와 비슷하게 보이지만 콜론으로 두 값을 구분한다는 차이가 있다. 다음은 숫자의 영어 이름을 해당 정수 값과 매핑하는 예다.

```
numberValue = {"one":1, "two":2, "three":3}
```

여기서 콜론은 매플릿 연산자 $\mapsto$처럼 동작한다.

순서쌍의 첫 번째 원소는 키(key)라고 불린다. 사전에서는 특정한 키와 연결된 값을 얻으려 할 때 시퀀스에서 위치를 이용해 원소를 선택하는 표현식과 같은 형식을 사용할 수 있다. 즉, 사전의 이름 뒤의 대괄호 안에 키를 적는다. 따라서 앞선 예에서 `numberValue ["two"]`는 2라는 값이 된다.

사전의 키에는 거의 모든 파이썬 형식이 올 수 있다. 예를 들어 파이썬 프로그래머들은 앞선 예와 같이 문자열을 키로 자주 사용한다. 하지만 파이썬에서는 사전의 쌍을 저장할 때 각 순서쌍의 키에 해싱(8.2절)을 사용한다. 따라서 사전의 키는 집합 구성원과 마찬가지로 변경할 수 없는 객체여야 한다. 반면에 파이썬의 키와 연결된 값은 어떠한 파이썬 값이어도 상관없다.

파이썬은 콜론을 이용한 순서쌍이라는 점만 제외하면 집합 내장과 비슷한 사전 내장(dictionary comprehension)을 갖고 있다. 예를 들어 다음의 내장은 0에서 49 사이의 각 정수를 계승(4.2절)과 연결한다.

```
{n:factorial(n) for n in range(50)}
```

파이썬에는 사전에 사용할 수 있는 많은 연산자가 있지만, 이 책에서 그 중 일부만 설명한다. 임의의 사전 d에 대해 items(d)는 d의 키와 값 쌍을 원소가 두 개인 튜플로 산출하는 반복자다. keys(d)는 d의 키(즉, d의 정의역)를 산출하는 반복자고 values(d)는 d에서 키와 연결된 값(치역)을 산출한다. d에 포함된 총 순서쌍의 개수를 구하려면 len(d)를 이용한다.

할당문 d[k]=v는 값 v를 d에 있는 키 k와 결합한다. 이때 k에 이미 값이 있다면 존재하는 값을 재정의한다. 수학적인 표기법으로는 $d \oplus \{k \mapsto v\}$로 d를 치환한다고 할 수 있다. e가 또 다른 사전이라고 할 때 d.update(e)는 e에 있는 모든 순서쌍으로 d를 재정의한다. 즉, d를 $d \oplus e$로 치환한다.

프로그래머의 편의를 위해서 몇몇 사전 연산은 순서쌍을 사용하기보다는 사전의 키를 사용한다. 부울식 k in d라는 연산은 k가 d에 있는 순서쌍의 키인지를 확인하는 것이다. 집합에서와 마찬가지로 in 연산자는 효율성을 위해 해싱을 사용한다. 연산식 k not in d 역시 비슷하게 작동한다. for-문처럼 사전을 반복하는 연산은 사전의 키와 값 쌍이 아니라 키에 대해 반복자를 생성한다. (집합에 대해서 반복하는 것과 마찬가지로 순서는 예측할 수 없다). 다음 예제에서 만약 codes가 값이 문자열인 사전이라면 codesString은 해당 문자열을 차례대로 연결한 것이 된다.

```
codesString = ""
for k in codes:
   codesString += codes[k]
```

프로그래머들은 종종 단층 파일로부터 사전을 생성하게 된다. 이때 8.4절에서 다뤘던 단층 파일로부터 집합을 생성하는 데 사용한 코드와 비슷한 코드를 사용한다. 사실 **예제 8-2**에서 살펴본 발생자 함수 streamOfTuples를 사용해서 CSV 파일로부터 사전을 쉽게 생성할 수 있다. 다시 한 번 함수 streamOfTuples를 살펴보자.

```
def streamOfTuples(fileName):
   return (line.strip().split(","))
               for line in open(fileName))
```

addressBook이 각 줄에 한 사람의 이름과 이메일 주소를 가진 CSV 파일이라고 가정하자. 이름을 이메일 주소에 매핑하는 사전을 생성하는 방법은 다음과 같다.

```
address = {name : email
              for (name,email)
              in streamOfTuples("addressBook")}
```

효율성을 높이고자 파일을 한 번만 읽어들이면서 양방향으로 매핑을 생성하는 방법은 다음과 같다.

```
address = {}
owner = {}
for (name,email) in streamOfTuples("addressBook"):
   address[name] = email
   owner[email] = name
```

원소를 선택하는 데 값의 쌍을 사용하는 사전을 생성하고 싶다고 가정하자. 예를 들어 populations는 CSV 파일이고 각 줄은 국가, 도시, 인구로 구성되어 있다. 때로는 정확한 인구를 찾고자 국가명과 도시명이 모두 필요할 수도 있다. 즉, 오스트레일리아의 퍼스와

스코틀랜드의 퍼스는 도시명이 같을 뿐 다른 도시이므로 구체적인 국가명도 필요하다. 주어진 파일을 이용해 국가와 도시를 인구와 매핑하는 사전을 생성하는 방법을 살펴보자.

인수가 두 개인 수학적 매핑을 생성하는 것과 마찬가지로 원하는 사전을 생성하는 방법도 두 가지가 있다. 우선 첫 번째 방법은 국가와 도시로 된 2-튜플을 키로 사용하는 것이다. 다음과 같이 작성할 수 있다.

```
population = {(country,city) : pop
              for (country, city, pop)
              in streamOfTuples("populations")}
```

예를 들어 populations라는 파일의 각 줄에 인구 정보가 있다고 가정했을 때 오스트레일리아 퍼스의 인구를 알고 싶다면 population["Australia","Perth"]라고 할 수 있다. 두 개의 문자열 사이 쉼표가 튜플을 형성하는 것이고 괄호가 필수는 아니라는 것을 상기하자.

만약 다른 언어에서 프로그램을 작성한 경험이 있다면 "2차원 배열(two-dimensional array)"이라는 자료구조를 보았을 것이다. population이 마치 국가명과 도시명을 각 "차원"으로 가진 구조처럼 보일 수 있다. 하지만 그렇지 않다. 이 구조는 오히려 2-튜플이라는 단일 값으로 접근할 수 있는 "1차원" 구조다.

파이썬에서 값의 쌍으로 접근하는 사전을 생성하는 더 일반적인 방법은 커리 함수를 정의하는 것과 비슷하다. 즉, 사전들의 사전을 정의하는 것이다. 지금 예에서 사전은 국가명이 키고 그와 연결된 값은 도시명이 인구와 매핑된 사전으로 정의할 수 있다. 다음과 같은 스크립트를 살펴보자. 튜플을 두 번 반복해야 한다는 점을 주목하자. 첫 번째 for-문은 데이터에서 국가의 집합을 찾아서 첫 번째 단계의 사전을 생성한다.

```
population = {}
tuples = setOfTuples("populations")
for country in {co for (co, city, pop) in tuples}:
    population[country] = {}
for (country, city, pop) in tuples:
    population[country][city] = pop
```

이제 population["Australia"]["Perth"]라는 표현식을 이용해서 오스트레일리아 퍼스의 인구를 얻을 수 있다.

여러분은 이제 두 개 이상의 값으로 접근하는 사전을 생성하는 데 필요한 것들도 알 수 있을 것이다.

3 사례 연구: 문자로 구성된 파일에서 특정 단어 찾기

사례 연구를 통해 지금까지 배운 것을 활용해보자. 프로그래밍 문제의 해답을 찾는 데 이산 수학 구조를 어떻게 사용할 수 있는지 살펴볼 것이다.

다음과 같은 프로그램을 작성해야 한다고 가정하자.

> 많은 단어가 포함된 전자 문서에서 어떤 단어를 검색해 찾고자 한다. 프로그램은 찾으려는 단어를 문서에서 검색해 해당 단어와 함께 단어가 포함된 모든 줄의 번호를 표시해야 한다.
>
> 이때 문서의 파일명은 "document"고 검색하고자 하는 단어는 "targets"라는 파일에 줄마다 하나씩 들어 있다고 가정하자.

프로그램을 요청한 사람은 책의 색인을 만들려는 작가일 수도 있고 웹페이지에서 특정한 용어를 찾는 연구원일 수도 있다. 이 사람을 "고객"이라고 하자. 이 고객이 요청한 내용을 이산 수학의 용어를 이용해서 분석해보자.

이때 검색하고자 하는 단어들은 바로 집합이다.

고객이 원하는 정보는 단어로부터 줄 번호의 모임으로의 매핑이다. 그렇다면 이때 모임이란 무엇인가? 고객은 "문서에서 특정 단어가 나오는 모든 줄의 번호"라고 말한다. 만약 단어가 한 줄에 두 번이 나온다고 하더라도 줄 번호가 두 번이 나오는 것을 원하지는 않는다. 따라서 중복되는 번호가 없도록 각 모임을 집합으로 만들자.

문서를 바라보는 한 가지 방법은 줄의 시퀀스로 여기는 것이다. 이때 각 줄은 화이트스페이스로 구분된 단어의 시퀀스다. 또 다른 방법은 7.5절에서와 마찬가지로 단지 화이트스페이스로 구분된 단어들의 시퀀스로 이해하는 것이다. 하지만 각 단어가 검색된 줄의 번호를 알아야 하기 때문에 이런 방법으로는 답을 얻을 만한 정보를 찾을 수 없다. 세 번째 방법을 생각해보자. 문서를 순서쌍의 시퀀스로 여기고, 이때 순서쌍은 단어의 시퀀스와 각 줄 번호로 구성한다. 문서를 쌍의 집합으로 취급해도 같은 결과를 얻겠지만, 문서가 상당히 길다고 가정한다면 순서쌍의 스트림으로 처리해 문서를 읽으면서 동적으로 생성하는 것이 좋다.

이런 계산 방법 중 일부는 이미 앞에서 다룬 적이 있다. 검색하고자 하는 단어인 "targets"의 집합을 생성하고자 8.3절에서와 같이 간단한 집합 내장을 사용할 수 있다.

```
targets = {line.strip() for line in open("targets")}
```

7.5절에서는 다음과 같이 파일에서 단어의 스트림을 생성하는 발생자 함수를 정의해서 각 단어 앞뒤의 구두점을 제거했다.

```
def words(fileName):
    punctuation = ".,:;'" + '"'
    file = open(fileName)
    for line in file:
        words = line.strip().split()
        for word in words:
            yield word.strip(punctuation)
```

이 함수를 약간 변경하여 각 줄을 읽으면서 줄 번호를 매긴다. 그리고 모든 값을 원소가 두 개(단어와 줄 번호)인 튜플로 산출한다.

```
def wordsAndLineNumbers(fileName):
    punctuation = ".,:;'" + '"'
    lineno = 0
    file = open(fileName)
    for line in file:
```

```
      lineno += 1
      words = line.strip().split()
      for word in words:
         yield (word.strip(punctuation), lineno)
```

이 경우라면 파이썬 사전이 우리가 생성하고자 하는 매핑을 표현하기에 가장 적합하다. targets에 있는 단어는 사전의 키가 된다. 이를 linesFoundOn이라고 이름붙이고 사전 내장을 이용해서 targets의 각 단어를 공집합과 매핑하여 초기화한다.

```
linesFoundOn = {t : set() for t in targets}
```

이제 집합 연산자를 이용해서 주요 연산을 간단하게 처리할 수 있다.

```
for (word,lineno) in wordsAndLineNumbers("document"):
   if word in targets:
      linesFoundOn[word].add(lineno)
```

이제 결과를 출력할 차례다. 한 가지 어려운 부분은 줄 번호의 각 집합을 적절한 형식으로 나타내는 것이다. 이에 대해 formatted라는 이름의 함수가 있다고 가정하자. 이 함수를 이용해서 고객이 요청한 결과를 간단하게 출력할 수 있다.

```
for t in targets:
   print(t + "  " + formatted(linesFoundOn[t]))
```

이제 마지막 남은 작업으로 함수 formatted를 정의해보자. 먼저 각 숫자 집합의 형식을 결정한다. 고객은 어떤 특정한 순서로 줄 번호를 표시해야 하는지는 언급하지 않았다. 하지만 고객에게 가장 편리한 방법은 줄 번호의 오름차순일 것이다. 파이썬에서는 sorted라는 내장 함수로 값을 정렬하여 리스트로 반환할 수 있다. 여기서는 이 내장 함수를 사용한다. 따라서 formatted의 정의에는 표현식 sorted(numberSet)를 사용하고 이때 numberSet는 formatted의 매개 변수가 된다.

파이썬에는 문자열의 시퀀스를 받아서 주어진 문자열(separator, 구분자)로 구분하여 하나로 연결하는 내장 함수 join이 있다. 이 함수의 문법은 separator.join(strings)이다. 쉼표와 공백 문자를 구분자로 사용하자. 이제 숫자의 리스트인 sorted(numberSet)가 있으므로 다음 코드를 이용해서 이 리스트를 문자열의 시퀀스로 변환할 수 있다.

```
map(str,sorted(numberSet))
```

이제 formatted를 다음과 같이 정의할 수 있다.

```
def formatted(numberSet):
    separator = ", "
    return separator.join(map(str,sorted(numberSet)))
```

이 조각들을 하나로 합치면 **예제 9-1**과 같은 결과가 된다.

예제 | 9-1 문서에서 특정한 단어 찾기

```
def wordsAndLineNumbers(fileName):
    punctuation = ".,:;'" + '"'
    lineno = 0
    file = open(fileName)
    for line in file:
        lineno += 1
        words = line.strip().split()
        for word in words:
            yield (word.strip(punctuation), lineno)

def formatted(numberSet):
    separator = ", "
    return separator.join(map(str,sorted(numberSet)))

targets = {line.strip() for line in open("targets")}

linesFoundOn = {t : set() for t in targets}
```

```
for (word,lineno) in wordsAndLineNumbers("document"):
    if word in targets:
        linesFoundOn[word].add(lineno)

for t in targets:
    print(t + "   " + formatted(linesFoundOn[t]))
```

다음은 이 프로그램을 작성하는 데 사용한 수학과 파이썬 구조를 정리한 것이다.

- 스트림과 발생자 함수
- 2-튜플
- map을 이용한 함수형 프로그래밍
- 집합과 집합 내장
- 매핑과 사전, 사전 내장

결과적으로 프로그램의 각 부분이 간단하고 명료하다. wordsAndLineNumbers를 정의하는 부분이 유일하게 조금 복잡하다. 실제로 입력을 받아서 나누는 것이 보통은 프로그램에서 가장 복잡한 부분이다. 빈 줄을 고려하지 않는다면 프로그램 전체 길이가 고작 19줄이라는 것에 주목하자.

이제 document라는 파일이 다음과 같이 간단한 텍스트라고 가정하자.

> Wants pawn term dare worsted ladle gull hoe lift wetter murder inner ladle cordage honor itch offer lodge, dock, florist. Disk ladle gull orphan worry putty ladle rat cluck wetter ladle rat hut, an fur disk raisin pimple colder Ladle Rat Rotten Hut.[3]

그리고 targets 파일에 다음과 같은 줄이 있다고 가정하자.

---

3 Howard L. Chace, *Anguish Languish*, Prentice-Hall, 1956. 집필 당시 http://www.justanyone.com/allanguish.html 에서 찾아볼 수 있었다. 이 책의 저작권은 이미 만료되었다.

```
ladle
gull
hut
```

그렇다면 이 프로그램의 출력 결과는 다음과 같을 것이다.

```
hut  3
gull  1, 2
ladle  1, 2, 3
```

출력되는 줄의 순서는 무작위다. 만약 알파벳 순서로 정렬하기 원한다면 다음과 같이 함수 sorted를 targets의 집합에 적용할 수 있다.

```
for t in sorted(targets):
   print(t + "  " + formatted(linesFoundOn[t]))
```

4 사전이냐? 함수냐?

지금까지 살펴본 것처럼 프로그램에서는 매핑을 자료구조(파이썬의 정적 시퀀스나 사전) 또는 연산(파이썬의 함수)으로 구현할 수 있다. 여러 관점에서 이 두 종류의 구현은 똑같으며, 특히 매핑을 사용하는 프로그램 코드에서는 더욱 그렇다. 그리고 파이썬에서는 매핑을 사용하는 표기법이 두 가지 경우에서 비슷하다. 예를 들어 매핑 f에서 값 a에 대응하는 값을 얻으려면 f가 시퀀스거나 사전일 때 f[a]라고 쓰고 함수일 때 f(a)라고 쓴다.

프로그래머가 특정한 매핑을 구현하는 데 자료구조와 연산 둘 중 하나를 선택할 때는 여러 관점에서 고려해야 한다. 이때 몇 가지 고려할 사항은 다음과 같다.

- 프로그램에서 자료구조는 크기가 유한해야 한다. 또한 "유한하지만, 지나치게 큰"(2.3절 참고) 상태보다는 상대적으로 작아야 한다. 만약 매핑의 정의역이 파이썬의 모든 정수나 모든 문자열과 같이 매우 크다면 연산이 합리적인 선택일 수 있다.
- 프로그램에서 일부 매핑은 변경이 필요할 수 있다. 만약 매핑이 리스트나 사전 같이 변경 가능한 자료구조로 저장된다면 이런 처리에도 전혀 문제가 없다. 대부분 프로그래밍 언어에서는 프로그램 스스로 코드를 변경할 수는 없다. 또한, 가능하더라도 쉽지 않다. 하지만 연산이 변수나 변경할 수 있는 자료구조로 저장된 데이터에 따른 결과에 기반을 둔다면 연산으로 구현한 매핑은 어느 정도 변경이 가능하다.
- 매핑이 파이썬 사전과 같은 자료구조로 저장되고 나면 프로그램은 매핑의 정의역 값과 연결된 원하는 결괏값을 효과적으로 찾을 수 있고, 종종 다른 종류의 연산보다 더 효과적이다.
- 상황에 따라서 자료구조 또는 연산 중 하나로 구현하는 것이 프로그램을 더 쉽게 만들 수 있다. 매핑을 연산으로 프로그래밍하려면 프로그래머는 매핑을 계산하는 방법을 알아야 한다. 일부 매핑은 겉으로 보기에는 임의적이어서 명시적으로 데이터가 주어질 때 생성된다.

  하지만 그러한 데이터는 어딘가에서 나와야만 한다. 작은 매핑은 파이썬의 사전 표시와 같은 구조로 손쉽게 정의할 수 있어서 그런 데이터를 프로그램에 내장할 수 있다. 좀 더 일반적으로는 그런 데이터가 파일이나 데이터베이스처럼 프로그램 외부에서 나온다. 지금까지는 파일의 모든 데이터를 이용해 파이썬의 사전이나 시퀀스로서 매핑을 생성하는 방법을 살펴보았지만, 때로는 파일이나 데이터베이스에서 매핑을 구현하고자 작은 부분만을 선택적으로 읽는 연산을 프로그래밍하는 것이 더 효과적일 수도 있다. (이 책에서는 이러한 기법은 다루지 않는다.)

때로는 매핑을 정의하는 명백한 연산이 있어도 매핑을 미리 계산하여 해당 결과를 자료구조로 저장하는 것이 더 효율적일 수도 있다. 예를 들면 다음과 같다. `distance`라는 사전들의 사전을 가진 프로그램을 가정해보자. 이 사전은 두 도시의 쌍을 도시 간에 연결된 도로의 길이로 매핑한다(단위는 킬로미터). `distance`는 9.2절에서 다룬 `population`과 같이 단층 파일로 구성할 수 있다. 두 도시 간의 거리를 구하려면 프로그램은 `distance[city][otherCity]`와 같은 표현식을 사용할 것이다.

이제 프로그램이 가장 가까운 도시에 대한 거리를 찾아야 한다고 가정하자. 즉, 하나의 도시를 중심으로 도로 상 거리가 가장 짧은 도시를 찾는 것이다. 이를 처리하는 프로그램은 다음과 같다.

```
def nearest(city):
```

```
# neighborDistance = a dictionary
#    {each neighbor of city |-> distance to it}
neighborDistance = distance[city]

# until we have at least one candidate:
nearest = None
minDistance = float("Infinity")

# for each neighbor of city:
for otherCity in neighborDistance:
   if neighborDistance[otherCity] < minDistance:
      nearest = otherCity
      minDistance = neighborDistance[otherCity]

return nearest
```

nearest를 정의하는 데 몇 가지 흥미로운 프로그래밍 기법을 사용한다. 첫째, distance가 사전들의 사전이기 때문에(엄밀히 말하자면 커리 매핑이다), 함수는 부분 적용을 이용해서 매핑 neighborDistance를 얻을 수 있고 이후의 명령문에서 편리하게 사용할 수 있다. 둘째, 이 함수는 함수 distance가 city에 인근 도시가 없다고 정의하면 None이라는 값을 반환한다. 가능성이 희박한 경우라도 모든 경우를 계산할 수 있게 연산을 프로그래밍하는 것은 좋은 생각이다. 마지막으로 셋째, 파이썬에서 "무한수(infinity)" 값을 사용하는 방법에 주목하자. 일반적으로 무한수는 누적 최솟값을 계산할 때 초깃값으로 지정한다.

하지만 함수 nearest를 연산하는 데는 다소 오랜 시간이 소요된다. for-문의 본문은 도시마다 계산을 수행한다. 만약 각 도시에 평균적으로 n개의 인근 도시가 있다면 연산 시간이 n에 비례해서 증가할 것이다. 프로그램이 함수 nearest를 여러 번(m) 호출한다면 총 시간은 약 mn이 되고 m과 n 값이 매우 크다면 터무니없이 큰 값이 될 것이다.

때로는 모든 도시에 대한 nearest를 미리 계산해서 사전에 값으로 저장하는 것도 좋은 방법일 수 있다.

```
nearestStored = {city : nearest(city)
                 for city in keys(distance)}
```

특히 n이 크다면 이 방법으로 사전 nearestStored[c]에 접근하는 것이 nearest(c)를 호출하는 것보다 빠를 수 있다. nearestStored를 생성하는 데 시간이 걸리는 것도 사실이다. 만약 k 개의 도시가 있다면 약 kn 의 시간이 걸린다. 하지만 m이 k보다 훨씬 큰 숫자라면 전체 프로그램 실행 시간은 줄어들게 된다.

이제 어떤 경우에는 사전에서 결괏값을 찾을 수 있게 하고 다른 경우에는 연산을 수행하는 매핑을 프로그래밍할 수 있다. 이런 방법으로 사용하는 프로그래밍 기술이 바로 메모이제이션(memoization)이다. "메모-이제이션"이라는 단어는 메모를 남긴다는 의미다.

즉, 연산 결과를 저장하고 이후에 같은 연산을 수행할 때면 해당 결과를 사용한다. 특히 메모이제이션 함수는 결과를 반환하기에 앞서서 인수 값을 키로 사용해서 테이블에 결과를 저장한다. 만약 같은 인수 값으로 해당 함수를 다시 호출하면 호출된 함수는 다시 계산을 수행하지 않고 저장된 값을 반환한다.

예를 들어 피보나치 숫자를 계산하는 함수를 생각해보자. 7.2절에서 피보나치 수열의 시퀀스를 반환하는 함수를 살펴보았다. 이제 특정한 양의 정수 n에 대해서 n번째 피보나치 수를 반환하는 함수를 생각해보자. 프로그래밍에서 대체로 그렇듯이 1이 아닌 0부터 카운트를 시작할 것이다.

n번째 피보나치 숫자를 반복하여 계산하는 프로그램은 다음과 같다. 7.2절의 함수 fibs를 약간만 수정하였다. 동시 할당에 주목하자.

```
def fib(n):
    a=1
    b=1
    for i in range(n):
        a, b = b, a + b
    return a
```

이 함수는 작은 피보나치 수열 하나는 효율적으로 계산할 수 있지만 큰 피보나치 수열에는 비효율적이다. 만약 프로그램이 fib(1000)을 계산한다면 for-문의 본문을 1,000번 계산해야 한다. 따라서 fib(999)와 fib(998)의 값이 이미 계산되어 있다면 두 결과를 더한 값을 사용하는 것이 처음부터 다시 계산하는 것보다 더 빠르다는 것을 알 수 있다.

이제 피보나치 함수의 재귀 버전을 살펴보자. 처음 두 피보나치 수는 1과 1이다. 그리고 모든 다른 피보나치 숫자는 그 이전 두 개 값의 합이라고 정의한다. 이 정의를 그대로 함수화한 재귀 함수는 다음과 같다.

```
def rfib(n):
    if n == 0 or n == 1:
        return 1
    else:
        return rfib(n-2) + rfib(n-1)
```

이 함수는 전혀 문제없이 작동하지만 비효율적이다. 함수의 마지막 줄은 rfib(n-2)를 계산하고 나서 rfib(n-1)을 계산한다. 그런데 rfib(n-1)을 재귀 호출하면 rfib(n-2)를 다시 계산하게 된다는 부분에 주목하자. 이와 유사하게 rfib(n-3) 등도 역시 계속해서 불필요하게 다시 계산된다.

재귀 함수의 메모이제이션 버전은 다음과 같다. 이 함수는 목적에 가장 잘 들어맞는 컨테이너인 파이썬 사전에 결과를 저장한다. 우선 함수 본문의 첫 번째 줄에 있는 검사는 매우 효율적이다. 검사한 내용이 참이라면 함수는 이전에 저장된 결과를 반환한다.

예제 | 9-2 메모이제이션 함수: n번째 피보나치 수 구하기

```
fibStored = {}

def mfib(n):
    if n in fibStored:
        return fibStored[n]
    elif n == 0 or n == 1:
        return 1
    else:
        result = mfib(n-2) + mfib(n-1)
        fibStored[n] = result
        return result
```

*n*번째 피보나치 수를 계산하는 함수의 세 가지 버전 모두 그보다 작은 피보나치 숫자를 계산한다. 반복 함수는 각각을 한 번만 계산한다. 메모이제이션 함수는 이미 계산을 했던 피보나치 수열에 대해서는 재계산을 하지 않기 때문에(거의 영향을 미치지 못하는 0번째와 1번째 계산을 제외하고) 하나의 피보나치 수를 계산하는 반복 버전과 효율성이 비슷하다. 게다가 처리 과정에서 메모이제이션 함수는 계산한 *n*번째 피보나치 수뿐만 아니라 *n*보다 작은 피보나치 수들도 사전에 기록한다. 만약 또 다른 *n*에 대한 계산을 수행하기 위해 이 함수가 호출된다면 *n*이 이미 계산된 범위에 있는 수라면 사전에서 결과를 반환하고 그렇지 않다면 사전에 새로운 결과들을 추가하여 해당 결과를 반환한다. 따라서 이후에 새로운 호출은 더 높은 확률로 결괏값을 빠르게 반환할 수 있다.

5 다중 집합

1.3절에서 다중 집합(multiset)을 이야기한 적이 있다. 온도 측정 파일이 일종의 다중 집합이었다. 다중 집합('bag'이라고도 한다)은 집합과도 공통된 속성이 있지만, 이 장에서 살펴볼 것처럼 또한 매핑과도 공통된 속성이 있다.

수학에서는 다중 집합에 일반적으로 적용하는 표기법은 없다. 종종 집합을 표기하는 것과 마찬가지로 중괄호를 사용해서 표기한다. 따라서 두 개의 2와 하나의 3을 가진 다중 집합은 {2, 2, 3}이라고 표기한다. 이 책에서는 집합과 다중 집합을 구분할 수 있도록 각기 다른 괄호 표기법을 사용할 것이다. 앞의 다중 집합은 ⦃2, 2, 3⦄이라고 표기하겠다. {2, 3}은 집합이지만, ⦃2, 3⦄은 같은 원소를 갖고 있지 않은 다중 집합임을 의미한다. (특수문자 ⦃, ⦄는 유니코드 문자로 "하얀 중괄호(white curly bracket)"라고 불린다.)

수학에서 다중 집합을 접해본 적은 거의 없을 것이다. 집합은 많이 들어봤어도 다중 집합은 한 번도 들어보지도 못했을 수도 있다. 집합은 가장 기초 수학부터 고급 수학까지 모든 수준에 중요한 역할을 하므로 수학자들에게는 다중 집합보다 집합이 훨씬 중요한 의미를 지닌다.

하지만 다중 집합 역시 수학에서 중요하게 사용할 수 있다. 예를 들어 한 숫자의 소인수는 집합이 아닌 다중 집합이다. 360에 대해서 생각해보자. 인수분해를 하면 알 수 있듯이 360은 2·2·2·3·3·5이고 소인수는 ⦃2, 2, 2, 3, 3, 5⦄라는 다중 집합이 된다.

또 다른 예로 대수 방정식의 근 역시 다중 집합이라고 할 수 있다. 간단한 방정식을 떠올려보자. $x^2-5x+6=0$은 $(x-2)(x-3)=0$과 같이 쓸 수 있고 따라서 근은 2와 3이 된다. 근의 정의에 따라서 이차 방정식은 언제나 두 개의 근을 갖지만 그 둘은 같을 수도 있다. 예를 들어 $x^2-4x+4=0$이라는 식은 $(x-2)(x-2)=0$로 쓰고 근은 다중 집합 ⦃2, 2⦄가 된다.

한 가게에 있는 서로 다른 종류의 아이템 모임을 떠올려보자. 명백하게 집합이라고 할 수 있다. 하지만 선반 전체에 있는 아이템 모임(즉, 재고)은 다중 집합이다. 재고 정리를 할 때는 서로 다른 아이템을 집합으로 묶고 각 아이템이 얼마나 많은지 세는 것이 가장 일반적인 방법이다.

사실 다중 집합을 바라보는 관점 중 하나는 원소로부터 각 원소 개수로의 매핑으로 바라보는 것이다. 예를 들어 다중 집합 ⦃2, 2, 2, 3, 3, 5⦄는 매핑 $\{2 \mapsto 3, 3 \mapsto 2, 5 \mapsto 1\}$로 취급할 수 있다. 그렇다면 함수 표기를 이용해서 다중 집합에서 값의 출현 횟수를 얻을 수 있다. 예를 들어 만약 앞의 다중 집합을 m이라고 한다면 m에 있는 3의 개수는 $m(3)$ 또는 2가 된다.

다중 집합에서 값의 출현 횟수를 반환하는 함수 *count*를 다음과 같이 정의하자. 다중 집합 m과 값 a에 대해서 만약 $a \in \mathbf{dom}\ m$이라면 $count(m, a)$는 $m(a)$가 되고 그렇지 않다면 0이다.[4]

함수 *count*를 이용해서 다중 집합의 다른 연산자들도 정의할 수 있다. 예를 들어 다중 집합의 합(sum) 연산은 ⊎이라고 쓰고 이를 통해 생성된 다중 집합은 피연산자로 취한 두 개의 다중 집합에 포함된 원소 개수의 합을 원소의 개수로 삼는다. 하지만 다중 집합의 합집합(union)은 다르다. 다중 집합의 합집합은 피연산자에 포함된 각 원소의 개수 중에서 최댓값을 해당 원소의 개수로 취한다. 다중 집합의 교집합(intersection)은 합집합과 반대로 최솟값을 취한다. 다른 말로 하자면 이 세 연산자는 다음과 같이 정의할 수 있다.

---

4 수학에서는 종종 "다중성(multiplicity)"이라는 용어를 "카운트(count)"를 대신해서 사용하기도 한다.

다중 집합 m과 n, 원소 a에 대해 다음이 성립한다.

$$count(m \uplus n, a) = count(m, a) + count(n, a)$$
$$count(m \cup n, a) = max(count(m, a), count(n, a))$$
$$count(m \cap n, a) = min(count(m, a), count(n, a))$$

파이썬에는 다중 집합을 구현하는 데 가장 흔하게 쓰이는 두 가지 방법이 있다. 하나는 값의 시퀀스(다중 집합이 변경되어야 할 필요가 있느냐에 따라서 튜플 또는 리스트)이고, 다른 하나는 값으로부터 개수로 매핑한 사전이다. 양쪽 모두 장단점이 있다.

시퀀스로 구현하면 원소들이 순서를 갖지만, 이때 순서는 중요하지 않다. 시퀀스는 같은 값을 중복해서 가질 수 있기 때문에 집합이 아닌 시퀀스로 취급하는 것뿐이다. 파이썬 내장 메서드인 count는 앞에서 정의한 함수 *count*와 역할이 같다. 만약 m이 시퀀스라면 m.count(a)는 m에 포함된 a의 개수를 반환한다. 파이썬에서 개수를 세려면 전체 시퀀스를 확인해야 한다. 따라서 m이 크다면 연산 시간이 길어질 수 있다. 다중 집합의 합은 간단히 시퀀스를 연결(concatenation)만 하면 된다. 하지만 다중 집합의 합집합과 교집합은 조금 더 많은 연산이 필요하다. 연습문제 14번을 참고하자.

대다수 프로그램에서 그렇듯 가장 일반적인 연산이 원소의 개수와 관련된 것이라면 사전으로 구현하는 것이 더 좋을 수 있다. a가 다중 집합 m에 포함된 것이 확실하다면 개수는 단지 m[a]가 되어 파이썬에서는 꽤 효율적으로 연산할 수 있다. 일반적으로 *count*는 함수로 프로그래밍해야 한다. 이때 파이썬에서는 이를 효율적으로 계산하는 간단한 함수로 작성할 수 있다.

```
def count(m,a):
    if a in m:
        return m[a]
    else:
        return 0
```

다중 집합의 합과 합집합, 교집합은 조금 더 많은 계산이 필요하다. 연습문제 15번을 참고하자.

단층 파일에 포함된 줄의 다중 집합을 생성하기는 쉽다. 튜플로 구현하려면 8.4절의 tupleOfValues를 사용하면 된다. 리스트로 구현할 때도 마찬가지다. 사전으로 구현하고 싶다면 streamOfValues를 이용하여 다음과 같이 처리할 수 있다.

```
def multisetOfValues(fileName):
    m = {}
    for a in streamOfValues(fileName):
        if a in m:
            m[a] += 1
        else:
            m[a] = 1
    return m
```

파이썬으로 프로그래밍하는 데 필요한 다른 다중 집합 연산들은 이 책에서 살펴본 코드에서 조금씩 변화한 것들이다. 예를 들어 **예제 1-3**의 프로그램과 같이 파일에 포함된 줄을 정수 값으로 다루고자 한다면 다음 함수를 통해 해당 값들을 다중 집합으로 생성할 수 있다.

```
def multisetOfintegers(fileName):
    m = {}
    for a in streamOfValues(fileName):
        n = int(a)
        if n in m:
            m[n] += 1
        else:
            m[n] = 1
    return m
```

이제 다른 변형된 파일에서 값을 불러들여 다중 집합을 생성하는 함수나 파일에 있는 줄의 특정 필드에 속한 값으로 다중 집합을 생성하는 함수 등도 쉽게 구현할 수 있을 것이다.

이들 함수에서 if-문은 공통된 코드 패턴이므로 그 자체를 함수로서 패키징하면 많은 다른 프로그램에서도 유용하게 쓸 수 있다.

```
# tally(m,x):
#    add 1 to the count of value x in multiset m

def tally(m,x):
   if x in m:
      m[x] += 1
   else:
      m[x] = 1
```

보통 프로그램에서 다중 집합을 카운터의 집합으로 사용하는 경우에 다중 집합에 대한 주요 연산 두 가지는 방금 정의한 함수 tally와 count이다.

다중 집합을 카운터의 집합으로 사용한 간단한 예를 살펴보자. 8.4절에서 사용했던 students라는 파일을 사용한다고 가정하자. 이 프로그램은 파일에 표시된 각 전공을 선택한 학생 수를 표로 만들어서 출력한다. **예제 8-2**에 있는 함수 streamOfTuples와 앞선 함수 tally를 사용하면 다음과 같이 쉽게 처리할 수 있다.

예제 9-3 각 전공 분야의 학생의 수

```
counts = {}

for (name,major) in streamOfTuples("students"):
   tally(counts,major)      # use major, ignore name

for major in counts:
   print major + ": " + counts[major]
```

이 장에서 소개한 용어

- 매플릿(maplet)
- 치역(range)
- 정의역 제한(domain restriction)
- 재정의(override)
- 매핑의 거듭제곱(powers of a mapping)
- 사전 내장(dictionary comprehension)
- 메모이제이션(memoization)
- 정의역(domain)
- 커리 함수(curried function)
- 재정의 합집합(overriding union)
- 합성(composition)
- 사전 표시(dictionary display)
- 키(key)
- 다중 집합의 합과 합집합, 교집합(multiset sum, union, intersection)

연습문제

1 다음과 같은 파이썬 함수를 생각해보자.

```
def p(x,y):
    return x*y
```

이 함수에서 p의 정의역은 정수 쌍인지 부동 소수점 숫자 쌍인지 또는 다른 어떤 쌍인지 알 수 없다. 이 상태에서 p의 정의역은 무엇인가?

2 연산자 ⊕가 결합법칙이 성립함을 예를 들어서 설명해보자. 그리고 임의의 매핑 f, g, h에 대해서 $(f \oplus g) \oplus h = f \oplus (g \oplus h)$가 성립하는지 설명해보자. 원한다면 그림으로 설명해도 좋고 할 수 있다면 수학적으로 증명해도 좋다.

3 c와 d라는 매핑을 생각해보자. 어떤 조건이 되어야 매핑 c와 d에 대해서 $c \oplus d = d \oplus c$가 성립하는가?

4 단일 인수 함수 두 개를 합성하여 하나의 단일 인수 함수로 반환하는 파이썬의 고계 함수를 작성해보자.

5 사전 두 개를 합성하여 사전 하나로 반환하는 파이썬 함수를 작성해보자.

6 만약 f가 함수라면 f^0이라는 표기법이 의미가 있는가? 만약 그렇다면 f^0의 의미는 무엇인가?

7 f^3을 $f \circ f \circ f$라고 정의할 때 괄호를 사용하지 않았다. 이 정의가 올바른가? 함수의 합성은 결합법칙이 성립하는가? 항등원을 갖고 있는가? 만약 그렇다면 항등원은 무엇인가? 함수의 합성은 또 다른 모노이드인가?

8 이차원 배열은 파이썬에서 두 종류의 사전으로 구현할 수 있다. 바로 순서쌍을 키로 갖는 하나의 사전 또는 사전의 사전이다. 어떤 구조가 나을까? 파이썬 인터프리터가 더 효과적으로 처리할 수 있는 표현은 무엇일까? 각 구조를 만들어 실험해보자. 파이썬 인터프리터가 각 구조에 속한 모든 구성 요소에 접근하는 데 시간이 얼마나 걸리는가(예를 들어 모든 구성 요소를 0으로 설정해보자)?

특정 프로그램에서 어떤 표현을 사용할 것인지 처리 속도 외에 고민해야 하는 부분들을 생각해보자.

9 9.3절의 프로그램에 있는 함수 `wordsAndLineNumbers`를 다시 살펴보자. 이 코드가 두 개의 시퀀스를 하나로 묶는다는 것을 떠올릴 수 있는가(7.5절)? 함수 `zip`을 이용해서 함수 `wordsAndLineNumbers`를 다시 작성해보자. 새로운 버전이 더 효율적이라고 할 수 있는가?

10 문서에서 대소문자를 구분하지 않고 단어를 찾을 수 있도록 9.3절의 프로그램을 수정해보자. 예를 들어 앞서 주어진 파일에서 `targets`에 있는 `"hut"`을 검색할 때 `document`의 세 번째 줄에 있는 `"hut"`뿐만 아니라 네 번째 줄의 `"Hut"`도 검색되게 해보자. (힌트: 도움이 될 만한 함수를 파이썬 문서에서 찾아보자)

11 9.4절의 함수 nearest에서 float("Infinity")를 누적 최솟값을 계산하는 초깃값으로 사용했다. float("Infinity")가 파이썬 부동 소수점 숫자의 최솟값을 구하는 함수(6.2절)에 대한 모노이드의 항등원인 것이 우연인가? 누적 최댓값 계산에는 어떤 초깃값을 사용할 수 있는가? 다른 모노이드의 비슷한 연산을 떠올릴 수 있는가? 그러한 연산이 "대"연산자나 6.4절의 함수 reduce와는 어떤 관계인가? 반복 대신 reduce를 이용해서 함수 nearest를 다시 작성할 수 있는가?

12 함수 fib를 여러 버전으로 실험해보자. 메모이제이션 재귀 버전은 반복 버전보다 더 효율적이라고 할 수 있는가? 메모이제이션 버전이 저장된 값을 사용할 수 있도록 다양한 인수 값을 이용해서 호출하여 각 버전을 실행해보자.

메모이제이션을 사용하지 않는 재귀 버전은 n 값이 클 때 다른 두 버전보다 훨씬 느려짐을 알 수 있다. 메모이제이션을 사용하지 않는 재귀 버전이 실행할 수 없는 수준으로 느려지려면 얼마나 큰 n 값을 사용해야 하는지 실험해보자.

13 다른 함수에도 메모이제이션을 적용해보고 이 새로운 버전이 이전보다 더 효율적인지 생각해보자. 9.4절의 nearest와 4.2절의 factorial, 8장 연습문제 2번의 isPrime에 대해서 적용해보자. 그리고 다시 다양한 인수 값을 이용해서 이들 함수의 각 버전을 실행해보자.

14 다중 집합이 리스트로 구현되어 있다고 가정하고 다중 집합 합집합과 교집합 연산을 파이썬 함수로 작성해보자.

15 다중 집합이 사전으로 구현되어 있다고 가정하고 다중 집합의 합과 합집합, 교집합 연산을 파이썬 함수로 작성해보자. 함수가 반환하는 사전에는 0으로 매핑하는 키는 포함하지 않는다.

10장

관계

1 수학적 용어와 표기법

1.3절에서 관계(relations)를 순서쌍의 집합이라 설명했다. 하지만 5.3절에서는 더 일반적으로 수학에서 관계란 임의의 n에 대한 n-튜플의 집합이라고 했다.

순서쌍의 집합인 관계를 이항 관계(binary relation)라고 부른다. 이항 관계보다 더 큰 n에 대한 n-튜플의 집합인 관계도 부르는 이름이 있다. 3-튜플은 3항 관계(ternary relation), 4-튜플은 4항 관계(quaternary relation)라고 부른다. 일반적으로 n항 관계(n-ary relation)라는 용어를 사용한다. n-튜플과 마찬가지로 특정 숫자로 n을 대체할 수 있다. 9.2절의 파일 `populations`는 개념적으로 3항 관계를 갖고 있다. 각각이 도시, 또 다른 도시 그리고 그 도시들 사이의 거리라는 세 가지 원소를 지닌 집합인 3항 관계다.

만약 n-튜플이 관계에 속한다면 n-튜플의 원소들을 묶는 관계를 함축하고 있다고 해석할 수 있다. 예를 들어 **예제 1-2**에서 파일 `emails`의 데이터로 정의된 관계를 생각해보자. 이를 관계 E라고 하면 $(x, e) \in E$는 x라는 사람이 이메일 주소 e를 갖고 있다는 의미가 된다.

수학에서는 이항 관계를 이항 연산자로 표시하기도 한다. 예를 들어 만약 $(x, e) \in E$일 때 $x\,E\,e$라고 쓸 수도 있다. 반대로 True와 False 값을 산출하는 이항 연산자인 부울 연산자는 이항 관계를 정의한다. 예를 들어 수학에서 연산자 "="는 논의 영역 내에 있는 모든 a에 대해서 (a, a)를 포함하는 관계를 정의한다(만약 논의 영역이 무한하다면 관계는 무한 집합이 된다. 즉, 관계는 무한할 수 있다). 심지어 $(a, a) \in =$ 같이 관계의 이름으로 연산자를 사용할 수도 있다.

일반적으로 n항 관계는 "술어(predicate)"를 정의한다.[1] 술어란 만약 어떤 n-튜플이 관계에 속한다면 True고 그렇지 않다면 False인 명령문이다. 또는 반대로 이러한 명령문이 관

1 predicate는 수학의 기호 논리학에서 사용하는 용어다. 보통 술어 논리(*predicate logic*)라고 말하므로 이 책에서는 '술어'라는 용어를 사용했다. 컴퓨터 과학에서는 어떤 개체를 받아 True 또는 False 값을 반환하므로 일부 컴퓨터 책에서는 '판단자' 또는 '조건자'라고도 한다 — 옮긴이주.

계를 정의하기도 한다. 종종 함수 표기법을 술어로 사용하기도 한다. 예를 들어 만약 P가 3항 관계고 $(a, b, c) \in P$가 성립한다면 $P(a, b, c)$는 True 값을 갖는다. 비슷하게 만약 $(a, b, c) \notin P$라면 $P(a, b, c)$는 False 값을 갖는다.

관계나 연산자 또는 술어에 대해서 한 문자나 기호가 아닌 긴 이름을 사용하는 경우가 많다. 수학자와 컴퓨터 과학자는 이런 표기법을 비교적 자유롭게 선택할 수 있다. 예를 들어 "=" 대신 "*equals*"라고 할 수도 있고 **예제 1-2**의 관계를 "*hasEmail*"이라고 할 수도 있다. 그리고 종종 이런 관계나 연산자, 술어의 표기법을 서로 섞어서 사용하기 때문에 다음 표에서 볼 수 있듯이 같은 행에 있는 표현은 모두 같은 의미가 있다고 할 수 있다.

관계(relation)	연산자(operator)	술어(predicate)
$(x, e) \in E$	$x\ E\ e$	$E(x, e)$
$(a, b) \in =$	$a = b$	$=(a, b)$
$(a, b, c) \in P$		$P(a, b, c)$
$(a, b) \in equals$	$a\ equals\ b$	$equals(a, b)$
$(x, e) \in hasEmail$	$x\ hasEmail\ e$	$hasEmail(x, e)$

1항 관계(원소가 하나인 튜플로 구성된 집합)는 거의 사용하지 않지만, 인수가 하나인 술어는 수학에서 일반적이다. 우리는 이런 술어를 하나의 값이 가질 수 있는 하나의 속성으로 해석한다. 따라서 술어는 관계라기보다는 집합을 정의하게 된다. 인수가 하나인 술어 P는 $P(a)$가 참인 모든 것들의 집합을 의미한다. 8.1절에서 다뤘던 예제를 이용하여 $smallOdd(n)$이 "$0 < n < 100$이고 n은 홀수"를 표현한다고 가정해보자. 그렇다면 술어 $smallOdd$는 이 속성에 부합하는 숫자들의 집합을 정의한다. 즉, $\{n \mid smallOdd(n)\}$을 정의하게 된다.

n-튜플로 구성된 관계 R에서 n-튜플의 원소가 같은 집합 A의 모든 구성원일 때 R은 A에 대한 관계라고 말한다. 이러한 집합은 관계에서 중요한 속성이다. 예를 들어 수학과 컴퓨터 과학에서 중요한 많은 이항 관계는 이항 연산자로 표기한다. 하지만 이항 연산자가 다중 정의되어 있다고 하자. 이때 다루려는 관계가 무엇인지 알려면 관계가 성립하는 해

당 집합을 알아야만 한다. 즉, 정수에 대한 관계 "〈"은 실수에 대한 관계 "〈"와는 서로 다르다. 이 둘은 완전히 다른 순서쌍의 집합이기 때문이다.

집합이 명시적으로 주어지든 그렇지 않든 간에 모든 관계는 항상 어떠한 집합에 대한 것이라는 점을 주목하자. 집합이 명시적으로 주어지지 않았다면 "~에 대한"이라는 정의를 만족하는 가장 작은 집합이 암묵적으로 관계에 속한 n-튜플로 정의된다. 만약 관계는 주어졌으나 집합이 주어지지 않고 또한 관계가 유한하고 작다면 관계로부터 해당 집합을 찾아낼 수 있다.

수학자들은 일부 이항 관계가 가진 많은 속성을 알아냈다. 가령 쌍 (a, b)가 R에 속할 때 (b, a) 역시 항상 R에 속한다면 이항 관계 R은 대칭(symmetric)이다. 예를 들어 정수에 대한 관계 "="은 $a=b$라면 $b=a$도 성립하기 때문에 대칭이다.

반면에 쌍 (a, b)가 R에 속할 때 (b, a)는 R에 속하지 않는다면 이항 관계 R은 반대칭(antisymmetric)이다. 예를 들어 정수에 대한 관계 "〈"은 반대칭이다. 하지만 (b, a)가 R에 속해 있지 않다는 사실로부터 (a, b)가 R에 속한다는 결론을 내릴 수는 없다. 예를 들어 관계 "〈"과 쌍 (3, 3)을 생각해보자.

만약 $(a, b) \in R$이고 $(b, c) \in R$이면 $(a, c) \in R$이 성립할 때 이항 관계 R은 추이적(transitive)이다. 정수에 대한 관계 "="와 "〈" 역시 추이적이다.

만약 R이 집합 A에 대한 관계일 때 모든 $a \in A$에 대해서 $(a, a) \in R$이 성립한다면 R은 반사적(reflexive)이다. 예를 들어 정수에 대한 관계 "="은 반사적이지만 "〈"는 그렇지 않다.

대칭이고 추이적이고 반사적인 이항 관계는 동치 관계(equivalence relation)라고 부른다. 예를 들어 정수에 대한 관계 "="는 동치 관계다. 사람들의 쌍에 대한 "같은 해에 태어난 사람들" 역시 동치 관계다.

집합 A에 대한 동치 관계 R이 A에 대한 분할(partition)을 정의한다는 것은 쉽게 알 수 있다. 여기서 분할이란 A의 부분집합들로 된 집합을 말한다. 이때 A의 모든 원소가 빠짐없이 어떤 부분집합에 속해야 하고 또한 어떤 원소도 하나가 넘는 부분집합에 속해서는 안 된다. 관계 R은 집합 A를 원소들의 부분집합으로 분할하는데, 이때 원소들은 관계 R이 서로 동치라고 정의할 수 있어야 한다.

모든 $a \in A$에 대해서 (a, a)로만 구성된 관계는 A에 대한 항등원 관계(identity relation)라 부르고 I_A라고 쓰기도 한다. 이 관계는 매핑임에 주목하자. 따라서 이는 A에 대한 항등원 매핑(identity mapping) 또는 항등원 함수(identity function)라고 부를 수도 있다.

이항 관계의 합성은 매핑의 합성처럼 정의된다(9.1절). 두 개의 관계 R과 S에 대해서 다음과 같이 정의한다.

$$S \circ R = \{(a, c) \mid (a, b) \in R \text{ 그리고 } (b, c) \in S\}$$

이항 관계의 거듭제곱 역시 매핑으로 정의한다. 관계 R에 대해서 $R \circ R$은 R^2이라고 쓰고, $R \circ R \circ R$은 R^3이라고 쓴다. R^0은 모든 $(a, b) \in R$에 대해서 모든 (a, a)와 (b, b)의 집합으로 정의한다. 즉, R^0은 R이 정의된 가장 작은 A에 대해서 I_A라고 할 수 있다. R^1은 당연히 R이라고 정의할 수 있다.

2 프로그램에서 표현

프로그램에서는 다양한 관계들을 표현하고 계산한다. 관계를 구현하는 데 있어 프로그래머는 매핑이나 다중 집합을 구현하면서 같은 선택들에 수없이 직면한다. 자료구조나 연산 또는 이 둘의 적절한 조합 중에 어떤 형태로 표현할 것인가? 자료구조라면 어떤 종류를 사용할 것인가?

파이썬에서 관계를 표현하는 가장 명백한 방법은 "관계"의 정의가 의미하는 바를 튜플의 집합으로 나타내는 것이나. 이러한 표현 방법은 관계에 속한 튜플을 반복하거나 주어진 튜플 값이 관계에 속하는지 확인하는 것과 같은 몇 가지 연산을 편하게 적용할 수 있다는 장점을 갖고 있다.

하지만 상황에 따라 또 다른 표현이 더욱 편리할 수 있다. 예를 들어 쌍 (a, b)를 포함하는 이항 관계를 생각해보자. 프로그램에서 가장 많이 사용하는 연산은 주어진 a 값과 관련된

b 값들을 찾는 것이다. 이럴 때는 관계를 매핑(a 값을 b 값들의 집합으로 매핑하는)으로 표현하는 것이 편리하다. 반면에 이렇게 표현하면 b 값이 주어질 때 관련된 a 값을 찾기는 쉽지 않다. 물론 이런 연산도 필요하다면 말이다.

때로는 연산이 자료구조보다 관계를 더 잘 표현하기도 한다(9.4절). 연산으로 구현하는 가장 명백한 방법은 다음과 같은 두 가지가 있다.

- **관계에 속한 튜플을 열거하는 코드** 파이썬에는 발생자 함수나 발생자 표현식과 같은 것이 있다. 상황에 따라 프로그램에서 모든 튜플의 스트림(또는 다른 시퀀스)이 필요할 때도 있다. 또한, 열거형이 무한하거나 매우 크더라도 프로그램에서 단지 관계의 튜플 일부만 필요할 수도 있고 시퀀스의 앞부분만을 취할 수도 있다. 하지만 보통 이런 방식으로 열거형을 표현하는 것은 비효율적이다.
- **술어, 즉 부울 값을 반환하는 함수** 이러한 함수는 n개의 인수나 n개 값을 가진 튜플을 받아서 해당하는 n-튜플이 관계에 속하느냐를 바탕으로 True나 False 값을 반환한다. 이 함수는 이러한 여부를 판단하는 데 필요한 어떤 연산이라도 수행할 수 있다.

매핑과 마찬가지로 일부는 자료구조에 접근하고, 일부는 연산으로 술어를 프로그래밍하는 것이 유리할 수 있다. 예를 들어 그런 연산을 메모이제이션으로 수행할 수 있다.

또는 이전 절에서 정의한 것과 같은 관계의 특별한 속성을 활용하여 어떤 튜플이 자료구조에 저장되어 있지 않더라도 관계에 속한다는 것을 추론할 수 있다. 예를 들어 관계 r이 대칭이라고 가정해보자. 파이썬의 집합 rStored(보통 데이터 파일에서)를 쌍 (a,b)를 포함하는 한쪽 방향으로만 생성하고, 다른 방향에 해당하는 쌍 (b,a)는 포함하지 않는다. 그러고 나서 다음과 같은 프로그램 논리를 바탕으로 rStored를 확장하여 r을 정의하는 술어를 구현할 수 있다.

```
# predicate r(a,b):
#     대칭 관계인 r에 쌍 (a,b)가 속하는가?

def r(a, b):
   if (a,b) in rStored:
      return True
   elif (b,a) in rStored:
      return True
```

```
    else:
        return False
```

또는 간단하게 다음과 같이 작성할 수도 있다.

```
# predicate r(a,b):
#     대칭 관계인 r에 쌍 (a,b)가 속하는가?

def r(a,b):
    return (a,b) in rStored or (b,a) in rStored
```

이 방법으로 저장해야 하는 데이터양을 반으로 줄일 수 있다. 이와 마찬가지로 관계가 반사적일 때도 관계가 정의된 집합에 있는 모든 a에 대한 모든 쌍 (a,a)를 저장해야 할 필요가 없을 수도 있다. 해당 집합에 포함된 값들의 쌍에 대한 술어만을 호출하는 상황에서는 다음과 같이 술어를 구현할 수도 있다.

```
# predicate r(a,b):
#     반사적 관계인 r에 쌍 (a,b)가 속하는가?

def r(a,b):
    return a == b or (a,b) in rStored
```

이항 관계는 아니지만 다른 의미로 대칭이거나 반사적인 관계에도 비슷한 방법을 사용할 수 있다. 예를 들어 9.4절에서 다뤘던 두 도시 사이 거리를 계산하는 예제를 돌아보자. 이 예제의 데이터를 두 개의 도시와 두 도시 사이 거리로 표현하는 3항 관계로 취급할 수 있다. 도시 사이의 길은 대부분 양방향이기 때문에 어떤 두 도시 간 거리는 양방향으로 똑같다. 따라서 이 경우에 관계는 대칭적이라고 할 수 있다. 그리고 한 도시에서 같은 도시 자체로의 거리는 0으로 취급할 수 있으므로 반사적인 속성도 갖고 있다.

이 가정을 바탕으로 서로 다른 도시 사이 거리가 한 방향뿐인 사전의 사전 distanceStored를 생성하고 거리 함수를 **예제 10-1**과 같이 작성할 수 있다. 이렇게 구현하면 계산 시간이 증가하고 코드가 복잡해지는 단점은 있지만 저장하는 데이터를 줄일 수 있고 데이터를 생성하는 데 필요한 작업도 줄일 수 있다. 이러한 상충 관계에 대한 고민과 타협은 소프트웨어를 설계하면서 항상 생각해야 하는 부분이다.

예제 | 10-1 대칭성과 반사성을 이용한 거리 계산

```
def distance(city,otherCity):
   if city == otherCity:
      return 0.0
   elif city in distanceStored and \
         otherCity in distanceStored[city]:
      return distanceStored[city][otherCity]
   elif otherCity in distanceStored and \
         city in distanceStored[otherCity]:
      return distanceStored[otherCity][city]
   else
      return float("Infinity")
           # 데이터가 없으면 연결된 도로가 없다.
```


추이적인 관계는 이보다 다루기가 더 어려울 뿐만 아니라 이와 비슷한 접근 방법을 적용할 수도 없다. rStored 쌍의 집합에 있는 최소한의 데이터를 바탕으로 추이적 관계에 대한 술어 r을 작성하고 싶다고 가정하자. 어떤 b에 대해 rStored에 쌍 (a,b)와 (b,c)가 존재하면 쌍 (a,c)에 대해 True를 반환해야 한다. 그렇다면 이때 b를 어떻게 찾아야 할까? 게다가 어떤 b와 c에 대해서 rStored에 쌍 (a,b), (b,c), (c,d)가 존재하면 쌍 (a,d)가 True를 반환해야 한다. 또한, 그 이상의 값들이 연쇄적으로 rStored에 존재할 때도 같은 논리가 성립해야 한다. 이처럼 어려운 문제를 해결하는 방법은 10.4절에서 살펴보기로 하자.

3 그래프

수학에서 그래프는 점이나 다른 객체 사이의 연결 관계를 나타내는 다이어그램이거나 이를 표현하는 수학적 객체다. 보통 "그래프(graph)"라고 하면 **그림 1-1**과 같은 데이터의 도표를 떠올린다(29p 참고). 하지만 수학에서 그래프라는 용어는 더 전문적인 의미가 있다.

다음은 다이어그램으로 나타낸 그래프의 예다.

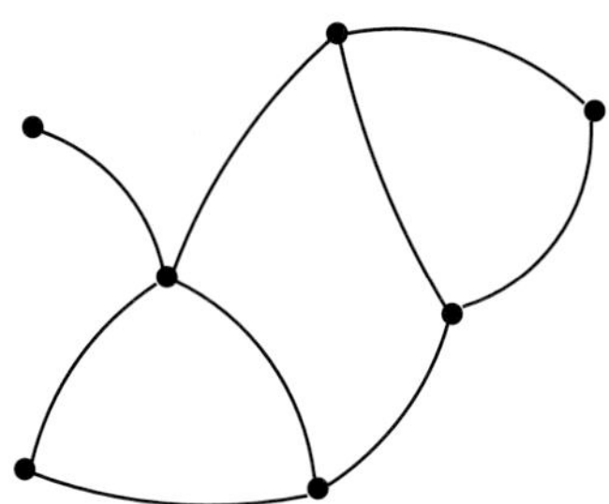

수학적 객체로서 그래프는 보통 순서쌍 (V, E)로 정의한다. 이때 V는 정점(vertices, 점 또는 객체)의 집합이고 E는 간선(edge, 링크)의 집합이다. 이러한 기초적 정의로부터 V와 E를 정의하는 방법에 따라 다양한 그래프가 있다. 사람마다 각기 다른 정의와 용어를 사용하여 각기 다른 속성을 갖는 그래프를 정의할 수 있다.[2] 여기서 살펴볼 모든 정의는 이 책 전반에 걸쳐서 이야기하는 이산 수학의 다양한 구조를 사용한다. 그리고 정의 안에서 무엇을 표현하느냐에 따라 다른 방법으로 이런 구조들을 조합하는 법도 살펴본다.

무향(undirected) 그래프의 간선은 방향을 갖고 있지 않아서 앞선 예에서와같이 단지 두 정점을 연결하는 줄과 같다. 유향(directed) 그래프의 각 간선은 방향을 가지며 다음과 예와 같이 하나의 정점에서 또 다른 정점을 향하는 화살표와 같다. 유향 그래프에서 간선은 "유향 간선(directed edge)" 또는 "호(arc)"라고 부른다.

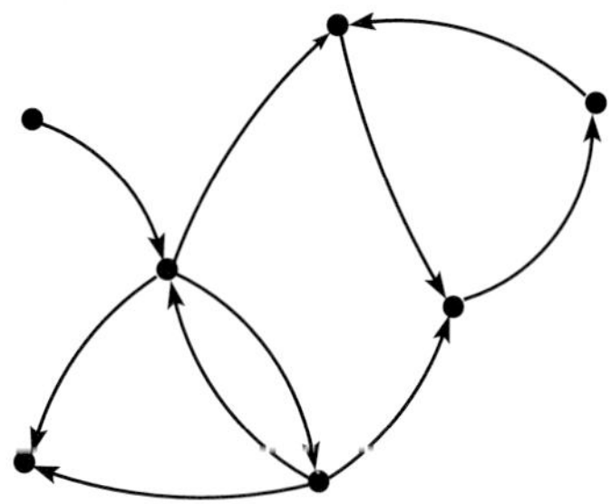

그래프 종류와는 상관없이 하나의 정점과 그 정점 자체를 다시 연결하는 간선을 루프

2 따라서 항상 무엇을 읽든지 정의를 주의 깊게 살펴야 한다.

(loop)라고 부른다. 이전 두 그래프에는 루프가 없지만, 다음 그래프에는 하나의 루프가 있다.

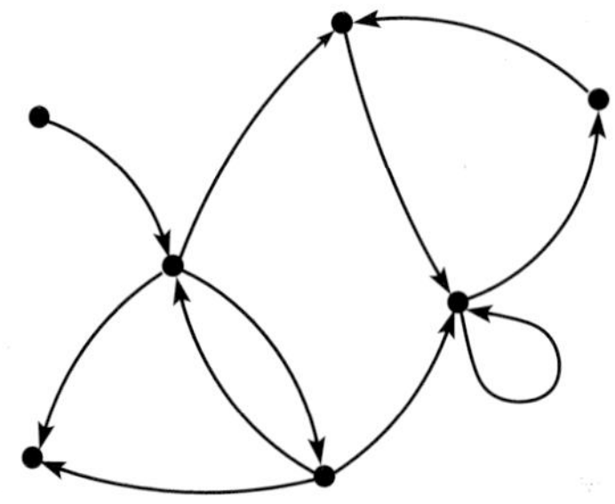

유향 그래프를 정의하는 한 가지 방법에 따르면 E는 정점(V의 원소)의 순서쌍들로 이뤄진 집합이다. 무향 그래프를 정의하는 한 가지 방법에 따르면 E는 정점의 순서가 중요하지 않으므로 정점 두 개를 원소로 갖는 집합들로 이뤄진 집합이다.

하지만 후자의 정의에 따르면 무향 그래프는 루프를 갖고 있을 수 없다는 점을 생각해보아야 한다. 한 집합이 같은 원소 두 개를 갖고 있을 수는 없다. 따라서 그래프가 루프를 가지도록 정의하고 싶다면 간선은 집합이 아닌 두 개의 원소를 가진 다중 집합이 되어야 한다.

지금까지 설명한 내용에서는 그래프의 간선이 정점 두 개와 연결되었다는 사실만을 나타낸다. 하지만 때로 그래프는 정점 쌍에 연결 관계가 하나 이상 있다는 사실도 표현할 수 있어야 한다(이를 다중 간선이라고 한다.). 예를 들어 인터넷을 그래프로 표현한다고 생각해보자. 정점은 수많은 컴퓨터와 웹사이트가 될 것이고 간선들은(보통 방향성이 없는) 물리적 또는 가상으로 연결된 통신선이 될 것이다. 인터넷은 용량과 안정성을 높이고자 사이트의 쌍을 다중 링크로 구성하기도 한다. 따라서 메시지나 패킷의 전달을 표현하는 그래프에는 다중 링크를 표현할 다중 간선이 있어야 한다.

E를 간선의 집합으로 만드는 지금까지 살펴본 그래프(유향이든 무향이든)의 정의는 다중 간선을 허용하지 않는다. 하나의 해결책은 E를 집합으로 정의하지 않고, 다중집합으로 정의하는 것이다. 이때 다중 집합은 정점의 쌍이나 집합 혹은 다중 집합으로 이뤄진다.

일부 수학자들은 유향 그래프를 4-튜플(V, E, *head*, *tail*)으로 정의하기도 한다. V와 E

는 추상적인 객체의 집합이고 시작(head)과 끝(tail)은 간선으로부터 정점으로의 매핑이다. 무향 그래프는 간선으로부터 원소가 두 개인 정점의 집합 또는 다중 집합으로 하나의 매핑을 갖는다. 따라서 이러한 정의에서는 다중 간선을 허용한다. 왜냐하면 E의 어떠한 두 원소는 같은 정점들을 갖더라도 정의에 따라 다르기 때문이다.

이러한 모든 정의에서는 그래프에서 정점의 부분집합 사이를 연결하는 간선이 없어도 상관없다는 점에 주목하자. 어디에도 이러한 구성을 제한하는 정의는 없다. 실제로 그래프에는 다른 어느 부분과도 연결되지 않는 독립적인 정점이 존재할 수도 있다.

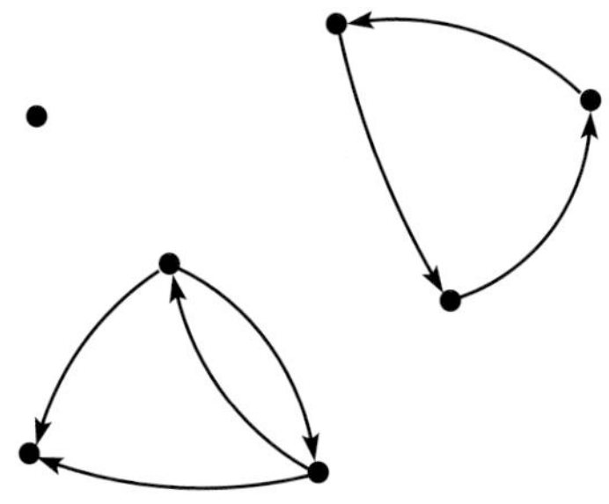

수학이나 컴퓨터 관련 서적에는 그래프의 정의와 용어가 제대로 통일되어 있지 않다. 많은 수학책에서 "그래프"는 루프나 다중 간선을 포함하지 않는 무향 그래프를 의미한다. "유향 그래프" 또는 "무향 그래프"라는 용어를 사용하더라도 여전히 루프나 다중 간선이 없는 그래프를 언급하는 경우가 많다. 대부분 수학 책들에서 명시적으로 밝히지는 않지만, 실제로는 수학 책들의 정의에 이러한 사실을 내포하고 있다. 만약 이런 책들에서 루프나 다중 간선을 포함하는 그래프를 논의한다면 "다중 그래프(multigraph)"와 같은 다른 이름으로 표현한다.

반면에 "그래프"라는 용어가 루프나 다중 간선을 허용하도록 정의하기도 한다. 이럴 때는 두 가지 모두에 해당하지 않을 때 "단순 그래프(simple graph)"라는 용어를 사용하기도 한다.

정의와 용어가 명확하게 통일되지 않아서 프로그래머와 컴퓨터 과학자들이 알고리즘을 작성할 때 혼란스러워하거나 실수를 하기도 한다. 예를 들어 어떤 프로그래머는 "그래프"의 단순한 정의만 알고 있어서 루프 또는 다중 간선을 사용해야 하는 상황에도 그렇지 않은 그래프의 정의에 기대어 프로그래밍을 구성할 수도 있다. 이런 실수를 저지르지 않도록 주의해야 한다.

그래프와 이항 관계는 밀접하게 관련된다. 사실, 그래프와 이항 관계를 같은 정보를 표현하는 두 가지 다른 방법으로 볼 수 있다. 유향 그래프 (V, E)는 E가 간선 (a, b)를 포함하고 있을 때 순서쌍 (a, b)를 포함하는 V에 대한 이항 관계를 정의한다. 이를 그래프의 인접 관계(adjacency relation)라고 부른다. 이와 반대로 이항 관계는 순서쌍 (a, b)가 관계에 포함되어 있을 때 간선 (a, b)를 포함하는 유향 그래프를 정의한다. 이를 관계의 그래프라고 부른다. 비슷하게 무향 그래프는 대칭 관계를 정의하고 대칭 관계는 무향 그래프를 정의한다. 하지만 이러한 관계 중 어느 것도 해당 그래프에 나타날 수 있는 다중 간선을 표현하지는 못한다는 점에 주의하자.

프로그램에서 다중 간선이 없는 유향 그래프의 간선 집합은 앞선 절에서 설명한 것과 같은 이항 관계로 표현할 수 있으며 이 같은 사항을 고려해서 설계해야 할 수 있다. 만약 그래프가 다중 간선을 포함한다면 이항 관계를 대신해서 순서쌍의 다중 집합으로 비슷하게 표현할 수 있다. 또한, 무향 그래프라면 대칭적 유향 그래프처럼 표현할 수 있다(즉, 무향 그래프의 각 간선에 대해 양방향으로 모두 간선이 있는 대칭적인 유향 그래프). 그래프에 대한 특정한 계산을 수행하는 데 유용한 다른 표현들도 있으며, 이는 다음 절에서 살펴본다. 그리고 11.6절에서는 지금까지와는 꽤 다른 표현을 살펴볼 것이다.

그래프를 확장하여 추가 정보를 포함할 수 있다. 예를 들어 레이블 그래프(labeled graph)는 정점이나 간선 또는 두 가지 모두에 이름이나 번호와 같은 식별자를 붙인 그래프를 의미한다. 지도를 표시하는 그래프에는 정점에 도시 이름, 간선에는 거리 이름이 붙을 수 있다.

레이블이 있는 간선을 가진 유향 그래프에서 간선은 두 개의 정점과 한 개의 레이블로 된 세 쌍으로 정의할 수 있다. 만약 모든 간선이 서로 다른 레이블을 갖고 있다면 다중 간선의 문제점은 쉽게 해결할 수 있다. 간선의 모임인 E를 다시 집합으로 정의할 수 있고, 두 개의 정점 사이에 있는 다중 간선은 레이블로 구별되므로 집합에서 서로 다른 구성원이 된다. 레이블이 있는 간선을 가진 무향 그래프에도 비슷하게 적용할 수 있다. 또한 그래프에서 모든 정점에 서로 다른 레이블이 있다면 프로그램에서 각 정점을 해당 레이블로 편리하게 표현할 수 있다.

가중치 그래프(weighted graph)는 각 간선에 "가중치(weight)"라는 숫자가 관련된 그래프를 의미한다. 이 가중치가 갖는 의미는 그래프의 표현에 따라서 달라진다. 예를 들어 정점이 도시를 의미하는 가중치 그래프라면 간선의 가중치는 9.4절의 예제와 같이 두 도시 사이의 거리가 될 수도 있고 혹은 기차나 비행기를 이용한 이동 시간이 될 수도 있다. **예제 10-1**에 있는 사전의 사전은 프로그램에서 가중치 그래프를 정의하고 표현하는 방법을 보여준다. 이때 간선으로부터 가중치로의 매핑을 이용한다. 이 예제에서는 간선이 정점의 쌍이고 다중 간선은 존재하지 않는다. 이런 경우라면 그래프를 세 쌍으로 된 집합으로 표현할 수도 있다. 이때 각각의 세 쌍은 두 개의 정점과 하나의 가중치로 이뤄진다. 하지만 다중 간선이 있다면 모든 가중치가 다르다고 말할 수 있는 근거가 없으므로 이러한 표현은 적용할 수 없다.

하나의 그래프가 레이블과 가중치를 동시에 갖고 있을 수도 있다. 계산 문제에서 그래프에 레이블이나 가중치 또는 두 가지 모두를 사용하는 것은 흔한 일이다.

4 경로와 추이적 닫힘

컴퓨터 계산에서 그래프(유향이든 무향이든)에 가장 많이 사용하는 연산 중 하나는 바로 하나의 정점에서 다른 하나로 경로(path)를 찾는 것이다. 그래프의 각 정점에서 다음 정점으로 간선이 있다면 그래프에 속한 경로를 정점의 시퀀스로 정의할 수 있다. 즉, 두 개의 정점 a와 b 사이의 경로는 a에서 시작해서 b로 끝나는 경로로 정의할 수 있다. 또는 다른 방법으로 경로를 간선의 시퀀스로 정의할 수도 있다. 이 책에서는 대부분 이 정의를 사용할 것이다. 또한, 정점이 자신 스스로와 연결하는 길이가 0인 경로, 즉 간선의 빈 시퀀스가 있다고 할 것이다. 물론 모든 수학자가 비어 있는 경로라는 개념에 동의하지 않을 수도 있지만, 빈 시퀀스라는 개념을 받아들인다면 비어 있는 경로라는 개념 역시 받아들일 수 있다. 그리고 컴퓨터 알고리즘에서 예외 경우가 생기는 것을 피하기 위해서라도 모든 경우를 일반화를 하는 것은 중요하다.

많은 프로그램에서 다음과 같은 질문의 답을 계산해야 할 경우가 있다.

- 그래프와 그래프에 있는 정점 a와 b가 주어졌을 때 a로부터 b로 경로가 존재하는가?
- 만약 그렇다면 가장 적은 간선을 지나는 최단 경로의 길이는 얼마인가?
- 만약 그래프에 가중치가 있다면 가중치 합이 최소인 최소 가중치 경로의 길이는 얼마인가?
- 그래프가 한 정점에서 그 정점에 다시 돌아오는 비어 있지 않은 경로인 사이클(cycle)을 갖고 있는가? 그래프에 주어진 특정 정점을 포함하는 사이클이 있는가?
- 만약 그래프에 레이블이 있다면 앞선 각 질문에 해당하는 경로는 레이블의 시퀀스로는 무엇인가?
- 그래프가 연결(connected)되어 있는가? 즉, 각 정점으로부터 다른 모든 정점으로 경로가 있는가?

이러한 계산을 수행하는 프로그램의 명백한 예는 두 도시 사이의 가장 빠른 길을 계산하는 프로그램과 인터넷에서 하나의 사이트로부터 또 다른 사이트로 메시지나 패킷을 전송하는 경로를 찾는 프로그램 등이 있다.

그래프 자체가 아니라 그래프의 인접 관계와 해당 관계의 추이적 닫힘(transitive closure)을 고민하면 앞의 질문들에 대한 답을 구하는 통찰을 얻을 수 있다. 관계 R의 추이적 닫힘은 추이적인 관계 R을 포함하는 가장 작은 관계로 정의된다. 즉, 다른 모든 속성은 고려하지 않고 추이적 속성만을 포함하는 순서쌍을 R에 추가하여 얻을 수 있는 관계다. R의 추이적 닫힘은 R^+라고 표기한다.

관계 R의 추이적 닫힘을 찾는 한 가지 방법은 반복적으로 구성하는 것이다. R에서 시작해 R의 모든 쌍 (a, b)에 대해서 존재하는 모든 쌍 (b, c)를 찾으면 쌍 (a, c)의 집합이 R^2이 된다. 이 집합을 결과에 추가하면 이제 $R \cup R^2$을 갖게 된다. R과 R^2을 조합하여 R^3을 찾고 R^3을 결과에 추가한다. 이러한 방법을 계속하여 $R \cup R^2 \cup R^3 \cup \ldots$ 인 R^+를 구할 수 있다.

만약 R이 유한한 관계라면(즉, 유한한 쌍의 집합이라면) R^+를 찾고자 무한하게 합집합 연산을 수행할 필요는 없다. 즉, 새로운 쌍이 더 추가되지 않으면 계산을 종료할 수 있다. $(a, b) \in R$인 모든 a와 b의 집합은 유한 집합이고 이 집합에는 유한한 수의 원소 쌍만이 존재한다. 따라서 언젠가는 R^{k+1}에 포함된 모든 쌍이 이미 $R \cup R^2 \cup R^3 \cup \ldots \cup R^k$에 속해 있는 k에 도달하게 된다. 이때 반복적인 R^+ 계산을 중단할 수 있다. 이런 식으로 묘사한 방법은 R이 유한하다면 종료가 보장되는 R^+를 계산하는 알고리즘을 간략히 그려본 것이다. 여기서는 이를 추이적 닫힘에 대한 명백한 알고리즘(Obvious Algorithm)이라고 부를 것이다.

이제 R이 그래프 G의 인접 관계라면 R^2의 쌍은 G에서 길이가 2인 경로의 양끝점이고 R^3의 쌍은 G에서 길이가 3인 경로의 양끝점이 된다. 그렇다면 G에서 a로부터 b까지 길이가 0이 아닌 경로가 있을 때 R^+는 그러한 정점 (a, b) 쌍의 집합이 된다.

만약 G가 유한하다면 R^+를 계산할 수 있고 이는 앞서 나열한 경로와 관련된 많은 질문에 답할 수 있는 정보를 제공한다. 명백한 알고리즘의 다른 버전을 이용해서 다른 질문에도 대답할 수 있다. 예를 들어 만약 특정한 정점 a에서 시작하는 경로만 구하려면 전체 관계 R^+를 계산할 필요는 없다. 관계 $\{(a, b) \mid$ 어떤 b에 대해 $(a, b) \in R\}$에서 시작하고 명백한 알고리즘에서와 마찬가지로 R을 가지고 관계를 반복적으로 구성할 수 있다. 레이블이나 가중치 관련 질문은 명백한 알고리즘을 수정하여 여기서 구한 각 경로와 연관된 레이블과 가중치를 추적하면 된다.

그러나 명백한 알고리즘이 모든 상황 또는 모든 관계나 그래프에 대한 추이적 닫힘을 계산하는 가장 효율적인 알고리즘은 아니다. 또한, 실제로 큰 관계나 그래프를 계산할 때는 전혀 실용적이지 않다. 그래프의 추이적 닫힘과 경로에 대한 컴퓨터 과학자들의 많은 연구 덕분에 빠르게 계산할 수 있는 자료구조와 훨씬 향상된 알고리즘을 다루는 자료들을 쉽게 찾을 수 있게 되었다. 이 책에서는 이와 관련된 내용을 다루지는 않지만, 컴퓨터 과학을 전공한다면 앞으로 이러한 내용을 접하게 될 것이다. 또한, 만약 거대한 양의 데이터로 그래프의 추이적 관계나 경로를 포함한 프로그래밍을 할 기회가 있다면 프로그램을 설계하기에 앞서서 이러한 알고리즘에 대해서 미리 공부해야 할 것이다.

추이적 닫힘뿐 아니라 다른 닫힘도 있다. 예를 들어 모든 $(a, b) \in R$에 대해 쌍 (b, a)를 R에 추가함으로써 관계 R의 대칭적 닫힘(symmetric closure)을 구성할 수 있다. 또한, 모든 $(a, b) \in R$에 대해 쌍 (a, a)와 (b, b)를 R에 추가함으로써 관계 R의 반사적 닫힘(reflexive closure)도 구성할 수 있다.

관계 R의 반사적 추이적 닫힘(reflexive transitive closure)은 R^+의 반사적 닫힘이다. 종종 R^*로 표기한다. 이때 $R^*=R^0 \cup R^1 \cup R^2 \cup R^3 \cup \ldots$이다. 만약 R이 그래프 G의 인접 관계라면 G에서 a로부터 b까지 비어 있든 비어 있지 않든 간에 경로가 있다면 언제나 R^*에는 쌍 (a, b)가 존재한다.

추이적 닫힘과 반사적 추이적 닫힘은 수학과 컴퓨터 과학에서 그래프의 경로를 찾는 것 외에도 많은 용도가 있다. 그러나 이 장의 주목적은 간단한 개념 설명과 그래프에서 닫힘이나 경로를 찾아 프로그래밍 문제를 해결하는 올바른 방향 설정을 돕는 것이므로 자세한 내용은 생략한다.

위첨자로 쓰이는 "+"와 "*"는 컴퓨터 과학과 수학에서 많이 사용하는 관용구로 각각 모든 맥락에서 "하나 또는 그 이상"과 "0 또는 그 이상"의 의미로 사용한다. 컴퓨터 과학을 전공하는 학생들은 위첨자 "*"가 페이지 아래쪽의 각주를 가리키는 데만 사용하는 것이 아니라는 점을 곧 깨닫게 될 것이다.

5 관계형 데이터베이스 연산

지금까지 관계를 자세히 살펴보았다. 그렇다면 이제 관계형 데이터베이스를 살펴보자.

관계형 데이터베이스는 이미 5.3절에서 한 번 언급한 적이 있다. 관계형 데이터베이스에서 관계는 수학의 관계와 매우 비슷한 "튜플"의 집합이다. 하지만 관계형 데이터베이스 튜플에서는 원소를 위치라기보다는 이름으로 식별한다.

관계형 데이터베이스 용어에 따르면 관계의 속성(property) 중 하나는 그 관계에 있는 튜플의 속성들(attributes)의 집합이다. 각 속성은 이름을 갖고 있으며 하나의 튜플은 이름이 있는 속성값의 집합이다.

따라서 데이터베이스의 관계를 수학적 관계에 속성 이름에 대한 추가 정보를 덧붙여 표현할 수 있다. n개의 속성을 지닌 데이터베이스의 관계를 세 쌍 (R, A, col)로 표현해보자.

이때 R은 수학적 n항 관계고 A는 n개의 속성 이름 집합이며 col(column, 열)은 속성 이름으로부터 0에서 $n-1$ 사이의 정수인 위치로의 매핑이다. 특정한 하나의 데이터베이스 관계를 X라고 하면 해당 표현의 구성 요소를 R_X, A_X, col_X라고 할 수 있다.

이러한 표현에서는 속성에 대해 어떤 순서를 선택하게 되고 R에 속한 튜플은 모두 이 순서에 따라 속성값을 갖게 된다. 그래서 R은 테이블과 같게 된다. 이때 튜플이 행에 해당하고 속성이 열에 해당한다. 또한, 속성의 순서는 매핑 col을 정의하게 된다.

작고 간단한 관계형 데이터베이스라면 앞서 설명한 것처럼 쉽게 관계를 구현할 수 있다. 예를 들어 관계의 R은 프로그램에서는 튜플의 집합으로, 파일 시스템에서는 단층 파일로 표현할 수 있다. 하지만 실제로 사용하는 제품 수준의 관계형 데이터베이스 시스템은 더 효율적인 접근과 연산을 수행할 추가 자료구조와 알고리즘을 갖고 있기 때문에 이 간단한 예보다 훨씬 복잡하다. 이 책에서는 목적에 맞게 이 모든 복잡한 내용은 생략하고 앞서 설명한 표현 (R, A, col)을 이용한 관계형 데이터베이스와 연산에 대해서만 간단히 다루고 이해를 도울 것이다.

관계형 데이터베이스 연산은 사용자, 즉 관리자나 IT 관련 부서의 직원들이 데이터베이스에 있는 관계에 포함된 정보를 조합하고 추출할 수 있도록 설계되었다. 여기서는 이러한 관계형 데이터베이스 연산 중에서 중요한 몇 가지를 살펴본다.

관계의 합집합과 교집합, 차집합은 튜플의 집합과 마찬가지로 정의할 수 있다. X와 Y라는 두 관계의 이러한 연산은 이 관계들이 같은 속성을 가질 때만 성립한다. 즉, $A_X=A_Y$여야만 한다.

필요하다면 X에 있는 속성의 순서와 같도록 Y의 열을 재배열하여 얻을 수 있는 관계를 Y'이라고 가정해보자. 그러므로 $A_{Y'}=A_X$이고, $col_{Y'}=col_X$다. 그리고 $R_{Y'}$은 R_Y를 col_X에 따라 각 튜플의 값을 재배열한 것이다.

그렇다면 관계 X와 Y의 합집합은 또 다른 관계 Z가 되고 이는 다음과 같이 정의할 수 있다. $R_Z=R_X \cup R_{Y'}$, $A_Z=A_X$, $col_Z=col_X$. X와 Y의 교집합과 차집합 역시 이와 같은 방법으로 정의할 수 있다.

이런 연산을 구현할 때 두 번째가 아닌 첫 번째 관계를 재배열하도록 선택할 수도 있다. 하지만 두 관계 중 어느 것도 재배열이 필요하지 않을 때 구현이 훨씬 간단할 것이다. 이렇게 만들려면 데이터베이스의 모든 관계에 대해 속성의 이름을 알파벳 순서와 같은 표준 순서로 정의한다.

데이터베이스에서 자주 사용하는 연산으로 선택(selection) 연산이 있다. 이 연산은 관계로부터 특정한 조건을 만족하는 모든 튜플을 찾는 것이다. 이 연산은 6.4절에서 살펴본 함수 `filter`와 매우 비슷하며 파이썬 내장에서 "`if`"를 이용해 필터링하는 것과 같다. 수학적 표기법으로 선택은 $\sigma_P(X)$라고 나타내며 이때 X는 관계고 P는 술어 또는 부울 값 표현식이다(σ는 그리스 문자 시그마의 소문자다). 이 연산의 결과는 새로운 관계다. 예를 들어 5.3절에서 다뤘던 관계를 생각해보자.

이름	프로젝트	연구실
Lambert	Alpha	221
Torres	Alpha	244
Malone	Beta	152
Harris	Beta	152
Torres	Beta	152

만약 이 관계가 X고 P가 "프로젝트 = 'Alpha'"라면 $\sigma_P(X)$는 다음과 같다.

이름	프로젝트	연구실
Lambert	Alpha	221
Torres	Alpha	244

데이터베이스를 조작하는 데 관계의 일부 "열(column)"만 필요한 때도 있다. 관계의 사영(projection)은 본래 관계가 가진 속성의 부분집합을 포함하는 새로운 관계가 된다. 수학적 표기법으로 사영은 $\pi_S(X)$라고 나타내며 이때 X는 관계고 S는 결과에 포함될 속성들이 가진 이름의 집합이다(π는 그리스 문자 파이의 소문자다). 예를 들어 만약 X가 앞서와 같

고 S가 {"이름", "연구실"}이라면 $\pi_S(X)$는 다음과 같다.

이름	연구실
Lambert	221
Torres	244
Malone	152
Harris	152
Torres	152

하나 이상의 관계로부터 정보를 조합할 수 있는 다양한 연산자가 있다. 그 중 가장 중요한 것은 자연 결합(natural join)이다. 만약 Y와 Z가 관계라면 그 둘의 자연 결합은 $Y \bowtie Z$라 쓰고 이 두 관계가 공통으로 가진 속성의 값이 일치하는 Y와 Z의 튜플로 된 쌍으로부터 생성된다. 그 결과로 나온 관계는 Y와 Z의 튜플로 된 쌍에 있는 속성의 합집합인 튜플이다. 예를 들어 X는 앞서와 같고 W는 다음과 같은 관계라고 하자.

연구실	장비
221	400913-C
152	400697-A
152	19472832

이때 $X \bowtie W$는 다음과 같다.

이름	프로젝트	연구실	장비
Lambert	Alpha	221	400913-C
Malone	Beta	152	400697-A
Malone	Beta	152	19472832
Harris	Beta	152	400697-A
Harris	Beta	152	19472832
Torres	Beta	152	400697-A
Torres	Beta	152	19472832

⋈는 "보우 타이 연산자(bowtie operator)"라고 불리기도 한다.

자연 결합과 사영을 이용해서 관계의 수학적 합성과 비슷한 연산을 할 수 있다. 예를 들어 앞에서 언급한 두 개의 속성을 지닌 데이터베이스 관계 $\pi_S(X)$와 W를 생각해보자. 이 둘은 수학적 이항 관계와 유사하다. 이 둘을 자연 결합으로 조합하면 다음과 같은 결과를 얻는다.

이름	연구실	장비
Lambert	221	400913-C
Malone	152	400697-A
Malone	152	19472832
Harris	152	400697-A
Harris	152	19472832
Torres	152	400697-A
Torres	152	19472832

이제 사영을 수행해서 공통 속성을 제거하면 다음 결과를 얻을 수 있다.

이름	장비
Lambert	400913-C
Malone	400697-A
Malone	19472832
Harris	400697-A
Harris	19472832
Torres	400697-A
Torres	19472832

이 결과는 $W \circ \pi_S(X)$와 같은 관계형 데이터베이스다.

이 장에서 소개한 용어

- n항 관계(n-ary relation)
- 집합에 대한 관계(relation on a set)
- 다중 간선(multiple edges)
- 대칭 관계(symmetric relation)
- 추이적 관계(transitive relation)
- 동치 관계(equivalence relation)
- 항등원 관계(identity relation)
- 관계 합성(relation composition)
- 그래프(graph)
- 간선(edge)
- 무향 그래프(undirected graph)
- 레이블 그래프(labeled graph)
- 경로(path)
- 대칭적 닫힘(symmetric closure)
- 반사적 추이적 닫힘(reflexive transitive closure)
- 속성(attribute)
- 사영(projection)
- 술어(predicate)
- 루프(loop)
- 인접 관계(adjacency relation)
- 반대칭 관계(antisymmetric relation)
- 반사적 관계(reflexive relation)
- 분할(partition)
- 항등원 매핑/함수(identity mapping/function)
- 관계의 거듭제곱(power of a relation)
- 정점(vertex)
- 유향 그래프(directed graph)
- 관계의 그래프(graph of a relation)
- 가중치 그래프(weighted graph)
- 추이적 닫힘(transitive closure)
- 반사적 닫힘(reflexive closure)
- 관계의 합집합, 교집합, 차집합(relational union, intersection, difference)
- 선택(selection)
- 자연 결합(natural join)

연습문제

1 I_A는 명백하게 임의의 집합 A에 대해서 반사적이라고 할 수 있다. 그렇다면 I_A는 추이적인가? 또한, 동치 관계인가?

2 10.3절에서 비공식적으로 정의했던 "관계의 그래프"에서는 단지 그래프에 있는 간선의 집합만 설명했다. 정점의 집합은 무엇인가? 하나 이상의 선택이 있을 수 있는가?

3 관계의 추이적 닫힘을 반환하는 파이썬 함수를 작성해보자. 이때 관계와 해당 결과는 원소가 두 개인 튜플로 이뤄진 파이썬 집합이다.

4 만약 G가 유한한 그래프고 R이 해당하는 인접 관계일 때 R^+를 명백한 알고리즘을 이용해서 계산한다면 알고리즘이 종료하기 전까지 계산한 R의 거듭제곱인 k는 얼마인가? 근삿값이나 상한 값(upper bound) 또는 정확한 값을 찾을 수 있는가? 그래프 G의 경로로 답을 표현해보자. R^+가 포함할 수 있는 쌍은 유한하며 k는 이 숫자보다 보통 훨씬 작은 값일 것이다.

5 유향 그래프에서 한 경로의 끝에 있는 정점이 또 다른 경로의 시작점에 있는 정점과 같다면 이 두 경로를 연결(concatenation)하여 그래프의 또 다른 경로를 만들 수 있다. 이 유향 그래프에서 모든 경로의 집합은 연결 연산에 대해서 모노이드인가?

6 $\sigma_P(X)$를 세 쌍으로 표현할 수 있는가? 다른 말로 하자면 $\sigma_P(X)$에서 R, A, col은 무엇인가? P를 "$P(x)$"와 같은 표현식을 작성하는 술어로 사용할 수 있다고 가정하자.

$\pi_S(X)$와 $X \bowtie Y$에 대해서 같은 작업을 해보자. 만약 온전히 수학적 표기법으로만 표현한다면 더 어려울 것이다.

7 자연 결합 연산의 속성은 무엇이 있는가? $\bowtie$은 결합법칙이 성립하는가? 교환법칙은 성립하는가? 항등원을 갖고 있는가? 또 다른 모노이드가 되는가?

11장

객체

1 프로그램의 객체

"객체(object)"라는 용어를 지금까지 사용했음에도 아직 한 번도 정확한 뜻을 정의하지 않았다. 자세한 정의나 용어는 사람마다 다르고 프로그래밍 언어에 따라서도 천차만별이지만 프로그래밍에서 일반적으로 이해할 수 있는 특정한 의미가 있다. 따라서 여기서는 프로그래밍 언어에서 객체의 전형적인 정의와 용어를 알아보며, 특히 파이썬이 객체를 다루는 방법에 들어맞는 의미를 살펴본다.

객체는 다양한 속성(attribute)을 가진 데이터의 조각이다. 이들 속성은 이름으로 구별되고 데이터베이스 관계에서 튜플의 필드와 유사하다(10.5절 참고). 예를 들어 사람을 표현하는 객체는 "name(이름)", "address(주소)", "department(부서)"라는 속성을 가질 수 있다. 프로그램의 객체는 종종 현실의 어떤 물건을 표현하게 되고, 그러면 객체의 속성은 그 물건의 속성이 된다.

따라서 프로그래밍 언어의 객체는 또 다른 데이터 컨테이너로 볼 수 있다. 이때 데이터의 원소는 위치나 키가 아니라 이름으로 구별한다. 대개 객체는 변경할 수 있다. 즉, 데이터 속성의 값은 바뀔 수 있다. 예를 들자면 프로그램을 통해 사람 객체의 주소 속성을 바꿀 수 있다. 어떤 순간에 객체의 모든 데이터 속성값의 모임을 객체의 상태(state)라고 부른다. 따라서 객체를 변경할 수 있다는 것은 객체의 상태가 바뀔 수 있다는 뜻이다.

데이터를 저장하는 속성 외에 또 다른 객체의 속성은 객체에 대한 연산이다. 이러한 연산을 메서드(method)라고 부른다. 객체의 메서드는 객체의 데이터 속성과 마찬가지로 해당 객체에 "속해" 있다. 서로 다른 객체에 속한 데이터 속성이나 메서드가 같은 이름을 갖더라도 다른 것을 의미하고 다르게 구현될 수도 있다. 이 사실이 객체지향 프로그래밍의 핵심이다. 이 부분은 11.4절에서 더 자세히 설명한다.

대부분 프로그래밍 언어에서 객체는 그 자체로 특별한 형식을 지니거나 비슷한 객체들로 된 클래스에 속해 있다. 객체지향 프로그래밍 언어에서는 프로그래머가 자신만의 객체들의 클래스를 정의할 수 있다. 여기서 객체의 형식이나 클래스는 객체가 갖는 속성(데이터 속성과 메서드 모두)을 결정한다.

객체를 속성 이름으로부터 값으로의 매핑으로 바라볼 수도 있다. 이는 마치 관계형 데이터베이스 튜플이 필드 이름으로부터 값으로의 매핑이라는 것과 유사하다(5.3절을 떠올려보자). 하지만 다르게 생각해보면 한 클래스의 어느 속성을 해당 클래스의 객체로부터 값으로의 매핑으로 볼 수도 있다. 예를 들어 속성 "name"은 "person" 객체를 사람 이름이라는 문자열에 매핑한다. 지금까지 프로그램에서 "person" 객체로부터 이름으로 매핑하는 두 가지의 방법을 살펴보았다(9.4절). 즉, "person" 객체를 매개 변수로 받아서 이름을 반환하는 함수를 정의할 수도 있고, "person" 객체를 키로 이용해서 이름을 생성하는 자료구조(파이썬의 사전과 같은)를 구성할 수도 있다. 이제 새로운 세 번째 방법으로 이름을 "person" 객체의 속성으로 저장할 수 있다.

물론 객체가 속성의 모임이라는 특징만 있는 것은 아니다. 일반적인 프로그램 언어에서 객체는 해당 객체에만 속하는 식별자(identity)를 갖고 있다. 객체의 식별자는 절대로 바뀌지 않는다. 심지어 객체를 변경할 수 있을 때에도 바뀌지 않는다. 또한, 같은 형식이나 클래스인 두 개의 객체가 속성과 상태가 모두 같더라도 식별자로 구별할 수 있다(종종 프로그래밍 언어의 인터프리터나 컴파일러는 메모리에서 객체의 위치를 객체의 식별자로 활용한다).

파이썬에서(또한 다른 많은 프로그래밍 언어에서) 객체의 속성에 접근하는 문법은 `objects.attribute`의 형태다. 예를 들어 만약 `boss`가 "person" 객체라면 `boss.name`은 해당 객체의 "name" 속성이 된다.

메서드의 경우에 `object.method`는 함수다. 따라서 파이썬에서 메서드를 호출하는 문법은 `object.method(arguments)`의 형태가 된다. 파이썬에서 이렇게 호출하면 객체는 함수의 인수 하나로 취급된다. (자세한 내용은 11.2절에서 살펴본다.) 이를 두고 메서드를 객체에 적용(apply)했다고 말하며 괄호 안에 있는 값이 추가 인수로서 전달된다.

일반적으로 메서드는 객체의 데이터 속성을 사용하여 연산한다. 예를 들어 `boss.changeAddress(addr)`이라는 호출은 `boss`의 `address` 속성을 `addr`로 지정할 수 있고, `boss.addressLabel()`이라는 호출은 `boss`의 데이터 속성값을 포함한 문자열을 인쇄하기에 적절한 서식이 지정된 주소 레이블로서 반환할 수 있다. 후자는 메서드 호출에서 인수를 추가하여 전달하지 않는 점을 주의 깊게 보도록 하자. 이런 구현 방법이 드물지는 않다.

2 클래스 정의

객체지향 프로그래밍 언어의 중요한 특징 중 하나는 프로그래머가 필요한 객체의 클래스를 정의할 수 있다는 것이다. 지금부터 파이썬에서 클래스를 정의하는 방법을 살펴보자.

클래스 정의는 복합문으로 헤더는 다음과 같이 구성된다.

```
class 클래스 이름 :
```

클래스 정의의 본문에는 메서드를 정의하는 함수 정의가 포함되며 다른 명령문도 포함할 수 있다.

클래스 정의는 실행될 때 암묵적으로 클래스의 객체(이러한 객체를 클래스의 인스턴스라 부른다)를 생성하는 함수를 정의한다. 이 함수는 클래스 생성자(constructor)라고 부르며 클래스의 이름과 같은 이름을 갖는다.[1]

한 클래스의 서로 다른 인스턴스는 식별자가 다르다. 이항 연산자 is는 두 객체의 식별자를 비교한다. 표현식 *a* is *b*는 *a*와 *b*가 같은 객체일 때 True 값을 반환하고 그렇지 않다면 False 값을 반환한다. 연산자 is not은 반대로 두 객체가 서로 다를 때 True 값을 반환한다.

클래스 정의에는 "__init__"와 같이 특별한 이름을 가진 메서드의 정의를 포함할 수 있다. 메서드 __init__는 새롭게 생성된 객체를 초기화하는 데 사용한다. 생성자가 호출되면 먼저 객체를 생성하고 나서 클래스에 메서드 __init__가 있다면 이를 호출한다. 이러한 파이썬의 특징은 매우 유용해서 프로그래머 대부분이 정의한 클래스에는 메서드 __init__가 있다.

생성자는 새롭게 생성한 객체를 메서드 __init__에 인수로 전달한다. 만약 생성자가 인수

1 이는 실제로 파이썬에서 일어나는 일을 단순하게 설명한 것이지만, 이 책의 목적에는 이 정도로도 충분하다.

와 함께 호출된다면 생성자는 그러한 인수도 메서드 `__init__`에 추가 인수로 전달한다.

클래스 정의의 간단한 예는 다음과 같다.

```
class Person:

    def __init__(self, name, dept, address):
        self.name = name
        self.department = dept
        self.address = address
```

이 코드는 name, address, department(세 가지 모두 문자열일 수 있다)라는 세 개의 인수를 지닌 생성자가 호출되는 클래스를 정의한다. 이 생성자는 메서드 `__init__`를 네 개의 인수로 호출하게 된다. 앞선 세 개의 인수에 더해 새롭게 생성된 객체가 인수로써 생성자에 전달된다. 이 메서드 `__init__`에서 새롭게 생성된 객체는 `self`로 지칭한다. `self`는 파이썬의 키워드도 아니고 미리 정의된 의미도 없지만, 이런 방식으로 이름을 사용하는 것은 파이썬 프로그래머들에게 일반적인 관습이다. (또 다른 일반적인 관습은 프로그래머가 정의한 클래스에서 이름의 첫 글자를 대문자로 하는 것이다.)

이러한 메서드 `__init__`는 생성자에 전달된 인수로부터 새로운 `Person` 객체의 데이터 속성값을 설정한다. 이는 메서드 `__init__`가 일반적으로 처리하는 작업이다.

이 예제에서는 데이터 속성 두 가지가 메서드 `__init__`의 매개 변수 이름과 같은 이름을 갖고 있다. 예를 들어 앞선 스크립트에서 사용한 두 개의 `"address"`는 각각 서로 다른 것을 의미한다. 그러나 파이썬은 이 두 가지 이름을 구분할 수 있도록 해석하므로 프로그램에서 이름을 혼동할 걱정은 없다. 클래스는 자신만의 이름 공간(name space)을 정의하는데, 이 이름 공간은 이름으로부터 해당 이름에 바인딩 되어 있는 어떤 것으로의 매핑이다.[2] 클래스의 이름 공간에는 클래스에 있는 데이터 속성과 메서드를 비롯해 클래스 정의의 본문에서 생성되는 모든 것들의 이름이 포함된다. 함수 정의는 또 다른 이름 공간을 생성한다.

2 파이썬은 클래스의 이름 공간에 대한 매핑을 생성하는 데 클래스 자신만의 사전을 사용한다.

여기에는 함수의 매개 변수를 비롯해 변수들과 함수 본문에서 생성되는 모든 것들의 이름이 포함된다. 이러한 두 가지 이름 공간은 "전역(global)" 이름 공간과는 다르다. 전역 이름 공간에는 클래스 정의나 함수 정의 밖에서 정의된 변수나 함수 같은 것들의 이름이 포함된다.

가령 명령문 self.address = address에서 "." 연산자는 self의 클래스인 Person을 찾아서 해당 클래스의 이름 공간에서 "address"를 찾는다. 할당문의 오른쪽에 있는 "address"에는 "." 연산자가 없어서 클래스의 속성에 대한 참조가 아니다. 파이썬은 __init__의 이름 공간에서 "address"를 찾게 된다. 따라서 이 두 개의 "address"는 프로그래머가 전혀 다른 두 개의 이름을 사용한 것처럼 전혀 다른 것을 참조한다.

이제 Person이라는 객체를 다음과 같이 생성한다고 생각해보자.

```
boss = Person("Malone", "IT", "127 Spring")
```


생성자가 호출되면 __init__가 호출되고 그러면 예를 들어 boss.name의 값은 "Malone"이 된다.

클래스의 일반적인 메서드를 정의하려면 또 다른 함수 정의를 클래스 정의의 본문 안에 다음과 같이 작성할 수 있다.

```
class Person:

   def __init__(self, name, dept, address):
      self.name = name
      self.department = dept
      self.address = address

   def addressLabel(self):
      return self.name + "\n" \
          + self.department + " Department\n" \
          + self.address
```

메서드 addressLabel은 Person 객체에 다음과 같이 적용할 수 있다.

```
toTheBoss = boss.addressLabel()
```

이제 객체 boss는 addressLabel의 매개 변수 self와 바인딩 되었다. 이 예에는 추가 인수가 없다. 메서드 __init__와 마찬가지로 클래스의 일반적인 메서드에서 첫 번째 매개 변수의 이름으로 "self"를 사용하는 것이 관습이지만, 꼭 따라야만 하는 규칙은 아니다.

같은 프로그램에 속성들의 다른 모임을 지닌 또 다른 클래스 정의를 포함할 수도 있다. 예를 들어 클래스 Building에 name과 address는 있지만 department는 없을 수도 있다. 또한, Building은 Person에는 없는 메서드를 가질 수도 있고 그 반대도 가능하다. Building에 메서드 addressLabel이 있을 수도 있지만, Person의 addressLabel과는 정의가 전혀 다를 수도 있다. 이 역시 각 클래스가 자신만의 이름 공간을 갖고 있기 때문에 모호함이란 없다.

3 상속과 클래스의 계층

객체지향 프로그래밍의 중요한 특징 중 하나는 상속(inheritance)으로, 프로그래머가 기존 클래스를 바탕으로 새로운 클래스를 만들 수 있다는 것이다. 일반적으로 새로운 클래스는 기존 클래스에 기능을 추가한 것이다. 역시 파이썬을 통해 이러한 개념을 살펴보자.

Customer라는 클래스를 정의한다고 가정할 때 객체 Customer는 객체 Person과 유사하지만, 고객이 다니는 회사라는 추가 속성이 있다.

클래스 Person을 정의한 것과 같은 방법으로 또 하나의 클래스를 정의할 수 있는데, 이번에는 메서드 __init__가 다음과 같이 추가 인수를 갖고 새롭게 생성된 객체의 또 다른 속성을 생성한다.

```
class Customer:

    def __init__(self, name, company, dept, addr):
        self.name = name
        self.company = company
        self.department = dept
        self.address = address
```

하지만 이럴 때 상속을 사용하면 Person의 정의를 재사용하여 Customer를 정의할 수 있다. 즉, 다음과 같이 새로운 클래스 정의의 헤더에서 Person을 참조하면 된다.

```
class Customer(Person):
```

이때 클래스 Customer는 클래스 Person을 상속받았다고 말한다. Customer는 Person의 하위 클래스(subclass)라 말하고 Person은 Customer의 상위 클래스(superclass)라고 말한다.

클래스 Customer의 메서드 __init__에서 클래스 Person의 메서드 __init__를 호출하여 Person 객체에 필요한 모든 초기화를 수행할 수 있다. 그러고 나서 Customer 객체 특유의 초기화를 수행한다. 현재 정의된 메서드 __init__가 아닌 클래스 Person의 메서드 __init__를 얻으려면 클래스 이름에 __init__를 적용하고 해당 클래스의 메서드 __init__에 필요한 새롭게 생성된 객체와 다른 인수들을 전달한다.[3] 이러한 코드는 다음과 같다.

```
class Customer(Person):

    def __init__(self, name, company, dept, addr):
        Person.__init__(self, name, dept, addr)
        self.company = company
```

3 이 방법을 사용할 때 __init__은 파이썬에서 "클래스 메서드(class method)"라고 부르는 것의 예가 된다. 클래스 메서드는 더 깊게 다루지 않는다.

이제 Customer 객체는 company라는 데이터 속성과 Person 객체의 모든 속성을 함께 갖게 되었다. 이러한 속성 중에는 다른 Person 객체에서처럼 Customer 객체에서도 같은 방식으로 동작하는 메서드 addressLabel도 있다.

하지만 Customer 객체에서 addressLabel이 다르게 동작하도록 하고 싶다고 가정해보자. 즉, 고객의 주소 레이블에 고객의 회사 이름을 포함하고 싶을 수도 있다. 이럴 때 클래스 Customer 정의에서 메서드를 재정의(overriding)할 수 있다. __init__ 정의에 이어서 다음과 같은 코드를 추가하면 된다.

```
def addressLabel(self):

    return self.name + "\n" \
         + self.company + "," \
         + self.department + " Department\n" \
         + self.address
```

파이썬에서 모든 데이터 조각은 객체라고 할 수 있다. int와 list, set과 같은 모든 내장 형식은 실제로 클래스다. 지금까지 "형변환" 함수라고 부르던 같은 이름의 함수 int와 list, set는 실제로는 해당 클래스의 생성자다.

다른 클래스보다 훨씬 일반적인 object라는 클래스가 있다. 이 object의 인스턴스는 객체라는 사실을 제외하고는 다른 어떤 속성도 갖고 있지 않다. 파이썬의 내장 형식은 object에서 상속된다. 프로그래머가 정의한 클래스 중 다른 클래스로부터 명시적으로 상속되지 않은 클래스들도 마찬가지다. Person이 그 예라고 할 수 있다.

아무런 인수를 취하지 않는 생성자 object()를 호출하여 파이썬에서 어떠한 객체와도 다른 객체를 생성할 수 있다. 이러한 객체도 용도가 있다. 예를 들어 7.5절에서 나눈 발생자 함수 zip을 다시 떠올려보자.

```
def zip(X,Y):
    it = iter(Y)
    for x in X:
```

```
        y = next(it, None)
        if y == None:
            return
        else:
            yield (x,y)
```

여기서 None을 반복자 it가 종료될 때 next가 반환하는 종료 기호(end marker)로서 사용하였다. 이때 None이 시퀀스 Y의 값 중 하나가 아니라는 것을 가정해야 했다. 그러나 이제 그런 가정을 하지 않고도 zip을 다음과 같이 작성할 수 있다.

```
def zip(X,Y):
    it = iter(Y)
    endMarker = object()
    for x in X:
        y = next(it, endMarker)
        if y is endMarker:
            return
        else:
            yield (x,y)
```


Y의 원소일 수 있는 모든 y에 대해서 "y is endMarker"의 결과는 False고 심지어 object()의 호출로 생성된 또 다른 객체에 대해서도 False이기 때문에 이 버전의 zip은 일반적으로 아무 문제 없이 사용할 수 있다.

프로그래머는 상속으로 하위 클래스가 상위 클래스보다 더 특정한 범주(category)를 가질 수 있도록 한다. 예를 들어 Person은 특정한 종류의 object이고 Customer는 특정한 종류의 Person이다. 이 클래스들을 포함하는 프로그램에서는 또 다른 특정한 종류의 Person에 대한 클래스를 정의할 수 있다. 예를 들어 Person으로부터 상속된 클래스인 Employee를 정의할 수 있다. Employee는 다시 HourlyEmployee와 SalariedEmployee라는 하위 클래스를 가질 수 있다. 전자는 hourlyRate 후자는 salary라는 속성이 있고 각 속성에는 해당하는 의미가 있다.

Building이라는 클래스 역시 Office, Laboratory, Shop과 같은 하위 클래스를 가질 수 있다. 이러한 클래스 사이의 관계를 계층으로 표현하면 다음과 같다.

```
object
    내장 형식
    Person
        Customer
        Employee
            HourlyEmployee
            SalariedEmployee
    Building
        Office
        Laboratory
        Shop
    그밖에 프로그래머가 정의한 클래스
```

파이썬은 클래스의 계층 구조를 이용해서 객체의 속성을 찾는다. 이때 속성은 데이터 속성일 수도 있고 메서드일 수도 있다. 예를 들어 emp가 SalariedEmployee의 인스턴스고 프로그램에 emp.attr에 대한 참조가 포함된다고 가정하자. 그렇다면 파이썬은 우선 attr을 SalariedEmployee의 이름 공간에서 찾는다. 만약 이 공간에서 속성을 찾지 못하면 Employee의 이름 공간에서 찾는 식으로 계속해서 상위 클래스로 올라가며 검색하여 가장 먼저 속성을 발견한 곳에서 바인딩한다.

4 객체지향 프로그래밍

객체지향 프로그래밍은 현대 소프트웨어 세계에서 중요한 프로그래밍 형식이다. 이 주제를 자세히 설명하는 것은 꽤 복잡하기도 하고 이 책에서 다루고자 하는 범위를 넘어선다. 여기서는 객체지향 프로그래밍과 관련된 부분을 기본 개념 위주로 간단히 살펴본다.

객체지향 프로그래밍에서 프로그램의 중요한 데이터 대부분은 프로그래머가 정의한 클래스의 인스턴스에 놓인다. 각 클래스는 일종의 객체 구현을 정의한다. 이때 보통은 클래스의 데이터 속성인 저급 변수와 자료구조로 정의한다. 또한, 클래스는 해당 클래스의 객체에 대한 연산 역시 정의한다. 이때 데이터 속성에 대해 연산하는 코드로 정의한다. 이 연산이 바로 클래스의 메서드다. 객체지향 프로그래밍의 장점 중 하나는 클래스 정의에서 객체의 데이터와 해당 데이터에 대한 연산인 메서드를 편리하게 묶을 수 있다는 것이다.

또 다른 장점으로 클래스 정의는 프로그램의 나머지 부분으로부터 구현 결정(무엇으로 구현할지)을 독립시킬 수 있다. 예를 들어 여러 개의 다중 집합이 필요한 프로그램을 작성한다고 가정하자. `sum`과 `count` 같은(연습문제 1) 다중 집합 연산에 필요한 메서드와 함께 `Multiset` 클래스를 정의할 수 있다. 다중 집합의 구성원을 저장하는 자료구조는 클래스의 데이터 속성이고 메서드는 이런 데이터 속성에 대해서 연산할 것이다.

9.5절에서 본 것과 마찬가지로 파이썬에는 다중 집합을 구현하는 방법이 최소 두 가지가 있다. 바로 리스트와 사전이다. 만약 프로그램의 나머지 부분에서 `Multiset` 클래스의 데이터 속성에 직접 접근하고자 한다면 이렇게 접근하는 모든 코드는 프로그래머가 선택한 구현 방법에 따라서 달라질 것이다. 하지만 만약 프로그램의 나머지 부분이 클래스의 메서드를 이용해서만 다중 집합에 접근한다면 프로그래머가 선택한 구현 방법에 따라 달라지는 부분은 메서드의 본문으로 한정된다. 이러한 구현 결정은 나중에도 바꿀 수 있다. 사전 표현에서 리스트 표현으로 또는 그 반대로도 바꿀 수 있다. 이때 변경해야 할 코드는 오직 메서드의 본문뿐이다.

대부분 객체지향 프로그래밍 언어에서는 속성을 private으로 설정할 수 있다. 즉, 클래스 정의 안에서만 접근할 수 있다는 의미다. 클래스의 메서드 본문은 private 속성에 접근할 수 있지만, 클래스 정의 밖의 코드는 접근할 수 없어서 private 속성을 프로그램의 나머지 부분에서 독립시킬 수 있다. 파이썬에서 private 속성은 이름 앞에 두 개의 밑줄(뒤에는 밑줄을 넣지 않음) 문자를 추가하여 정의한다.[4]

따라서 클래스의 모든 속성이 private이라면 프로그램의 나머지 부분에서 클래스의 인스턴스에 접근하는 유일한 방법은 메서드를 통하는 것이다. 이렇게 하면 프로그래머는 자유

4 물론 우회하여 파이썬의 private 속성에 접근할 수도 있지만, 명확한 방법도 아니며 편리하지도 않다.

롭게 데이터 속성을 바꾸거나 객체의 상태를 표현할 수 있다. 만약 메서드와 의미가 바뀌지 않는다면 데이터 속성이 근본적으로 변하더라도 해당 클래스를 사용하는 코드의 어느 부분도 바꿀 필요가 없다. 단지 일부 또는 모든 메서드의 본문만 바꾸면 된다. 이러한 내용은 다음 사례 연구를 통해 살펴볼 수 있다.

5 사례 연구: 이동 평균

데이터 스트림의 이동 평균을 구현하는 클래스 정의를 사례 연구로 살펴보자. 이 프로그래밍 문제는 아주 간단하지만, 여기서는 경험이 많은 프로그래머들이 객체지향 프로그래밍으로 클래스 정의를 개발하는 과정을 따라서 생각해본다.

숫자 스트림의 이동 평균(또는 여기서 이야기하고자 하는 종류의 이동 평균)은 주어진 숫자의 스트림에서 고정된 *n*개의 숫자를 바탕으로 한 가장 최근 *n*개의 평균값이다. 일반적으로 이동 평균에 사용하는 데이터는 시계열(time series) 데이터로 시간상 균일하게 구분된 인스턴스에서 받는 데이터 값의 시퀀스다. 이동 평균은 데이터를 부드럽게 만들고 무작위 변동과 측정 오차를 최소화한다. 예를 들어 미국에서 실업 급여나 주택 착공 건수와 같은 경제 통계는 매주 또는 매달을 기준으로 잡기도 하지만, 4주나 3개월과 같은 특정 기간의 이동 평균값을 이용하기도 한다. 일부 경제학자들은 이동 평균이 더 의미 있는 값을 보여준다고 생각하기도 한다.

검은 점으로 온도 데이터를 표시한 **그림 1-1**(29p 참고)이 시계열 데이터의 예다. **그림 11-1**은 같은 데이터에 이동 평균을 점선으로 나타낸 것이다. 여기서 *n*은 4다. 최소한 데이터 요소(data point)가 *n*개가 될 때까지는 이동 평균이 표시되지 않는다는 점에 주목하자. 또한, 이동 평균이 데이터 요소보다 지연되는 것처럼 보인다는 점에도 주목하자. 이는 각 이동 평균이 해당 날짜와 앞선 $n-1$개 날짜 데이터의 평균이기 때문이다. (또 다른 종류의 이동 평균으로 해당 날짜의 앞뒤로 같은 개수의 데이터 요소를 사용할 수도 있다.)

▼ **그림 11-1** 한 달 동안의 온도 변화와 이동 평균

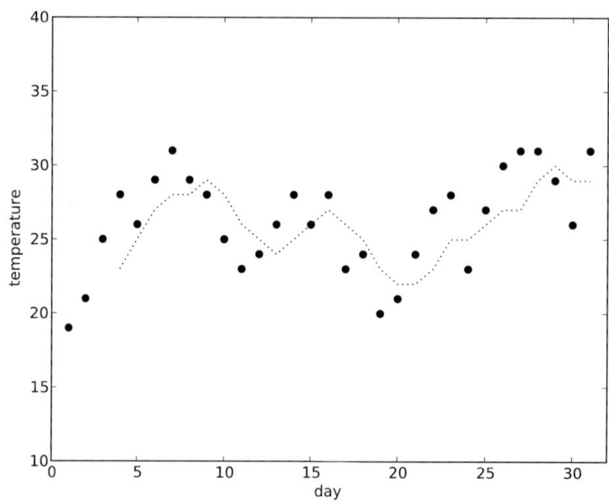

이동 평균을 계산할 파이썬 클래스를 정의해보자. 우선 이동 평균을 구현하는 데 필요한 연산을 결정한다. 다음과 같은 메서드가 필요하다.

- 생성자(다양한 데이터 개수에 대한 여러 가지 이동 평균이 필요하다고 가정하자. 이 값의 개수를 생성자의 매개 변수로 사용한다.)
- 시퀀스에 값을 추가하는 메서드
- 이동 평균의 현재 값을 반환하는 메서드

따라서 큰 그림을 그려보면 클래스 정의는 다음과 같다.

```
class MovingAverage:
def __init__(self, nPoints):
   ...
def append(self, newValue):
   ...
def value(self):
   ...
```

클래스 MovingAverage를 사용하는 간단한 코드는 다음과 같다. 발생자 함수인 smooth는 스트림 data에 대해 반복하면서 이동 평균값인 두 번째 스트림을 생성한다. 이동 평균에서 데이터의 개수는 smooth의 두 번째 매개 변수다.

```
def smooth(data, nPoints):
    avg = MovingAverage(nPoints)
    for value in data:
        avg.append(value)
        yield avg.value()
```

클래스 MovingAverage의 메서드 본문을 작성하기 전에 데이터의 구현 방법을 결정해야 한다.

개념을 생각할 때 가장 쉽게 떠올릴 수 있는 자료형은 시퀀스다. 이 데이터 값을 MovingAverage 객체에 메서드 append의 호출 시퀀스를 이용해서 전달한다. 데이터 값은 객체 MovingAverage에 저장되기 때문에 이 값은 변경할 수 있는 시퀀스여야 한다. 따라서 파이썬 리스트가 가장 확실한 선택이다.

모든 데이터 값을 저장해야 한다면 리스트는 무한히 커질 수 있다. 대부분은 프로그램의 성능에 영향을 미치지 않지만, 오랫동안 작동하는 프로그램에서 사용하는 것을 대비해 가능하다면 메모리 사용이 끝없이 늘어나지 않도록 설계하는 것이 좋다. 우선은 최근 n개의 데이터 이상은 사용하지 않을 것이므로 최대 n개의 데이터까지만 저장하도록 설계해보자.

그런데 한 가지 문제가 있다. n개의 값이 추가되면 즉시 이동 평균은 제대로 정의되겠지만, n개의 값이 입력되기 전에는 어떻게 되는가? 즉, 이동 평균이 특정한 n개의 평균값이라고 정의했을 때 n개의 값이 입력되기 전까지는 어떻게 처리해야 할 것인가? 우선 여기서는 이 책의 목적에 맞도록 n개의 데이터 요소가 들어오기 전까지는 이동 평균이 정의되지 않는다고 가정하자.

그러면 데이터 속성을 사용하여 데이터 요소를 n개까지 갖도록 유지하자. 이러한 속성은 리스트가 될 것이고 처음에는 비어 있다. 이 속성의 이름을 "__points"라고 붙이자. 이때 앞에 있는 두 개의 밑줄이 이를 클래스의 private 속성으로 만든다. *n* 값 역시 저장할 공간이 필요하므로 private 데이터 속성인 __nPoints에 저장하자. 그렇다면 메서드 __init__는 다음과 같은 형태가 된다.

```
def __init__(self, nPoints):
   self.__points = [ ]
   self.__nPoints = nPoints
```

메서드 append를 구현해보자. 만약 리스트가 이미 *n*개의 값을 갖고 있다면 리스트 앞에서 값을 하나 제거하고 리스트 가장 뒤에 새로운 값을 추가한다.

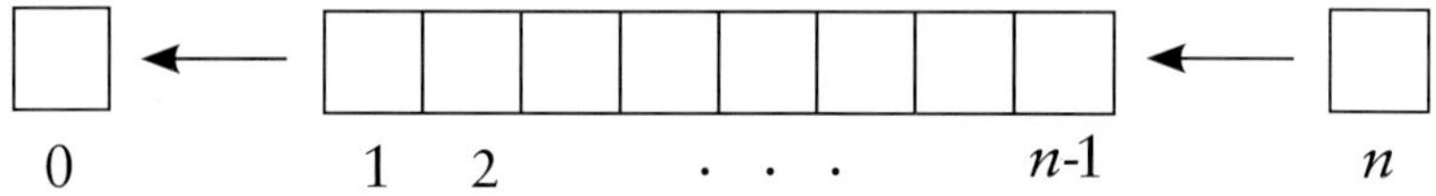

이러한 두 가지 과정을 진행하는 명백한 코드는 다음과 같다. 각 할당문이 새로운 리스트를 생성한다는 것에 주목하자.

```
def append(self, newValue):
   if len(self.__points) == self.__nPoints:
      self.__points = self.__points[1:]
   self.__points = self.__points + [ newValue ]
```

하지만 가능하다면 리스트를 수정하는 것이 더 효율적이다. 따라서 새로운 값을 추가하는 데 리스트를 연결하는 연산 대신 리스트의 append 메서드를 사용할 수 있다. (앞서 정의했던 메서드 append는 리스트의 append 메서드와는 다르다는 것에 주의하자. 다른 이름 공간을 갖고 있다.) 마침 파이썬은 일부 데이터를 제거할 메서드 역시 갖고 있다. 이는 pop(*i*)로 이때 *i*는 제거하고자 하는 원소의 위치다. 리스트의 append와 pop 메서드를 이용하면 MovingAverage의 append는 다음과 같다.

```
def append(self, newValue):
   if len(self.__points) == self.__nPoints:
      self.__points.pop(0)
   self.__points.append(newValue)
```

이제 self.__points의 별명을 만들어 이 코드를 조금 간단하게 만들 수 있다. 별명 points는 self.__points와 같은 리스트 객체를 참조한다는 것을 떠올려보자(6.3절 참고). 따라서 points를 수정하면 self.__points도 수정된다.

```
def append(self, newValue):
   points = self.__points
   if len(points) > self.__nPoints:
      points.pop(0)
   points.append(newValue)
```


메서드 value의 초기 모습은 다음과 같다. 만약 이동 평균이 정의되지 않았다면 None 값을 반환한다. None 값이 어디에 있는지 확인하고 적절한 무언가를 수행하는 것은 클래스 MovingAverage를 사용하는 코드에서 해야 할 일이다.

```
def value(self):
   points = self.__points
   length = len(points)
   if length == self.__nPoints:
      return sum(points) / length
   else:
      return None
```

이제 흥미로운 사실 하나에 주목해보자. 이 코드 대부분은 length가 self.__nPoints보다 작을 때도 lenth가 0만 아니라면 제대로 동작할 수 있다. 그런 상황에서는 n개보다 적은 값의 평균을 반환할 수 있으며 어떤 용도로는 이 값이 아무것도 없는 것보다 나을 수도 있다.

```
def value(self):
    points = self.__points
    length = len(points)
    if length > 0:
        return sum(points) / length
    else:
        return None
```

그림 11-2는 이렇게 확장한 정의에 따라 구한 이동 평균을 나타낸 **그림 11-1**의 새로운 버전이다.

▼ **그림 11-2** 한 달 동안의 온도 변화와 확장한 이동 평균

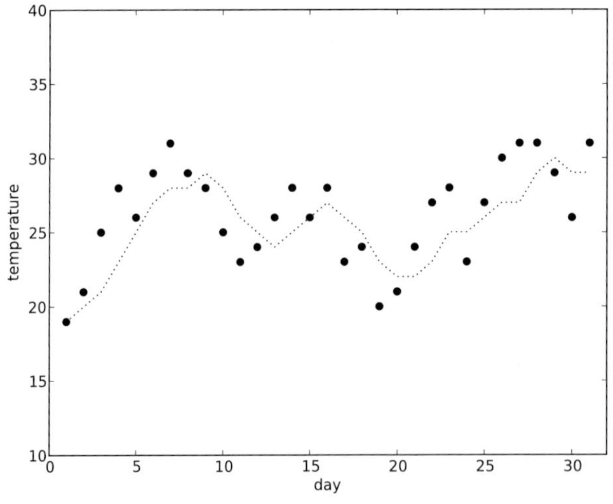

이 코드를 조금만 더 향상시켜보자. append와 value는 호출될 때마다 len(points)를 매번 다시 계산한다. 대부분은 중복 계산이다. 실제로 한번 리스트가 n개의 데이터 값을 포함하게 되면 길이는 변하지 않는다. 따라서 이 길이를 또 다른 숨은 속성으로 저장하고 적절히 초기화한 다음, 리스트의 길이가 변할 때만 수정하고 그 밖의 대부분 경우에는 리스트의 길이를 재계산하지 않고 이 속성을 사용할 수 있다. 이는 메모이제이션과 유사하며 9.4절에서 관련 내용을 참고할 수 있다.

이렇게 수정한 것이 다음 **예제 11-1**과 같은 클래스 정의다. 예제에 포함된 주석을 살펴보자. 클래스 정의는 이와 같은 주석을 포함하는 것이 일반적이다. 클래스 정의 이전의 주석 블록은 클래스를 사용할 때 프로그래머가 알아야 하는 클래스의 외부 인터페이스를 설명한다. 클래스 정의 내부의 주석은 private 속성과 같은 클래스 내부의 내용을 설명한다.

예제 | 11-1 클래스 MovingAverage

```
# MovingAverage: a moving average of a sequence
#                of numbers.
# MovingAverage(n)  constructor, where n = number
#                     of values to average over
# append(self, a)   append a to the sequence
# value(self)       average of the n most recently
                    appended values, or of all if
                    fewer than n; None if none

class MovingAverage:
   # private attributes:
   #   __nPoints   nunber of values to average over
   #   __points    list of at most that many values
   #   __length    length of __points, kept current

   def __init__(self, nPoints):
      self.__points = [ ]
      self.__length = 0
      self.__nPoints = nPoints

def append(self, newValue):
      points = self.__points
      if self.__length == self.__nPoints:
         points.pop(0)
      else:
         self.__length += 1
      points.append(newValue)

   def value(self):
      points = self.__points
      length = self.__length
      if length > 0:
```

```
        return sum(points) / length
    else:
        return None
```

지금까지 구현한 MovingAverage는 아무 문제 없이 다양한 용도에 완벽하게 부합한다. 하지만 모든 목적에 대해 효율적이라고 할 수 있을까? 만약 클래스를 어떻게 사용할지 안다면 이에 대답할 수 있을 것이다.

특정한 프로그램에서 메서드 value가 메서드 append보다 훨씬 자주 호출된다고 가정하자. 예를 들어 데이터 스트림이 주간이나 월간 경제 통계값이 비교적 드물게 새로운 값을 생성하지만, 이 코드가 유명 웹사이트의 일부로서 1초에 여러 번 이동 평균값을 요청받는다고 하자.

이런 상황에서는 메서드 value가 데이터가 변하지 않았음에도 의미 없는 계산을 반복하게 된다. 이러한 중복 계산은 다음과 같이 제거할 수 있다. 우선, 메서드 append가 호출될 때마다 평균을 계산하고 그 값을 또 다른 private 속성으로 저장한다. 그러고 나서 메서드 value가 이 속성을 사용한다. 여기서 다시 한 번 메모이제이션을 사용하며 value는 계산이 아닌 데이터에 대한 접근으로 구현되었다.

예제 11-2가 이렇게 수정한 새로운 MovingAverage다. 새로운 데이터 속성은 __value다. 이는 self.__length가 0보다 크기 전까지는 심지어 존재하지도 않는다. 하지만 물론 그 시점까지는 이 값을 사용하지도 않는다.

MovingAverage의 두 번째 버전이 모든 상황에서 첫 번째 버전보다 나은 것은 아니다. append가 value보다 더 자주 호출된다고 가정하자. 예를 들어 데이터 스트림이 초당 수천 번씩 들어오는 센서의 값이지만, 이동 평균값이 초당 1회 또는 분당 1회만 필요하다면 append는 사용하지 않는 이동 평균을 수없이 계산하게 된다.

그럼에도 객체지향 프로그래밍 덕분에 MovingAverage의 두 가지 버전은 모든 프로그램에서 서로 바꿔 사용할 수 있다. 클래스의 외부 인터페이스는 클래스 정의 헤더 이전에 주석 블록에서 설명한 것처럼 이 두 버전에서 완전히 같다. 프로그램의 효율성을 높이도록 첫 번째 버전을 두 번째 버전으로 대체할 수도 있고 그 반대로 할 수도 있다. 함수 smooth의 코드(225p 참고)처럼 클래스를 사용하는 코드 중 어느 것도 바꿀 필요가 없다.

예제 11-2 클래스 MovingAverage – 버전 2

```
# MovingAverage: a moving average of a sequence
                 of numbers.
# MovingAverage(n)  constructor, where n = number
#                       of values to average over
# append(self, a)   append a to the sequence
# value(self)       average of the n most
                           recently appended values
class MovingAverage:

   # private attributes:
   #    __nPoints  number of values to average over
   #    __points   list of at most that many values
   #    __length   length of __points
   #    __value    average of values in __points
   # justification for memoizing __value: value() is called
   #    much more frequently than append()

   def __init__(self, nPoints):
      self.__points = [ ]
      self.__length = 0
      self.__nPoints = nPoints

   def append(self, newValue):
      points = self.__points
      if self.__length == self.__nPoints:
         points.pop(0)
   else:
      self.__length += 1
   points.append(newValue)
   self.__value = sum(points) / self.__length

def value(self):
   if self.__length > 0:
      return self.__value
   else:
      return None
```

6 재귀적으로 정의된 객체: 트리

지금까지 살펴본 예제에서 프로그래머 정의 클래스의 데이터 속성값은 내장 파이썬 형식의 값이었지만, 또한 다른 프로그래머 정의 클래스의 인스턴스인 객체일 수도 있다. 예를 들어 11.2절과 11.3절의 클래스 Person과 Customer에서 속성 address를 생각해보자. address의 값은 문자열이지만, 만약 Address 클래스가 있다면(street, city 등과 같은 속성이 있는) address의 값은 Address 객체일 수 있다(물론 메서드 addressLabel은 적절하게 변경해야 하지만).

사실 속성값은 정의되는 같은 클래스의 인스턴스일 수도 있다. 예를 들어 클래스 Person을 정의한다고 가정해보자. Person 객체에서 두 개의 속성은 그 사람의 어머니와 아버지일 수 있다. 이러한 속성값이 Person 객체 자체일 수도 있다.

그렇다면 Person 클래스는 재귀 함수처럼 일부는 자신으로 정의된다. 이러한 클래스의 인스턴스를 재귀적으로 정의된 객체(recursively-defined object)라고 한다. 재귀적으로 정의된 객체는 컴퓨터 과학에서 중요한 개념이며 유용한 프로그래밍 기법이다.

재귀적으로 정의된 객체 중 하나는 바로 트리다. 앞서 6.6절에서 간단히 다룬 적이 있었다. 수학과 컴퓨터 과학에서 트리를 설명하는 방법은 여러 가지가 있지만, 그 중 재귀적 표현을 포함한 몇 가지를 살펴보자.

트리는 그래프의 한 종류로 방향성이 있을 수도 있고 없을 수도 있는 그래프다. 여기서는 방향성이 있고 루트(root)라고 부르는 특정 정점에서 경로를 시작하는 특정 트리를 다룬다. 이 트리는 다음과 같은 두 가지 속성으로 정의할 수 있다.

- 어떠한 간선도 들어오지 않는 단 하나의 정점이 있다. 이 정점이 트리의 루트다.
- 그 외 다른 각 정점에는 단 하나의 간선만 들어온다.

이들 속성이 의미하는 것은 트리의 모든 정점에 대해 루트에서 해당 정점까지 경로가 오직 하나만 존재한다는 것이다. 트리에서 경로는 수렴하지 않는다.

만약 트리가 유한하다면(여기서는 유한한 트리만 고려한다) 어떠한 간선도 나가지 않는 정점인 잎들(leaves)을 갖고 있어야 한다.

트리의 예는 다음과 같다. 이 트리는 레이블이 없으며 여기서는 루트가 그림의 가장 위에 있고 잎들이 아래쪽을 향한다.

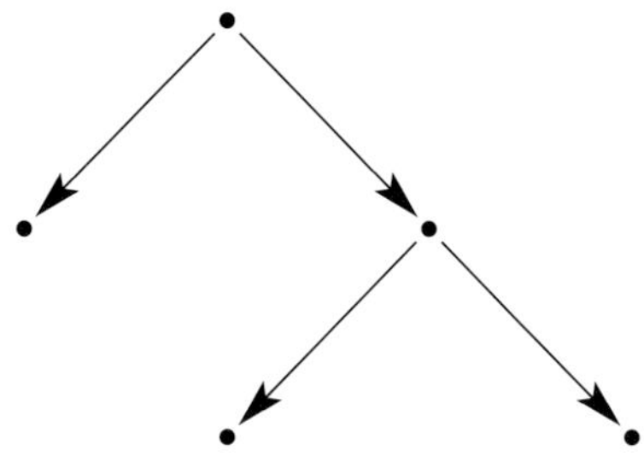

이제 이와 같은 종류의 트리들을 정의하는 재귀적 정의를 살펴보자.

하나의 트리는 다음 둘 중 하나다.

- 하나의 잎
- 또는, 하나 혹은 그 이상의 하위 트리로 향하는 간선이 있는 정점(루트). 이때 하위 트리(subtree)는 같은 방법으로 정의된 트리다.

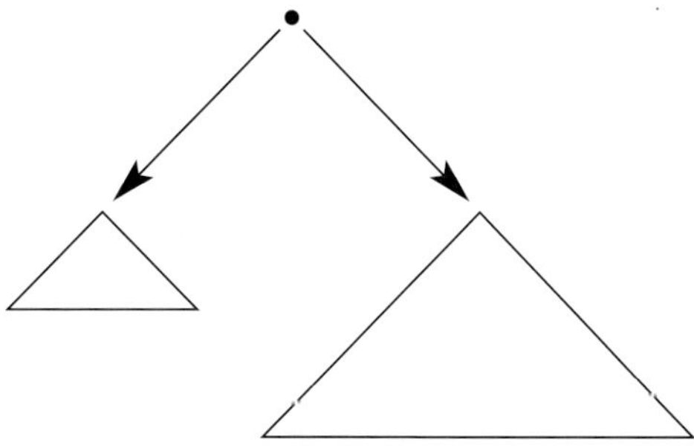

트리의 재귀적 정의를 다양하게 변형해보자. 우선 첫 번째는 다음과 같다.

> 하나의 트리는 하나의 잎이거나 같은 방법으로 정의된 하나 혹은 그 이상의 하위 트리를 가진 하나의 객체다.

여기서는 하위 트리로 향하는 간선이라고 말하는 대신 더 큰 트리에 포함된 것으로 하위 트리를 말하고 있다. 트리는 파이썬의 표현식과 복합문이 그렇듯이 중첩될 수 있다.

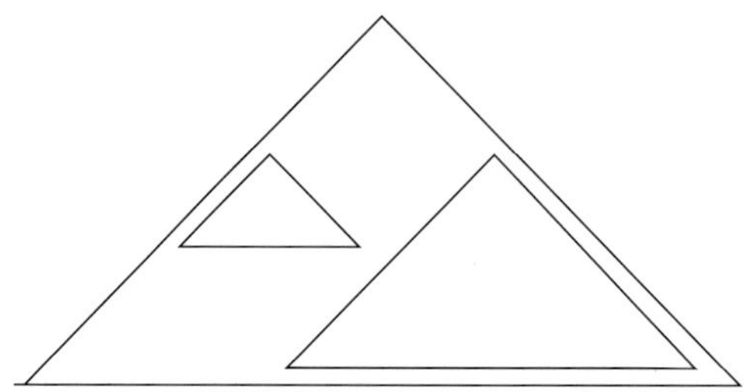

이것이 프로그래밍에 필요한 관점이다. 특히, 객체 관련 프로그래밍에서는 더욱 중요하다. 트리는 간선이 있는 그래프 대신에 다른 트리를 속성으로 가진 객체가 된다. 간선은 프로그래머나 프로그래밍 언어에서 트리 객체를 구현하는 방법에 따라서 바인딩으로 또는 포인터로 실제로 존재할 수도 있다. 때로는 트리를 그림으로 그리거나 시각화하는 데 간선을 명시적으로 고려하기도 하지만 보통은 그렇지 않다.

약간 변경한 또 다른 정의는 다음과 같다.

> 트리는 비어 있거나 같은 방법으로 정의된 하나 혹은 그 이상의 하위 트리를 가진 객체다.

이 정의에 따르면 잎은 모든 하위 트리가 비어 있는 트리다.

트리는 아무것도 아닌, 즉 여러 맥락에서 아무 의미가 없는 것이 될 수 있다. 하지만 앞으로 살펴보겠지만 비어 있는 트리는 프로그래밍에서 유용하게 사용할 수 있다.

컴퓨터 과학에서 트리의 정점에는 주로 레이블이 붙는다. 때로는 하나의 정점에 하나 이상의 데이터 조각이 붙기도 한다. 만약 트리가 객체로서 프로그래밍된다면 각 정점은 하나의 트리 객체로 표현되고 그 속성은 레이블들과 하위 트리를 비롯한 다른 데이터가 된다.

서로 다른 정점에 붙은 데이터는 서로 다른 종류일 수 있다. 다음은 컴퓨터 과학에서 표현식을 나타내는 전형적인 트리의 예다.

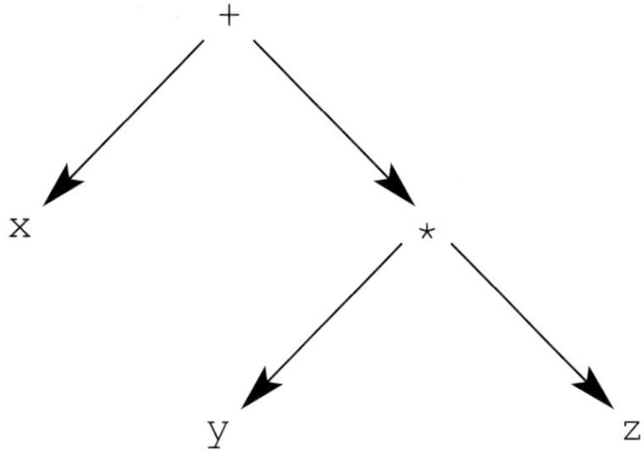

이 표현식은 "x + y*z"이다. 아마도 한 프로그램 일부일 것이다. 잎은 변수 이름으로 레이블이 붙어 있고 다른 정점들은 연산자로 레이블이 붙어 있다. 프로그래밍 언어의 인터프리터나 컴파일러는 종종 표현식과 프로그램의 일부를 표현하는 데 이와 유사한 트리를 사용한다.

트리는 표현식과 같은 중첩 구조를 표현하는 데 이상적이다. 또한, 계층 관계를 비롯한 다양한 정보를 표현하기에도 유용하다. 다음 그림의 트리는 11.3절에서 나타냈던 클래스와 하위 클래스의 계층을 표현한다. (이는 이진 트리가 아닌 트리의 예다.)

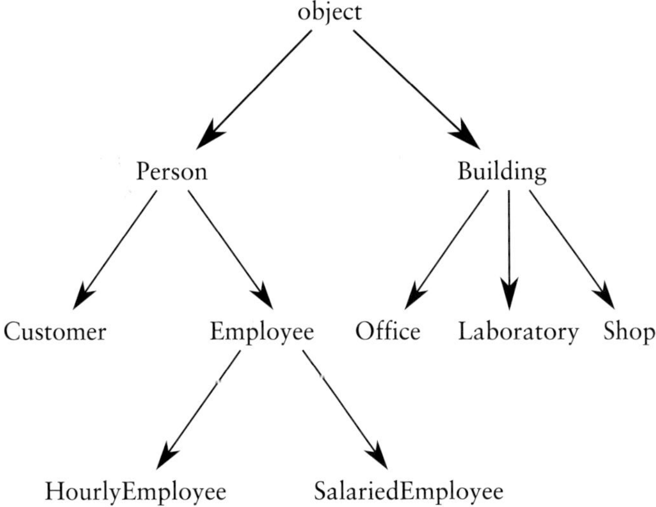

일반적으로 말하는 "트리"도 실제로는 수학적 관점의 트리인 것이 있다. 바로 가계도(family tree)다.

가계도에는 두 종류가 있다. 하나는 특정한 사람의 선조를 나타내는 것이고 다른 하나는 특정한 사람의 후손을 나타내는 것이다. 여기서는 "선조 트리(ancestry tree)"라고 불리는 첫 번째 종류의 트리에 대해서 생각해보자.

그림 11-3은 William이라는 이름을 가진 사람의 선조 트리를 보여준다. 이 그림에서는 윗대의 사람들이 위쪽에, 아랫대의 사람들이 아래쪽에 놓여서 이 트리의 루트는 가장 밑에 있게 된다. 간선은 한 사람에서 그 사람의 아버지(아래에서 왼쪽 위)와 어머니(아래에서 오른쪽 위)로 향한다. 물론 이 트리는 William의 모든 선조를 보여주지는 않는다. 이 트리에는 아버지와 어머니가 표시되지 않은 사람들(트리의 잎)이 있다.

▼ **그림 11-3** 선조 트리

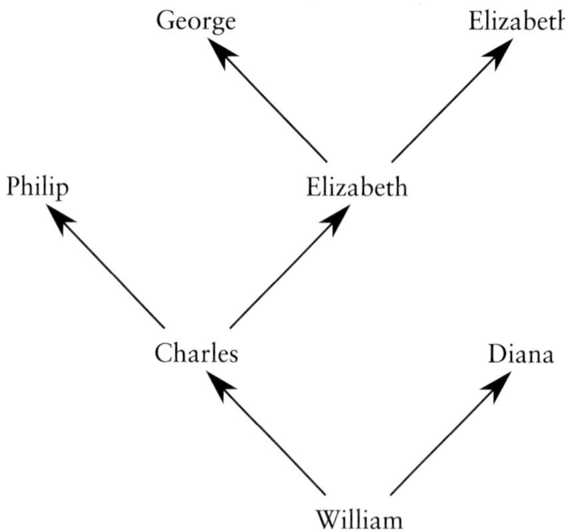

같은 종류의 트리인 하위 트리들을 생각해보자. 예를 들어 루트가 "Charles"라는 레이블이 붙은 트리는 Charles의 선조 트리다.

이러한 구조를 프로그램에서 재귀적으로 정의된 객체로 표현하는 방법을 살펴보자.

역시 파이썬을 이용해서 Person이라는 클래스를 정의하자. 클래스의 각 인스턴스는 선조 트리에 있는 사람을 표현하고 name, father, mother라는 속성이 있다. 이 클래스의 헤더와 생성자는 다음과 같다.

```
class Person:

    def __init__(self, name, father, mother):
        self.name = name
        self.father = father
        self.mother = mother
```

이제 William의 선조 트리를 다음과 같은 코드를 이용해서 생성할 수 있다. 먼저 부모에 대한 Person 객체를 생성하고 해당 객체를 아래 세대의 father와 mother 값으로 사용할 수 있다. None이라는 값은 트리의 잎에 있는 사람의 father와 mother를 표현할 때 사용한다. None은 트리가 부모 세대의 정보를 갖고 있지 않다는 의미이며 부모가 없다는 것을 뜻하진 않는다.

```
george = Person("George", None, None)
elizabeth = Person("Elizabeth", None, None)
elizabeth2 = Person("Elizabeth", george, elizabeth)
philip = Person("Philip", None, None)
charles = Person("Charles", philip, elizabeth2)
diana = Person("Diana", None, None)
wiliam = Person("William", charles, diana)
```

이 코드는 단지 설명을 위한 것이다. 실제로 특히 더 큰 트리에서는 프로그램에 직접 데이터를 입력하기보다는 파일로부터 데이터를 얻게 된다(연습문제 4번 참고).

이제 트리 또는 다른 재귀적으로 정의된 객체를 한 번 얻고 나면 어떻게 진행해야 할까? 중요한 원칙은 다음과 같다.

> 재귀적으로 정의된 데이터 객체를 처리하는 연산은 그 자체로 재귀적이며 해당 객체의 재귀적 정의를 따르는 구조를 지닌다.

예를 들어 트리를 처리하는 연산의 구조를 개략적으로 살펴보면 다음과 같다.

트리를 처리하려면:
　잎일 때:
　　잎에 있는 데이터로 무언가를 수행하라

　잎이 아닐 때:
　　루트에 있는 데이터로 무언가를 수행하라(보통은 잎에서와 다를 수 있다)
　　그리고 각 하위 트리를 재귀적으로 처리하라
　　그리고 결과를 합쳐라

모든 트리 연산이 이 패턴에 들어맞을 수는 없지만, 이 연산 패턴에 맞출 수 있다면 같은 처리를 하는 다른 방법보다 단순하고 확실히 옳은 방법이다.

예를 살펴보자. 한 사람의 선조 트리에 있는 이름의 집합을 생성하는 Person 클래스의 메서드를 작성해보자.

앞선 재귀적 패턴을 따를 것이다. 우선 Person이 잎이든지 아니든지 간에 그 사람의 이름을 단일 원소 집합으로 취하면서 시작한다. 그리고 나서 만약 그 사람의 아버지가 트리에 표현되어 있다면 아버지의 선조 트리에 있는 이름들을 추가한다. 그리고 그 사람의 어머니에 대해서도 같은 처리를 수행한다. 증가 할당 연산자 "+="에서 "+"는 집합의 합집합 연산자임에 유의하자.

```
def ancestorNames(self):
    result = {self.name}
    if self.father != None:
        result += ancestorNames(self.father)
    if self.mother != None:
        result += ancestorNames(self.mother)
    return result
```

이 방법도 나쁘지는 않지만, 더 간단하고 효율적으로 만들 수 있다. 비어 있는 트리를 허용하는 트리의 재귀적 정의를 생각해보자. 한 사람의 선조 트리가 비어 있다는 것은 말이 안 된다. 반드시 최소한 그 사람은 포함하기 때문이다. 하지만 한 Person 객체의 father나 mother 속성을 비어 있는 트리로 가정하면 어떨까? 그러면 None 값은 정보가 없다는 표시가 아니라, 비어 있는 하위 트리를 표현하게 된다.

이제 각 하위 트리에 대해 None 값인지 검사하는 대신 비어 있는 트리를 재귀의 기저 조건으로 설정하자. 물론 비어 있는 선조 트리에 있는 이름의 집합은 공집합이 된다. 이 근거에 기초하면 다음과 같은 답을 얻을 수 있다.

```
def ancestorNames(self):
    if self == None:
        return set()          # the empty set
    else:
        return {self.name} \
              + ancestorNames(self.father) \
              + ancestorNames(self.mother)
```

이 코드는 더 간단할 뿐만 아니라 4.2절의 계승 함수부터 지금까지 보아온 재귀 함수 정의의 코드 패턴에 매우 가깝다. 기저 조건과 재귀 조건이 분명히 구분되기 때문에 한눈에 메서드 본문이 원하는 것을 계산하는 것을 알아볼 수 있다.

이 예를 통해 두 가지 원칙을 알 수 있다.

1. 프로그래밍을 쉽게 만들어 주는 수학적 정의를 따르거나 필요에 맞게 정의를 수정하는 것은 아무 문제가 없다.
2. 수학적 정의를 무시하면서 코드를 수정해서는 안 된다. 적절한 정의를 선택하고 해당 정의가 원하는 것인지 확인한 다음 정의에 맞는 코드를 작성해야 한다.

7 상태 기계

객체의 상태는 객체가 하나의 메서드 호출로부터 또 다른 호출까지 유지하는 정보이다. 메서드는 객체의 상태에 변화를 주기도 하고(`MovingAverage` 객체의 메서드 `append`와 같이) 메서드 호출의 결과가 객체의 상태에 따라 결정되기도 한다(`value` 메서드와 같이).

프로그램에서 객체를 설계할 때 상태와 상태 간의 전이를 분명하게 생각하는 것이 도움되기도 한다. 객체의 가능한 상태의 숫자가 유한하고 그렇게 크지 않은 경우라면 더욱 그러하다. 그런 경우라면 각 상태에 이름을 붙일 수 있다.

또한, 전이도(transition diagram)를 그려 객체의 동작을 나타낼 수도 있다. 다음은 각 정점에 상태의 이름이 레이블로 붙어 있고 각 간선에 하나의 상태(간선의 시작점)에서 또 다른 상태(간선의 끝점)로 전이를 일으키는 자극(stimulus)이나 입력(input)의 이름이 레이블로 붙어 있는 방향과 레이블이 있는 특별한 종류의 그래프이다.

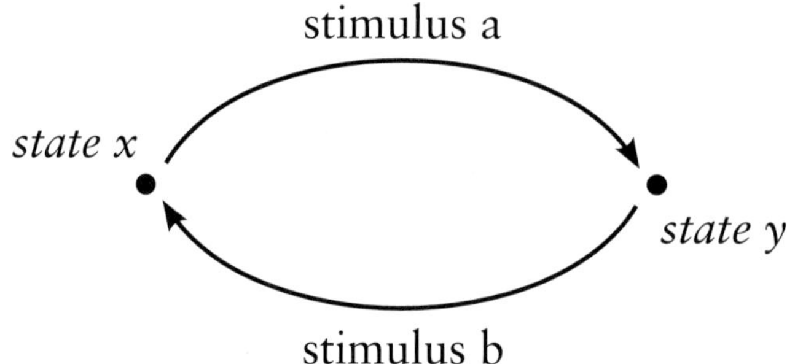

전이도는 컴퓨터 과학 이론에서 일종의 수학적 객체인 상태 기계(state machine)를 정의한다. 상태 기계의 수학적 속성 대부분은 이 책의 범위를 넘어서는 내용이다. 여기서는 객체를 설명하고 설계하는 데 도움이 되도록 상태 기계와 전이도를 간단하게만 사용한다. 소프트웨어 설계자뿐만 아니라 하드웨어 설계자와 같은 다른 전문가도 이와 같은 방법을 사용한다.

예를 들어 한번 누르면(click) 켜지고 다시 한 번 누르면 꺼지는 전기 버튼(electrical pushbutton)을 생각해보자. 이는 켜짐과 꺼짐이라는 두 가지 상태와 그 상태를 변화시키는 "click(누름)"이라는 하나의 자극이 있는 상태 기계로 묘사할 수 있다. 이 상태 기계의 전이도는 다음과 같다.

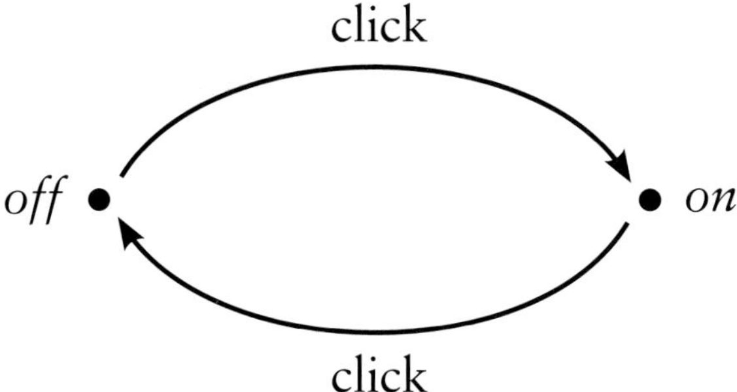

이보다 약간 더 복잡한 전기 장치를 생각해보자. 버튼을 누르면 앞서와 마찬가지로 작동한다. 하지만 여기서 버튼만 살펴보고 꺼졌는지 켜졌는지 확인할 방법은 없다. 그래서 제작자가 "reset(리셋)" 기능을 추가했다. 버튼을 누르고 몇 초간 유지하면 현재 상태에 상관없이 전원이 꺼지게 된다. 이 새로운 상태 기계의 전이도는 다음과 같다.

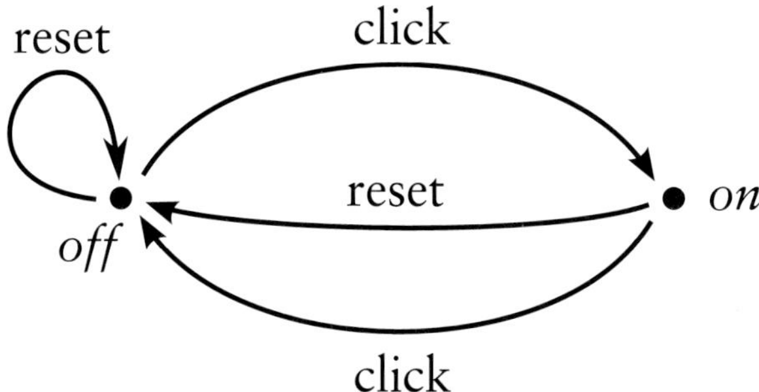

이 장치와 같은 동작을 하는 객체를 갖는 파이썬 클래스를 정의할 수 있고 코드를 작성할 때 전이도를 이용할 수 있다. 객체의 상태는 private 데이터 속성에 저장된다. 상태가 두 개만 존재하므로 속성 역시 두 개의 값만 필요하다. 따라서 부울 값이 가장 적합한 선택이라고 할 수 있다. 이 속성에 `__on`이라는 이름을 붙이고 켜져 있는 상태를 `True`, 꺼져 있는 상태를 `False`로 표현한다.

메서드 __init__는 속성 __on의 초깃값을 지정하는데, 여기서는 임의로 False로 정한다. "click"이란 자극의 효과는 같은 이름을 가진 메서드로 구현한다. 이 메서드는 __on의 값이 False였다면 True로 설정하고, True였다면 False로 설정한다. 이 논리를 위해 if-문을 사용할 수도 있지만, 부울 연산자 not을 이용하면 더 쉽게 처리할 수 있다. "reset"이란 자극은 단지 __on을 False로 바꾸는 또 다른 메서드를 이용한다. 메서드 isOn은 속성 __on의 값을 부울 값으로 반환한다. 이 모든 코드는 **예제 11-3**에서 볼 수 있듯이 아주 간단하다.

예제 | 11-3 Pushbutton 클래스

```
class Pushbutton:

   def __init__(self):
      self.__on = False

   def click(self):
      self.__on = not self.__on

   def reset(self):
      self.__on = False

   def isOn(self):
      return self.__on
```


이제 전형적인 형태의 프로그래밍에 사용하는 상태 기계 객체의 예를 살펴보자. 바로 문자열에서 필드를 찾는 것이다. 이러한 문자열은 8.4절과 같이 단층 파일에서 입력받은 줄일 수도 있다. 하지만 이번 예제에서는 필드를 CSV 파일의 쉼표가 아닌 하나 또는 그 이상의 공백 문자로 구분되는 시퀀스로 가정한다. 또한, 문자열의 시작과 끝에도 공백 문자가 포함되어 있을 수 있다. 필드는 공백 문자가 아닌 어떤 문자라도 포함할 수 있다. 이 문자열의 필드를 시퀀스(보통은 스트림)로 전달하고자 한다.

이 작업은 여러 가지 방법으로 수행할 수 있지만, 여기서는 상태 기계를 이용한 방법을 알아보자. 다음과 같은 개념을 떠올릴 수 있다. 상태 기계는 문자열에서 한 번에 하나씩 문자를 자극으로 입력받고 현재 문자가 필드에 속하는지 혹은 공백 문자의 시퀀스에 속하는지 확인한다. 이 두 가지가 기계의 상태가 될 것이다. 내용에 따라서 문자가 다른 것을 의미할 수 있기 때문에 상태만 고려하면 된다. 예를 들어 공백 이후의 공백 문자는 아무 의미도 없을 뿐만 아니라 무시할 수 있지만, 공백 문자가 아닌 문자 뒤에 따라오는 공백 문자는 필드의 끝을 의미한다.

전이도 표기법에는 여러 가지가 있으나 이 예에서는 그 중 두 가지를 사용할 것이다.

- 그래프 밖에서 기계의 초기 상태로 연결되는 화살표. 즉, 기계가 생성되거나 켜질 때 시작하는 상태를 나타낸다.
- 자극에 대한 "반응(response)" 의 이름인 각 전이의 추가 레이블. 예를 들어 자극은 장치에 대한 입력일 수 있으며 반응은 그에 해당하는 출력일 수 있다. 반응은 특정한 상태에서 특정한 자극을 받을 때 기계의 동작을 말한다.

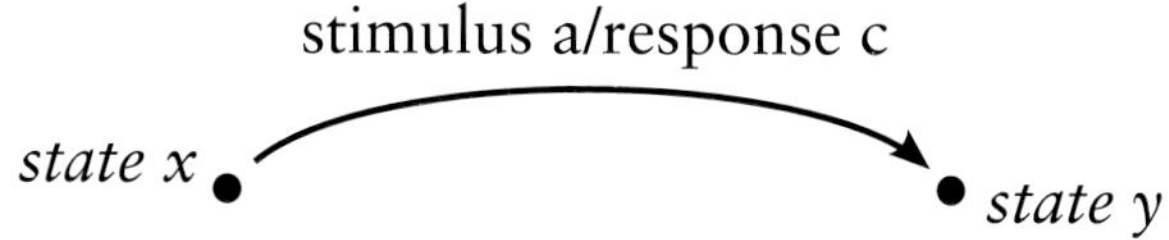

이 예와 같은 상태 기계에서는 문자열로부터 분리하는 문자가 바로 자극이 된다. 그리고 반응은 앞에 있는 문자들의 맥락에 따라 달라지는 각 문자의 "의미"가 된다. 이때 필요한 서로 다른 반응은 다음과 같다.

- "include(포함)": 문자가 필드의 일부다.
- "ignore(무시)": 문자가 아무 의미 없으니 무시할 수 있다.
- "end(끝)": 문자가 필드의 끝을 가리킨다. 이 문자는 필드의 일부가 아니다.

이 상태 기계에 대한 전이도는 다음과 같다. 두 개의 상태에 "in spaces(공백에 속함)"와 "in field(필드에 속함)"라는 레이블이 붙는다. 문자열이 공백으로 시작할 수 있으므로 초기 상태는 "in spaces"가 된다. 이 상태에서 공백 문자가 자극으로 들어오면 기계를 다시 같은 상태로 돌려보내고 반응은 "ignore"가 된다. 그밖에 다른 문자는 필드의 첫 번째 문자가 되고 기계는 "in field" 상태로 변하며 반응은 "include"가 된다. (그림에 나타낸 "non-space"라는 주석은 공백이 아닌 각각의 가능한 문자에 대한 여러 간선을 줄여서 표현한 것으로 생각할 수 있다.) 상태 "in field"에서 공백이 아닌 모든 문자는 기계를 다시 같은 상태로 돌려보내고 반응은 "include"가 된다. 상태 "in field"에서 공백 문자는 필드의 끝을 가리키므로 기계는 "in spaces" 상태로 변하며 반응은 "end"가 된다.

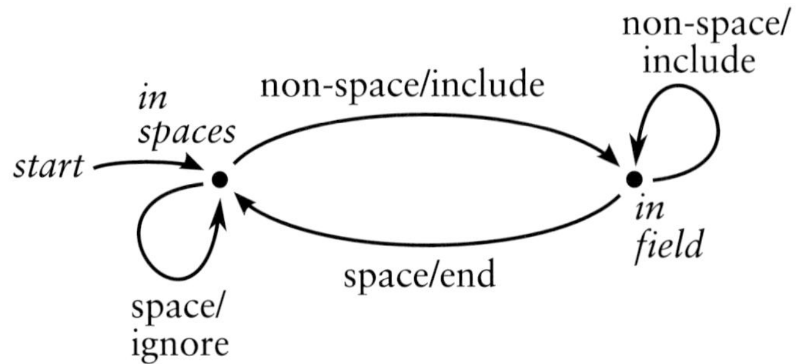

이제 이러한 전이도를 파이썬 코드로 옮겨보자. 우선 결정해야 할 데이터 표현이 하나 있다. 어떻게 기계의 다른 상태와 다른 반응을 표현할 것인가? 두 가지 모두 집합이다. 특정한 순서도 없고 모든 원소도 다르다. 하지만 이들 집합에 대해 집합 연산을 사용할 필요는 없다. 오직 두 값이 서로 같은지만 비교하면 된다. 이럴 때는 8.5절과 마찬가지로 각 집합의 원소를 작은 정수 값으로 표현할 수 있다.

```
inField = 0
inSpaces = 1

include = 0
end = 1
ignore = 2
```

이제 상태 기계의 클래스 정의를 작성하자. 코드는 **예제 11-4**와 같다. 기계의 상태는 데이터 속성 `self.state`고 생성자는 이를 초기 상태로 지정한다. `advance`라는 메서드를 이용해 문자를 자극으로 받아서 하나의 상태 전이를 처리하여 새로운 상태와 반응을 설정한다. 이때 새로운 상태와 반응은 기존 상태와 자극으로 들어온 문자에 달렸다. 그리고 반응을 메서드 호출의 값으로 반환한다.

예제 | 11-4 문자열에서 필드를 찾는 상태 기계

```
class FieldsStateMachine:

    def __init__(self):
        self.state = inSpaces

    def advance(self, char):
        if self.state == inField:
            if char == " ":
                self.state, response = inSpaces, end
            else:
                self.state, response = inField, include
        else:   # self.state == inSpaces
            if char == " ":
                self.state, response = inSpaces, ignore
            else:
                self.state, response = inField, include
        return response
```


이 상태 기계를 사용하는 코드는 **예제 11-5**와 같다. 한 번에 하나씩 문자열에서 필드를 산출하는 발생자 함수를 정의한다. 먼저 문자열의 각 문자를 상태 기계에 넣는다. 필드의 문자를 변수 `field`에 누적하는데 문자에 대한 기계의 반응이 "`include`"일 때 문자를 추가한다. 만약 반응이 "end"라면 필드를 산출하고 새로운 필드를 시작한다. 문자열의 마지막에 도달했을 때 마지막 필드가 줄의 끝에서 공백 문자로 끝나지 않을 수도 있다. 이럴 때는 마지막 필드를 따로 산출하게 된다.

예제 | 11-5 FieldsStateMachine을 사용하는 코드

```
machine = FieldsStateMachine()

def fields(string):
    field = ""

    for c in string:
        response = machine.advance(c)
        if response == include:
```

```
            field += c
        elif response == end:
            yield field
            field = ""
        # else response == ignore: pass

    if field != "":
        yield field
```

이 예제는 아주 단순해서 아무 문제가 될 요소가 없다. 또한, 이 코드를 파이썬의 `split` 함수와 같이 다른 방법을 이용해서 더욱 쉽게 만들 방법도 없다. 이제 한 가지 복잡한 문제를 추가해보자. 이를 소프트웨어 관점에서는 "기능(feature)"이라고 부르기도 한다.

입력 파일의 필드가 공백 문자를 포함할 수 있다고 가정하자. 이러한 필드는 "Los Angeles" 혹은 "East St.Louis"와 같은 도시 이름일 수 있다. 그렇다면 필드가 공백 문자를 포함할 때 해당 필드는 `"East St. Louis"`와 같이 큰따옴표로 둘러싸게 된다. 이 큰따옴표 문자는 필드가 표현하는 데이터 일부로 인식하지 않는다.

이제 상태 기계는 새로운 상태 하나와 새로운 전이 몇 가지를 포함해야 한다. "in spaces(공백에 속함)" 상태에서 큰따옴표 문자는 "in quoted(따옴표에 속함)"라는 새로운 상태로 전이를 일으키고 큰따옴표 문자는 무시된다. 기계는 필드의 끝을 의미하는 또 하나의 큰따옴표를 받을 때까지 그 상태에 남아 있다. 새로운 전이도를 나타내면 다음과 같다. "quote(따옴표)"는 큰따옴표 문자를 의미한다.

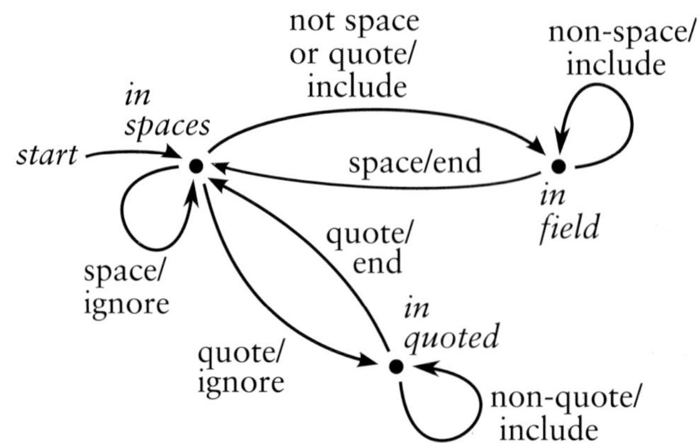

예제 11-6은 이를 적용한 새로운 상태 기계의 코드다. 한 번 새로운 전이도를 만들고 나면 이러한 변화를 코드에 적용하기는 쉽다. 기존 코드에 새로운 상태와 새로운 전이를 의미하는 코드를 추가하기만 하면 된다. advance의 본문은 길고 복잡해 보일 수 있지만, 구조가 규칙적이어서 각 부분을 전이도와 비교하여 코드가 올바로 작성되었는지 확인할 수 있다.

예제 | 11-6 문자열에서 필드를 찾는 상태 기계 – 버전 2

```
inField = 0
inSpaces = 1
inQuoted = 2

include = 0
end = 1
ignore = 2

class FieldsStateMachine:

   def __init__(self):
      self.state = inSpaces

   def advance(self, char):
      if self.state == inField:
         if char == " ":
            self.state, response = inSpaces, end
         else:
            self.state, response = inField, include
      elif self.state == inQuoted:
         if char == '"':
            self.state, response = inSpaces, end
         else:
            self.state, response = inQuoted, include
      else:   # self.state == inSpaces
         if char == " ":
            self.state, response = inSpaces, ignore
         elif char == '"':
            self.state, response = inQuoted, ignore
         else:
            self.state, response = inField, include
      return response
```

컴퓨터 과학자들은 모노이드를 상태 기계의 전이로서 정의할 수 있다는 것을 발견했으며 컴퓨터 과학 이론은 이 사실이 내포한 의미를 더욱 발전시켰다. 이 결과는 일상의 프로그래밍과는 직접 연관되지 않으므로 여기서 자세히 다루지는 않는다. 그러나 이를 통해 컴퓨팅에서 모노이드는 어디에나 존재한다는 것을 알 수 있다.

이 장에서 소개한 용어

- 객체의 속성(attributes of an object)
- 클래스(class)
- 인스턴스(instance)
- 메서드 재정의(overriding a method)
- 재귀적으로 정의된 객체 (recursively-defined object)
- 생성자(constructor)
- 상속(inheritance)
- 잎(leaf)
- 상태 기계(state machine)
- 객체의 상태(state of an object)
- 객체의 식별자(identity of an object)
- 상위 클래스(superclass)
- private 속성(private attribute)
- 루트(root)
- 이름 공간(name space)
- 하위 클래스(subclass)
- 하위 트리(subtree)
- 전이도(transition diagram)

연습문제

1 사전에 기초하여 파이썬 클래스 `Multiset`을 작성해보자. 이 클래스에는 메서드 `isEmpty`와 `count`, `intersection`, `union`, `sum`을 구현해야 한다.

파이썬에서 프로그래머 정의 클래스는 내장 클래스로부터 상속받을 수 있다. 따라서 `Multiset` 클래스를 `dict` 클래스를 상속받아 작성해볼 수도 있다. 이렇게 작성하는 방법의 장점과 단점은 무엇인가?

2 파이썬 클래스 `Monoid`를 작성해보자. 최소한 다음 메서드를 포함하도록 하자.

- 두 개의 인수를 취하는 메서드 __init__. 이때 첫 번째 인수는 모노이드 연산을 구현하는 인수가 두 개인 함수이고 두 번째 인수는 모노이드의 항등원 값이다. 예를 들어 클래스 생성자를 다음과 같이 호출할 수 있다.

```
integerAddition = Monoid(lambda x,y: x+y, 0)
```

- 두 개의 매개 변수를 취하는 메서드 apply. 이 메서드는 모노이드 연산(생성자의 첫 번째 인수인 함수)을 적용하고 결과를 반환한다.
- 값의 이터러블을 매개 변수로 받아서 해당 원소들을 하나의 값으로 축약하는 메서드 reduce. 이때 6.4절의 reduce 메서드처럼 모노이드 연산과 모노이드 항등원을 사용한다.

3 클래스 MovingAverage를 시간 간격이 같지 않은 데이터에 적합하게 변형해보자. 생성자의 인수는 데이터 요소의 개수 대신 이동 평균을 계산해야 할 기간(초나 일과 같은 적절한 단위)이 된다. 메서드 append의 인수는 시간(같은 단위의)과 그 시간에 해당하는 데이터 값의 순서쌍이다.

4 11.6절에서 살펴본 종류의 선조 트리를 만들기 위해 프로그램이 읽을 수 있는 파일 구조를 설계해보자. 선조 트리에서 두 명 이상이 같은 이름을 가질 수도 있다는 것에 주의하자. 이름은 트리에서 한 사람을 구별하는 고유 식별자가 될 수 없다.

이 부분을 염두에 두고 클래스 Person의 메서드를 작성해서 이러한 구조의 파일을 읽어보자.

5 a. 클래스 Person의 메서드 ancestors를 작성해보자. 이 메서드는 한 사람의 모든 선조의 집합을 생성한다. 여기에는 그 사람도 포함되므로 단지 선조 이름만 있는 집합과는 다르다. 같은 이름을 가진 사람들도 지금까지 언급하진 않았지만 생일이나 사망일과 같이 다른 속성이 있을 수 있다. 이러한 모든 선조를 포함할 수 있도록 하자.

b. 이제 주어진 사람을 제외하고 선조만으로 구성된 집합을 찾아보자. 하지만 주어진 사람을 특별하게 취급하는 메서드를 작성하려고 하지는 말자. 쉽게 생각해보자.

c. 메서드 ancestors를 이용해서 선조의 이름으로 구성된 집합을 어떻게 생성할 수 있는가? 하나의 파이썬 표현식으로 구현해보자.

6 11.6절의 Person 객체에 속성 born과 died를 추가해보자. 이는 태어난 해와 죽은 해를 의미한다. 살아 있는 사람은 died 값에 None을 사용하자.

self와 연도를 인수로 받아서 주어진 연도에 한 사람의 살아 있는 선조 집합(그 사람도 포함)을 반환하는 메서드를 작성해보자.

7 11.6절의 클래스 Person을 한 사람의 후손으로 된 트리를 생성하는 데 사용할 수 있도록 수정해보자. 그렇다면 Person 객체는 부모가 아닌 자식 속성을 지니게 된다. 한 사람의 자식 모임을 어떻게 표현할 수 있는가?

그 사람을 포함하여 한 사람의 후손 집합을 생성하는 이러한 클래스의 메서드를 작성해보자.

8 11.7절의 클래스 fieldsStateMachine을 수정해서 기능을 하나 더 추가하자. 이 새로운 기능은 따옴표에 속한 필드 안에 있는 큰따옴표도 필드가 나타내는 데이터 일부로 포함하는 것이다. 이때 \"로 된 두 개의 문자 시퀀스가 필드 안에 포함된 큰따옴표 문자를 표현한다. 또한, 따옴표에 속한 필드 안에 \ 문자도 포함할 수 있기 때문에 이제 필드 안에서는 두 개의 문자 시퀀스 \\가 하나의 문자 \를 의미한다. 실제로는 단순하게 필드 안에서 \ 이후에 다른 문자가 따라오면 이 형식은 두 번째 문자를 표현한다고 하자. 새로운 상태 전이도를 그려보고 해당하는 코드를 작성해보자.

9 11.7절에서 살펴본 전이도(상태와 초기 상태, 자극, 반응, 전이)를 인코딩하는 파일 구조를 설계해보자. 이제 이 파일을 읽어들여서 **예제 11-6**과 같은 `advance` 메서드를 출력으로 생성하는 프로그램을 작성해보자.

프로그래밍 언어의 인터프리터와 컴파일러 작성자는 이러한 "코드 생성 (code-generating)" 프로그램을 사용한다. 이를 통해 프로그램의 줄에서 이름과 키워드, 상수, 연산자, 구두점 등을 찾는 작업과 같은 코드 생성을 돕는다.

12장

프로그래밍 예제

1 음악 목록 공유

이번 장에서는 지금까지 배운 개념들을 더 큰 프로그램에 적용하는 방법을 살펴본다. 프로그램 전체는 책에 담기에 너무 크기도 하고 지루하기도 해서 모두 다룰 수는 없지만, 프로그램을 어떻게 설계하고 설계 과정에서 어떻게 수학적 구조를 사용하는지 알아볼 것이다.

우선 첫 번째 사례는 컴퓨터나 모바일 기기를 사용하는 친구들 사이에 음악 목록을 쉽게 공유할 수 있는 프로그램이다.

이 프로그램으로 친구들에게 음악을 추천할 수 있을 뿐만 아니라 사용자가 듣고 있는 음악을 기록할 수 있어야 한다. 이 프로그램의 사용자는 한 주에 한 번 정도 가장 자주 듣는 음악 목록을 무선 통신으로 모든 친구에게 보낼 수 있으며 친구들로부터 목록들을 받아서 인기도를 바탕으로 하나의 목록으로 정리할 수 있다. 사람들은 이러한 음악 목록을 이용해서 서로 음악을 추천하거나 자신의 음악 라이브러리에서 찾아볼 수도 있고 같은 가수의 또 다른 음악을 찾아볼 수도 있다.

이는 해결하고자 하는 문제를 간단히 설명한 것이다. 이제 프로그램을 어떻게 설계할지 살펴보자. 물론 실제로 파이썬 코드 일부도 살펴볼 것이다.

하나의 "음악 목록(tune list)"은 인기도 순으로 정렬된 시퀀스지만, 파이썬에서 꼭 리스트 형식일 필요는 없다. 각 음악에는 가수와 제목, 작곡가, 장르 등의 다양한 속성이 있다. 이 프로그램은 사운드 파일 자체가 아닌 이러한 음악의 속성을 이용한다. 음악은 속성의 모임으로 식별된다. 만약 모든 음악이 어떤 회사의 온라인 음악 스토어와 같은 하나의 소스로부터 나온다면 음악을 식별할 때 카탈로그 번호와 같은 고유 번호를 사용할 수도 있다. 하지만 여기서는 홈레코딩 파일을 비롯한 다양한 출처로부터 음악이 나온다고 가정한다.

여기서는 하나의 음악을 파이썬 튜플 하나로 표현할 것이다. 이때 첫 번째 원소는 가수고 두 번째 원소는 제목이며 그 이후의 원소는 포함하기 원하는 속성이 된다. 물론 다른 방법으로 표현할 수도 있다(이 장의 마지막에 있는 연습문제를 확인하자). 하지만 튜플로 표현하는 것이 가장 설계하기 간단하다. 튜플은 변하지 않는 객체다. 따라서 집합을 구성하고 사전의 키로 사용할 수 있다. 이러한 각 튜플을 "음악 튜플(tune-tuple)"이라고 부르자.

각 속성은 모든 음악 튜플에서 고정된 위치에 있게 된다. 이름으로 속성에 접근하고자 음악을 하나의 속성에 매핑하는 함수의 집합을 정의한다.

```
def artist(tune):
    return tune[0]

def title(tune):
    return tune[1]
```

이밖에 이름으로 접근하기 원하는 모든 속성에 대해서도 이러한 함수를 정의한다.

한 사람의 음악 라이브러리는 음악 튜플의 집합으로 표현된다. 이는 관계를 형성하는 것으로 생각할 수도 있다. 데이터는 일종의 CSV 형식의 파일로부터 나온다. 이 파일에서 각 줄은 음악을 표현하고 속성은 세로 막대 기호(|)로 구분된다. 쉼표를 사용하는 제목도 있기 때문에 속성을 세로 막대 기호로 구분하는 일은 드물지 않다. 음악 튜플의 집합을 8.4절의 함수 setOfTuples를 변형해서 만들 수 있다. 여기서 사용하는 정의는 다음과 같다. 단지 쉼표 대신에 세로 막대 기호로 나눈다. 집합 내장에 유의하자.

```
def setOfTuples(fileName):
    file = open(fileName)
    return {tuple(line.strip().split("|"))
                for line in file}
```

그러면 이제 데이터 파일의 이름이 "myTunes"라면 튜플의 집합 구조를 다음과 같이 만들 수 있다.

```
myTunes = setOfTuples("myTunes")
```

한 사람이 음악을 들을 때 그 음악은 우리의 프로그램에 음악 튜플의 스트림으로서 전달된다(이 과정은 이 책의 범위를 벗어나므로 다루지 않는다). 우리의 프로그램은 이러한 음악 튜플을 다중 집합에 축적한다. 한 사람이 한 곡을 여러 번 실행할 수도 있으며 음악이 얼마나 자주 실행되는지 세는 것이 목표이므로 당연히 집합이 아닌 다중 집합을 사용해야 한다.

알다시피 다중 집합이 여러 개 필요하기 때문에 다중 집합의 클래스를 정의한다. 9.5절과 같이 사전을 사용해서 다중 집합을 값으로부터 카운트로의 매핑으로 구현하고 이 사전을 private 데이터 속성으로 정의한다. 9.5절에서 정의한 함수와 같은 메서드 tally를 사용한다.

```
class Multiset:

    def __init__(self):
        self.__count = {}

    def tally(self, value):
        if value in self.__count:
            self.__count[value] += 1
        else:
            self.__count[value] = 1
```


Multiset의 객체인 plays를 생성하고 사용자가 음악을 들으면 해당 음악 튜플을 그 안에 입력한다.

```
plays.tally(tune)
```

클래스 Multiset에서 plays 다중 집합으로부터 음악 목록을 추출하는 또 다른 메서드를 사용한다. 이 메서드는 topN이라 부르고 가장 많이 실행된 음악부터 순서대로 n개의 음악을 반환한다. 이때 n은 사용자가 설정할 수 있는 인수다. 상위 10개의 재생 목록을 얻으려면 다음과 같이 작성하면 된다.

```
playList = plays.topN(10)
```

topN으로 이러한 목록을 생성하는 방법은 몇 가지가 있는데 그 중 두 가지는 다음과 같다.

1. __count의 내용을 첫 번째 원소가 카운트고 두 번째 원소가 음악 튜플인 순서쌍들의 시퀀스로 생성한다.

   ```
   byCount = ((count, tune)
                       for (tune, count) in items(self.__count))
   ```

   이 시퀀스를 내장 함수 sorted를 이용해서 정렬하여 목록으로 만든다. 이때 카운트의 오름차순으로 정렬한다(카운트가 같으면 음악 튜플의 오름차순으로 정렬하지만 이것이 중요한 것은 아니다). 이렇게 나온 결과를 역순으로 정렬한다(파이썬 라이브러리에는 reverse라는 리스트 메서드가 있다). 결과로 얻은 시퀀스에서 처음 *n*개 원소를 슬라이싱하고 내장을 이용해 순서쌍으로부터 단지 음악 튜플의 시퀀스만을 생성한다.

2. 내장 함수인 sorted의 추가 인수를 이용하면 앞선 작업의 대부분을 처리하고 카운트의 역순으로 정렬된 목록을 한 번에 생성할 수 있다. 이 방법을 적용하려면 이 책에서 다루지 않는 파이썬의 기능을 사용해야 한다. 만약 관심이 있다면 파이썬 문서에서 함수 sorted와 "keyword argument(키워드 인수)" 부분을 살펴보자.

어떻게든 topN이 이러한 처리를 수행하게 되면 사용자가 가장 많이 실행한 음악의 시퀀스를 얻게 된다. 이 시퀀스를 다른 친구들에게 CSV 형식의 파일(사용자의 음악 라이브러리에 사용한 형식과 같은)로 전달할 수 있다. (사용자가 들은 음악의 스트림에서와 마찬가지로 프로그램에서 음악 목록을 주고받는 방법은 다루지 않는다.) 여기서 친구의 모임은 집합이다. 온라인 주소의 집합일 수도 있고 각각 한 사람의 온라인 주소를 속성으로 가진 객체의 집합일 수도 있다.

이렇게 해서 프로그램은 친구들로부터 음악 목록과 추천 목록을 받는다(방법은 다루지 않는다). 추천(recommendation)은 음악 튜플과 적당한 형식의 메시지(음악에 대한 주석과 같은)이다. 프로그램은 이러한 추천을 음악 튜플과 문자열의 순서쌍으로 구현한다. 프로그램은 friendsLists라는 집합에서 음악 목록을 모으고 friendsRecommendations라는 또 다른 집합에서 추천을 모은다.

프로그램은 모든 음악 목록과 추천을 표시할 수 있으며 이 둘을 표로 만들고 집계한 음악 목록을 생성할 수도 있다. 사용자가 실행한 음악과 마찬가지로 이들은 처음에는 다중 집합이지만 정렬된 시퀀스로 변환된다. 안타깝게도 파이썬에서 다중 집합의 내장은 작성할 수 없다. 하지만 for-문과 tally를 이용해서 쉽게 다중 집합을 생성할 수 있다. 예를 들어 친구들의 음악 목록에서 가장 많이 언급된 10개의 음악 목록을 생성하려면 다음과 같이 코드를 작성하면 된다.

```
allMentions = Multiset()
for fList in friendsLists:
   for tune in fList:
      allMentions.tally(tune)
topTenMentions = allMentions.topN(10)
```

또는 가장 많은 친구들의 음악 목록에서 첫 번째인 10개의 음악 목록을 생성하려면 다음과 같이 할 수 있다.

```
allMostPopular = Multiset()
for fList in friendsLists:
   allMostPopular.tally(fList[0])
topTenMostPopular = allMostPopular.topN(10)
```

또는 가장 많은 친구에게 추천받은 10개의 음악 목록은 다음과 같이 생성할 수 있다(추천 쌍의 첫 번째 원소는 음악 튜플임을 떠올리자).

```
allRecommended = Multiset()
for rec in recommendations:
   allRecommended.tally(rec[0])
topTenRecommended = allRecommended.topN(10)
```

각 음악이 실행된 횟수를 가중치로 해서 친구들이 가장 많이 실행한 음악 목록을 집계하여 생성할 수도 있다. 이 연산을 처리하려면 물론 카운트가 필요하다. 따라서 각 친구의 기기로부터 단지 음악 목록뿐만 아니라 음악과 카운트를 쌍으로 전송받아야 한다(상위 10개 또는 원하는 개수만큼을 잘라서). 즉, 또 다른 다중 집합이 필요하다. 그러고 나서 이것을 바탕으로 친구들로부터 받은 모든 다중 집합에 대해 다중 집합의 "대" 합 연산이나 합집합 연산을 통해 집계한 음악 목록을 생성할 수 있다. 음악을 많이 듣는 친구들의 선호도가 가중치에 크게 반영되기 때문에 이 목록이 유용할 수도 있고 아닐 수도 있지만, 생각해볼 수 있는 또 하나의 옵션이 될 수 있다.

사용자는 이러한 집계 목록에서 음악을 듣거나 좋아하는 음악을 찾을 수도 있다. 이 음악이 사용자의 음악 라이브러리에 있는지를 확인하는 코드는 다음과 같은 간단한 부울 표현식을 포함하면 된다.

```
t in myTunes
```

어쩌면 사용자가 선택한 음악과 같은 가수(artist)의 다른 음악을 음악 라이브러리에서 찾고 싶을 수도 있다. 이러한 음악의 집합은 다음과 같은 내장을 이용해서 얻을 수 있다.

```
{t for t in myTunes
       if t.artist() == tune.artist()}
```

이것이 관계에서의 선택(selection) 연산이라는 것에 주목하자(10.5절). 이 프로그램에서 수행할 수 있는 비슷한 연산도 떠올릴 수 있을 것이다.

이제 이 사례 연구에서 사용한 수학적 구조를 돌아보자. 다중 집합뿐만 아니라 집합과 집합 내장도 사용했다. 또한, n-튜플과 다양한 시퀀스를 사용했으며 `artist`나 `title`, `topN` 등과 같은 매핑, 그리고 관계도 사용했다. 각각의 경우에 어떤 수학적 구조가 수행할 작업에 대한 자연스러운 선택인지 주의해서 살펴보자.

2 생물학 조사

이번 사례 연구는 생물학 조사 데이터를 기록하는 프로그램을 만드는 것이다.

여기서 말하는 생물학 조사(biological survey)란 특정 장소나 시간, 또는 특정한 장소와 특정 시간에 존재하는 유기체(organisms)의 개체 수가 된다. 이러한 좋은 예로는 북미의 크리스마스 새 개체 수 조사를 들 수 있다. 또 다른 예는 목초지의 풀이나 야생화 개체 수 또는 특정 기간 동안 댐을 지나가는 물고기의 개체 수와 같은 것이 있다.

대체로 생물학 조사자는 관찰한 유기체들의 종류와 개체 수를 기록하고 우리의 프로그램은 이러한 개체 수를 누적하게 된다. 초원의 식물 같은 경우는 조사자가 각 개체의 실제 숫자를 세지 않을 수도 있지만, 우리의 프로그램은 여전히 특정 종류의 식물을 관찰한 조사자의 숫자는 셀 수 있을 것이다. 또는 초원을 사각형 모양의 일정 구역을 나눌 수도 있고 프로그램으로 특정 식물이 발견된 구역의 개수를 셀 수도 있다. 어떠한 경우에라도 우리의 프로그램은 12.1절의 음악 목록 프로그램과 마찬가지로 개체 수를 누적하게 된다. 하지만 여기서는 데이터를 명시적으로 키와 개체 수 쌍의 집합인 다중 집합으로 표현하지는 않는다. 왜냐하면, 앞으로 살펴보겠지만 이 데이터에는 또 하나의 더 중요한 구조가 있기 때문이다.

생물학에서 유기체의 "종류"는 "분류군(taxon)"이라고 불린다(복수형은 "taxa"다). 분류군은 보통 라틴어로 된 학명(scientific name)으로 식별되는데 보통 영어나 지역별 언어로 불리는 통속명(common name)이 있다. 분류군은 다시 좀 더 일반적인 것부터 세부적인 것까지 "계급(rank)"이라고 불리는 수준으로 나누어진다. 예를 들어 새의 주요 계급은 다음과 같다. (학명은 이탤릭체로 표시되어 있다.)

- 강(Class). 예: *Aves* (새)
- 목(Order). 예: *Strigiformes* (올빼미목)
- 과(Family). 예: *Strigidae* (올빼미과)
- 속(Genus). 예: *Bubo* (수리부엉이)
- 종(Species). 예: *Bubo virginianus* (미국 수리부엉이)

때때로 새와 같은 경우에는 상목(superorder) 혹은 아과(subfamily) 같은 중간 계급이 있을 수도 있다. 우리 프로그램에서는 계급의 특정 집합을 미리 정해놓지 않고 주어진 데이터에 있는 계급은 무엇이든지 사용할 것이다.

가장 하위 계급을 제외한 각 분류군은 하나 혹은 그 이상의 다른 하위 계급으로 구성된다. 예를 들어 강 Aves는 Strigiformes(올빼미목), Gaviiformes(아비목), Sphenisciformes(펭귄목)을 비롯해서 십여 개의 목으로 이루어진다.

우리의 프로그램은 분류군의 계층 구조를 표현할 수 있어야 한다. 왜냐하면, 조사자들이 항상 표본을 종(species) 수준까지 정확하게 구별할 수는 없기 때문이다(예를 들어 조사자가 매(hawk)인데, 종류는 모르겠다고 할 수도 있다). 또한 예를 들어 곤충과 같은 조사에서는 많은 표본을 종 수준까지 자세하게 구별하기는 어렵다. 따라서 대부분 개체 수를 확인할 수 있는 수준이 종 계급보다 위라는 것을 예상해야 한다. 어떤 경우에도 우리의 프로그램은 임의의 계급에서 분류군의 개체 수를 기록할 수 있어야 한다.

이제 프로그램을 설계해보자. 핵심 구조는 다음과 같은 속성을 지닌 클래스 Taxon이다.

- 학명, scientific
- 통속명(선택 사항), common
- 계급, rank
- 개체 수, count
- 현재 분류군보다 높은 계급의 분류군, super

  프로그램에서 한 단계 위 분류군의 데이터가 없으면 이 값은 None이다. 예를 들어 새를 조사한 경우에 Aves가 그렇게 될 수 있다. 어떤 경우에도 하나의 분류군에 한 단계 높은 분류군이 하나가 넘게 있을 수는 없다.
- 한 단계 아래 분류군들의 집합, sub

  이 프로그램의 목적에서 순서는 중요하지 않다고 가정한다.

sub의 집합을 지닌 Taxon은 11.6절에서 살펴본 선조 트리처럼 재귀적으로 정의된 객체이며, 따라서 이러한 Taxon은 트리의 루트이다. 모든 Taxon 객체가 루트가 하나인 큰 트리에 포함될 필요는 없다. 가령 초원을 조사하는 경우에 모든 야생화와 풀을 포함한 하나의 큰 트리가 있을 수도 있지만, 각 분류군은 다른 트리 또는 하위 트리의 루트이다.

super 속성과 함께 Taxon 객체는 더 복잡하게 재귀적으로 정의된 구조를 형성한다. 트리를 방향성이 있는 그래프(유향 그래프)라고 생각했던 11.6절을 다시 떠올려보자. 재귀적으로 정의된 트리에서 간선은 하나의 객체에서 또 다른 객체로의 바인딩이나 포인터를 나타낸다. 이때 간선이 향하는 객체는 이전 객체(간선의 시작점)의 속성이 된다.

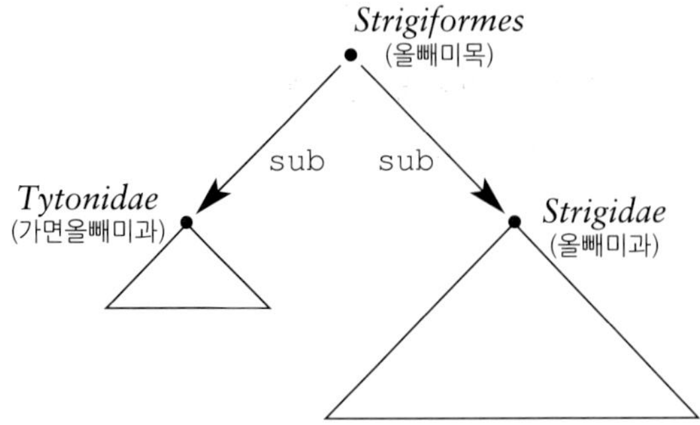

super 속성은 이와는 반대 방향으로 간선을 추가한다. 이제 전체 구조를 트리가 아닌 유향 그래프라고 생각할 수 있다. 하지만 이럴 때는 방향성이 없는 트리로 생각하는 것이 더 유용하다. 간선 sub와 super는 쌍을 이루고, 각 쌍은 양방향으로 오갈 수 있는 하나의 방향성이 없는 간선과 같다.

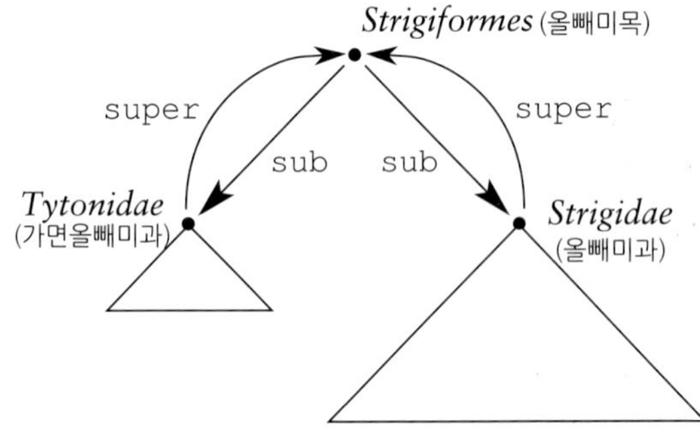

일반적으로 CSV 형식의 데이터 파일에서 이러한 분류군 구조를 얻는다. 각 줄은 Taxon 객체를 정의하는 튜플이고 다음과 같은 필드가 있다.

- 학명, 속성 scientific을 정의한다.
- 통속명, 비어 있을 수 있으며 common을 정의한다.
- 계급, rank를 정의한다.
- 이 분류군이 속한 한 단계 위 분류군의 학명, 비어 있을 수 있으며 super를 정의한다.

sub 속성은 다른 Taxon 객체의 super 속성에서 얻을 수 있기 때문에 파일에서는 sub 속성을 정의할 필요가 없다.

예를 들어 Bubo의 줄은 다음과 같을 수 있다.

```
Bubo, horned owl, genus, Strigidae
```

분류군 파일은 높은 계급 순으로 정렬된다. 따라서 Strigidae 줄이 Bubo 줄보다 앞에 나온다고 가정한다. 이 제약 조건을 제외하고는 파일의 줄에 특정한 순서는 없다. 그러나 줄이 완전히 무작위는 아니므로 이 파일은 수학적 관점의 관계(relation)를 온전히 나타낸 것은 아니다. ("부분 순서 집합(partially ordered set)"이라는 개념으로 이 책에서는 다루지 않는 또 다른 수학적 구조 중 하나다.)

코드에 있는 클래스 Taxon의 생성자는 파일의 줄에 있는 필드들을 인수로 하여 호출되고 메서드 __init__는 scientific, common, rank 속성을 채우고 count를 0으로 초기화한다. 만약 매개 변수 super가 Null이 아니라면 __init__는 주어진 이름으로 된 Taxon 객체를 찾아야 한다. 그리고 self.super를 이렇게 찾은 객체로 설정하고 현재 객체를 찾은 객체의 sub 집합에 넣는다. 하지만 어떻게 이러한 객체를 찾을 것인가?

학명을 Taxon 객체에 매핑하는 사전 taxon을 유지하면 된다. 메서드 __init__는 새롭게 생성된 Taxon 객체를 사전에 하나의 항목으로 넣는다. 또한, 이와 비슷하게 통속명을 Taxon 객체에 매핑하는 사전 taxonByCommon을 유지한다. 이 사전의 용도는 나중에 살펴볼 것이다.

분류군 파일이 정렬되어 있기 때문에 __init__가 호출되면 super에 해당하는 Taxon 객체는 이미 존재하게 되고 사전 taxon에도 또한 관련 항목이 포함되어 있다. (이 예제에서 분류군 파일의 순서가 잘못되거나 빠뜨린 것과 같은 데이터의 오류를 처리하는 코드는 다루지 않는다.) 현재의 Taxon 객체에서는 sub 속성을 공집합으로 초기화한다. 이는 나중에 나오는 분류군 파일의 줄이 처리될 때 채워지게 된다.

지금까지 이야기한 내용을 코드로 옮기면 다음과 같다.

```
taxon = {}
taxonByCommon = {}

class Taxon:

   def __init__(self, scientific, common, rank, super):
      self.scientific = scientific
      self.common = common
      self.rank = rank
      self.count = 0
      self.sub = set()

      if super != "":
         superObject = taxon[super]
         self.super = superObject
         superObject.sub.add(self)
      else:
         self.super = None

      taxon[scientific] = self
      if common != "":
         taxonByCommon[common] = self
```


이제 조사자가 어떤 데이터를 보고할 때 클래스 Taxon의 개체 수에 숫자를 더하는 명백한 메서드를 다음과 같이 정의한다.

```
def add(self, n):
   self.count += n
```

따라서 조사자가 어떤 종류의 개체 수를 보고하면 taxon이나 taxonByCommon을 사용해서 (조사자가 제공하는 이름의 종류에 따라서) 그에 해당하는 Taxon 객체를 찾고 add를 적용할 수 있다.

이제 지금까지 살펴본 이렇게 다른 구조와 코드가 지원하도록 설계된 메서드를 구현할 차례다. 이 메서드는 특정 분류군에 대해 관측된 개체 수의 총합을 계산한다. 이 총합에는 해당 분류군 자체에 저장된 개체 수뿐만 아니라 계층을 따라 모든 하위 분류군에 있는 개체 수도 포함된다. 따라서 이 계산은 재귀적이다. 즉, 해당 분류군의 count 속성을 sub의 모든 원소를 더한 총계에 더한다. 이때 이 총계 역시 같은 방법으로 재귀적으로 계산한다. 모든 것이 아주 간단하다.

```
def total(self):
    return self.count + \
        sum((t.total() for t in self.sub))
```

이러한 재귀는 기저 조건이 명시적으로 정의되지 않는다는 점에 주의하자. 재귀의 기저 조건은 분류군 계층의 가장 낮은 수준에 도달할 때다. 즉, self.sub이 비어 있어서 더는 재귀 호출이 없을 때다.

이 메서드에서 sum은 숫자 시퀀스의 합을 반환하는 함수다. 6.4절(reduce의 정의도 있다)에 있는 정의와 유사하게 이를 정의하는 방법은 다음과 같다.

```
def sum(seq):
    return reduce((lambda x,y: x+y), seq, 0)
```

이제 주어진 분류군과 그의 모든 하위 분류군의 개체 수를 보고서로 만들 수 있다. 예를 들어 새에 대해 짧은 기간 조사하고 나서 Strigiformes(올빼미목)에 대한 보고서를 작성하면 다음과 같다.

```
8   Strigiformes (owl)
    7   Strigidae (typical owl)
        2   Asio (eared owl)
            1   Asio otus (Long-eared Owl)
            1   Asio flammeus (Short-eared Owl)
        0   Athene ()
            0   Athene cunicularia (Burrowing Owl)
        5   Bubo (horned owl)
            5   Bubo virginianus (Great Horned Owl)
```

```
1   Tytonidae (barn owl)
    1   Tyto (barn owl)
        1   Tyto Alba (Common Barn Owl)
```

이와 같은 보고서를 만드는 재귀적인 Taxon 메서드는 다음과 같다. 이 메서드는 주어진 분류군에 대해 한 줄을 생성하고 재귀적으로 각 하위 분류군에 대한 보고서를 생성한다. 한 단계가 낮은 계급이 상위 계급보다 두 칸 들여쓰기가 되도록 매개 변수인 indent를 사용하는 것을 확인하자. 앞서와 마찬가지로 self.sub이 비었을 때 재귀가 종료된다.

```
def report(self, indent):
    print(indent + self.total() \
              + "  " + self.scientific
              + " (" + self.common + "))
    for sub in self.sub:
        sub.report(indent + "  ")
```

프로그램이 한번 전체 분류군 파일을 읽어들이고 나면 values(taxon)은 모든 Taxon 객체의 집합이 된다는 점에 주목하자(9.2절 참고). 이때 모든 Taxon 객체의 집합은 프로그램이 가진 모든 분류군에 대한 데이터다. 이는 실제로는 스트림이지만 특별한 순서가 없기 때문에 집합으로 생각할 수도 있다. 따라서 이러한 values(taxon)을 반복하거나 필터링하거나 각 원소에 연산을 수행하거나 집합으로 구체화하는 등 다양한 처리를 할 수 있다.

values(taxon)을 사용하는 예 중 하나는 다음과 같다. 개체 수 조사의 분류군 파일에서 데이터가 하나의 루트를 가진 큰 트리를 정의할 수도 있다(예를 들어, 새를 조사하는 경우에 Aves에 대한 Taxon 객체가 루트가 된다). 하지만 반대로 그렇지 않을 때는 데이터가 트리의 집합을 정의한다(이러한 구조는 수학적으로 "포레스트(forest)"라고 한다).

이러한 모든 트리에 대한 루트의 집합을 간단한 내장으로 얻을 수 있다.

```
allTrees = {order in values(taxon)
                if order.super == None}
```

그러면 개체 수가 확인된 모든 분류군에 대해서 그 분류군이 속한 트리로 구성된 총계 보고서를 생성할 수 있다.

```
for t in allTrees:
    t.report("")
```

이전 장에서 다뤘던 음악 목록 프로그램에서처럼 프로그램에 추가할만한 다른 유용한 연산들도 생각해볼 수 있다.

이제 여러분이 이와 같은 프로그램을 작성하도록 회사에 고용되었다고 가정해보자. 여러분은 앞서 다룬 설계 아이디어를 바탕으로 프로그램을 완성하고 승인받고자 제출했다. 그러나 상사가 다음과 같은 두 가지 추가 요구 사항을 반영해 변경해 달라고 요청했다.

첫째로 높은 계급의 분류군에 속한 하위 분류군 사이에 "분류학적 순서(taxonomic sequence)"라는 공식적인 순서가 있다. 현재 정의된 클래스 `Taxon`에 따라 메서드 `report`로 생성된 결과는 생물학자들이 받아들이지 않을 수 있다. 따라서 각 줄이 분류학적 순서를 따르도록 수정하길 원한다.

둘째로 일부 분류군은 하나 이상의 통속명이 있을 수 있다. 한 가지 이유로 분류군의 이름은 시간이 지남에 따라 변한다. 일부 조사자들은 조사 대상의 가장 최근 이름을 모르거나 예전 이름이 있는 오래된 참고서를 바탕으로 조사했을 수도 있다. 또 다른 이유로 "흰 기러기"와 "청회색 기러기" 같은 두 개 이상의 통속명을 같은 것으로 다루고 싶을 수도 있다(둘은 같은 종이지만 청회색 기러기는 흰 기러기의 색깔 변종이다).

상사는 이렇게 요구했다. "상세한 내용을 미리 말해주지 않은 것은 미안하지만, 프로그램을 다시 작성해야겠네."

다행히도 현재 작성한 코드를 바꾸는 방법은 아주 간단하다. 우선 첫 번째 요구 조건을 충족하려면 `Taxon` 객체의 하위 분류군 컨테이너로 집합이 아닌 리스트를 사용한다. 생성자에서 단 두 줄만 수정하면 된다. 수정할 내용은 바로 다음과 같다.

```
    self.sub = set()
```

```
        superObject.sub.add(self)
```

이 두 줄을 다음과 같이 바꾼다.

```
    self.sub = []
```

```
    superObject.sub.append(self)
```


이제 분류군 파일에 있는 각 줄이 분류학적 순서를 따르기만 하면 모든 것이 해결된다. 그러면 Taxon 객체는 분류학적 순서로 생성되고 적합한 sub 리스트로 추가된다.

이제 메서드 report로 출력되는 줄 역시 분류학적 순서를 따른다. 메서드 본문의 for-문은 전혀 바꿀 필요가 없다. 그래도 이제 집합이 아닌 리스트에 대해 반복을 수행한다. 이 리스트가 바로 분류학적 순서로 되어 있다.

두 번째 요구 조건을 충족하려면 추가되는 통속명을 학명에 매핑하는 또 다른 데이터 파일을 사용한다. 지금까지 본 다른 예와 마찬가지로 CSV 형식 파일이고 이름은 synonyms라고 가정하자. 이 파일의 각 줄을 입력받아서 8.4절의 setOfTuples 함수를 이용하여 튜플로 변환하고 taxon에 있는 학명을 조회하여 해당하는 Taxon 객체를 찾는다. 그러고 나서 새로운 통속명을 taxonByCommon에 추가한다. 이러한 코드는 매우 간단하고 반복 처리 과정도 친숙하다.

```
for (common, scientific) in streamOfTuples("synonyms"):
    t = taxon[scientific]
    taxonByCommon[common] = t
```

공식적인 통속명만 Taxon 객체에 저장되지만, 같은 종을 의미하는 모든 통속명은 taxonByCommon 사전 안에서 같은 Taxon 객체에 매핑되기 때문에 하나의 분류군으로 개체 수를 처리할 수 있다. 상사는 이러한 해결책을 마음에 들어 할 것이다.

이 사례 연구에서 설계할 때 핵심적인 수학적 구조는 분류군의 구조이며, 이는 트리 또는 트리의 집합이다. 이 구조는 재귀적으로 정의된 객체로 구성된다. super 속성을 지닌 분류군 구조는 유향 그래프지만, 이를 방향성이 없는 그래프(무향 그래프)로도 볼 수 있다. 매핑 역시 설계할 때 중요한 요소다. taxon과 taxonByCommon, 재귀적으로 정의된 매핑인 total, synonyms 파일 등이 매핑이다. 이 프로그램은 튜플과 튜플의 시퀀스뿐만 아니라 집합도 사용한다.

3 작가를 위한 메모장

마지막 사례 연구는 작가들이 글의 개요나 주석, 초안, 완성본, 인용문 등 글의 단편들을 관리할 수 있게 도와주는 프로그램이다. 이 프로그램은 보고서나 학위 논문을 쓰는 학생들과 원고, 책 등을 쓰는 학자 또는 전문 작가를 위한 프로그램이다.

이 프로그램은 자료 조사 과정에서 학생이나 작가들이 많이 사용하는 메모장(note card)을 상징적으로 표현한 것이다. 이 프로그램은 "메모장"를 컴퓨터 화면에 창으로 띄워 보여준다.

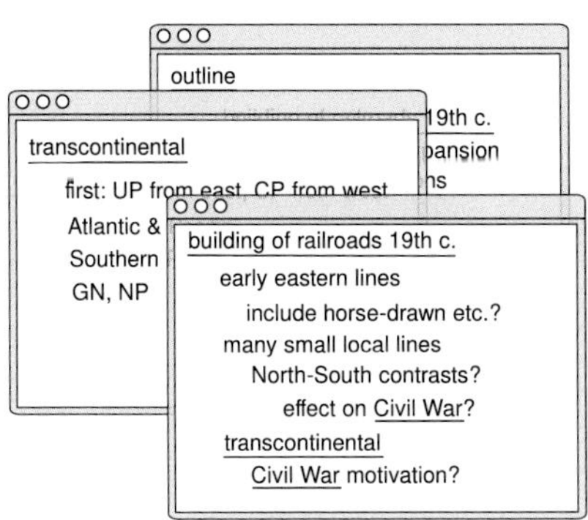

이 프로그램을 개발하는 초기 단계부터 합류했다고 가정하자. 이 프로그램을 개발하는 조직은 프로그램의 기능이나 작동 방법까지 완벽하게 결정하지는 않았고 초기 아이디어만 갖고 있다. 몇 가지 아이디어는 다음과 같다.

프로그램 사용자는 마치 웹페이지처럼 메모장 사이에 링크를 만들 수 있다. 실제로 링크는 다음과 같은 것들과 연결될 수 있다.

- 웹페이지
- PDF나 Postscript 형식과 같은 전자 문서 및 문서 안의 특정 위치
- 참고 문헌 데이터베이스에 있는 항목

사용자는 하나 이상의 키워드로 메모장에 주석을 달 수 있다. 또한, 하나 이상의 키-값 쌍으로 주석을 달 수도 있다. 예를 들어 다음 그림을 보면 메모장에는 두 개의 키워드와 하나의 키-값 쌍이 있다. 키-값 쌍에서 값은 링크며 참고 문헌 데이터베이스의 한 항목에 대한 링크일 수도 있다.

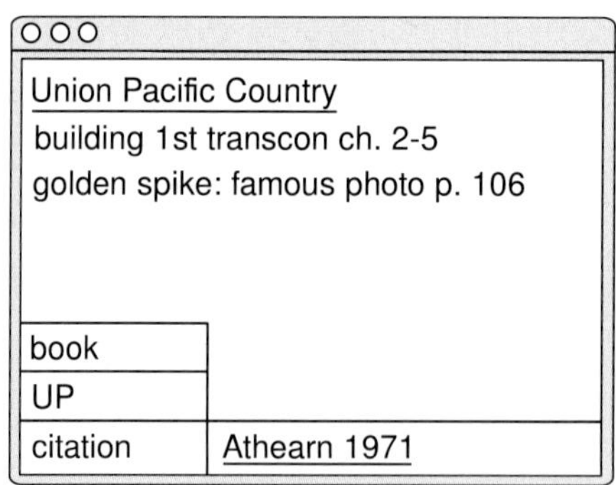

사용자는 특정 키워드가 있는 메모장이나 특정 키와 연관된 특정 값이 있는 메모장을 검색할 수 있다. 또한, 이 프로그램은 사용자가 특정 단어를 포함하는 메모장과 같은 다른 검색을 할 수 있도록 한다.

"개요(outline)", "줄거리(synopsis)", "초안(draft)"과 같은 일부 키워드는 메모장을 역할에 따라 분류하는 데 사용할 수 있다. 같은 역할을 하는 메모장에는 주로 사용하는 특정 연산이 있다. 이러한 연산에는 메모장을 둘 이상의 더 짧은 메모장으로 나누거나 둘 이상의 메

모장을 하나의 긴 메모장으로 합치거나 또는 메모장의 순서를 정의하는 등이 있다.

문서로 작업하는 사용자는 글의 단편들의 순서를 정하고 결합하는 것이 훨씬 더 중요할 수 있다. 따라서 이 프로그램의 최종 목표는 "초안(draft)" 또는 "완성본(final)"이라는 역할을 하는 메모장의 내용으로부터 하나의 긴 텍스트 시퀀스인 문서를 만드는 것이다. 하지만 사용자는 작업을 진행하면서 일부 또는 모든 메모장으로부터 얻은 현재의 개요나 줄거리 또는 초안을 살펴봄으로써 문서 전체나 일부의 현재 상태를 확인하고자 할 수도 있다.

예를 들어 "개요"라는 역할을 하는 메모장을 살펴보자. 하나의 메모장이 문서 개요의 최상위 단계를 표현하고 이 메모장에는 문서 각 부분의 개요를 좀 더 자세하게 표현하는 다른 메모장으로 링크가 있다고 가정하자. 이 메모장들 역시 비슷한 방법으로 또 다른 메모장들과 연결되는 링크가 있을 수 있다. 그렇다면 이러한 모든 메모장과 링크는 하나의 트리를 형성할 수 있다.

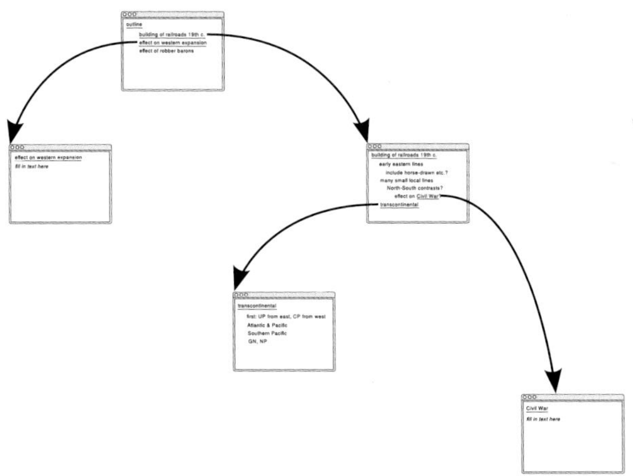

사용자는 이러한 트리로부터 전체적인 개요를 구성하고 싶을 수도 있다. 이런 연산은 12.2절의 새를 조사한 보고서와 같이 들여쓰기가 된 개요를 생성하게 되고 앞선 메서드 report와 같이 재귀적으로 쉽게 프로그래밍할 수 있다.

하지만 링크가 트리가 아닌 유향 그래프를 형성한다면, 즉 둘 이상의 링크가 가리키는 메모장이 있다면 어떻게 될까?

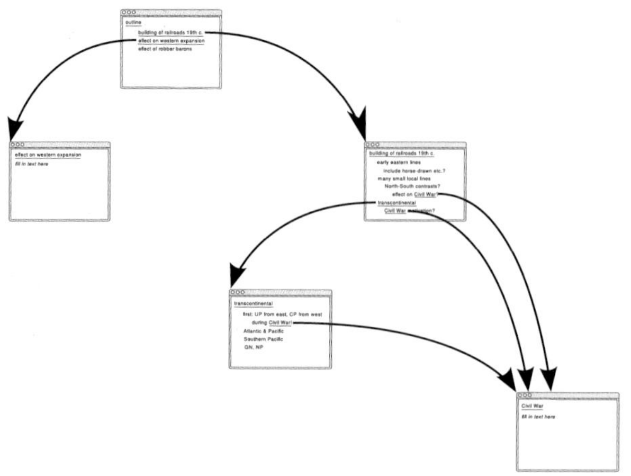

오른쪽 아래에 있는 메모장은 프로그램에서 어떻게 처리해야 할까? 프로그램이 유향 그래프를 가로지르면서 이런 메모장을 처음 발견할 때 내용에 포함해야 할까? 아니면 이 메모장을 가리키는 모든 메모장을 처리하고 나서 포함해야 할까? 혹은 여러 단계에 걸쳐서 같은 내용을 포함하는 것이 맞을까? 그리고 만약 사용자가 유향 그래프에서 순환(cycle)을 만든다면 어떻게 처리해야 할까? 이러한 문제들은 개발자들이 여전히 논의 중인 설계 문제다.

어떨 때는 가장 좋은 해답이 이렇게 순서를 매기는 작업을 사용자 몫으로 남겨두는 것일 수도 있다. 예를 들어 프로그램은 메모장이 테이블에 펼쳐져 있는 것처럼 보여주고 사용자가 프로그램의 그래픽 사용자 인터페이스로 메모장을 움직이게 하는 것이다.

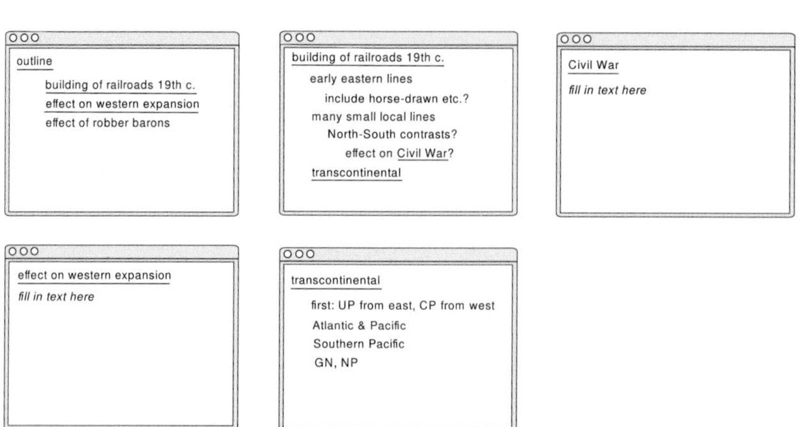

이러한 상호작용을 통한 방법은 사용자가 원하는 내용을 검색할 때에도 사용할 수 있다. 프로그램은 특정 검색어에 들어맞는 메모장의 집합을 찾아서 테이블에 펼쳐진 것처럼 보여주고 순서를 정하거나 특정 연산을 하도록 할 수 있다.

물론 이렇게 처리하려면 프로그램 개발자들이 해야 할 일과 결정해야 할 사항이 많아진다. 하지만 여기서는 프로그램을 있는 그대로 묘사하고 이산 수학적 구조 관점에서 설명한다.

메모장을 다음과 같은 원소를 갖는 4-튜플로 표현할 수 있다.

- 제목: 문자의 시퀀스
- 본문: 링크를 포함할 수 있는 텍스트
- 키워드의 집합: 비어 있을 수 있으며 각 키워드는 문자의 시퀀스
- 관계(키-값 쌍): 비어 있을 수 있으며 각 키는 문자의 시퀀스고 각 값은 링크를 포함할 수 있는 텍스트

프로그램 설계자는 아직 "링크를 포함할 수 있는 텍스트"를 어떻게 표현할 것인지 결정하지 않았다. 합당한 선택 중 하나는 HTML과 같이 링크를 특정한 문자의 시퀀스로 표현하는 것이다. HTML에서 "next"라는 위치의 링크는 `<a href="next">Next</a>`와 같은 형식을 갖는 "태그(tag)"를 이용해서 표현한다. 만약 이 표현을 메모장에서 링크에 사용한다면 "링크를 포함할 수 있는 텍스트"는 다른 부분들과 마찬가지로 단지 문자의 시퀀스가 된다.

또 다른 방법은 링크를 파이썬의 객체와 같은 다른 종류로 명백하게 표현하는 것이다. 그렇다면 "링크를 포함할 수 있는 텍스트"라는 표현은 두 집합의 합집합에 포함된 원소의 시퀀스가 될 수 있다. 이때 두 집합이란 모든 문자열의 집합과 모든 링크 객체의 집합이다. 결국 어떤 경우에도 "링크를 포함할 수 있는 텍스트"라는 표현은 무언가의 시퀀스가 된다.

메모장의 모임은 집합이다. 메모장 사이의 링크는 이러한 집합에 또 다른 구조를 만들게 된다. 이 구조는 유향 그래프로 정점은 메모장이 되며 간선은 링크가 된다. 개요를 정의하는 부분과 같은 그래프 일부는 트리일 수도 있다. 웹페이지 같은 외부 객체로 향하는 링크를 고려하면 모든 링크는 더 큰 유향 그래프를 정의하게 된다. 사용자는 이런 그래프 또는 트리 전체나 일부의 내용을 다양한 방법으로 텍스트의 시퀀스로 바꿀 수 있다.

검색 결과는 메모장의 집합이고 모든 메모장으로 된 집합의 부분집합이다. 사용자는 이러한 부분집합을 시퀀스로 변환할 수 있다.

요약하자면 지금까지 프로그램을 설계하고 설명하는 과정에서 튜플과 시퀀스, 집합, 관계, 트리, 유향 그래프를 사용했다. 따라서 다른 사례 연구와 마찬가지로 이 프로그램은 이 책에서 다룬 수학적 구조 대부분을 사용한다. 개발 조직의 프로그래머라면 분명 개발을 진행할 때 수학적 구조에 대한 지식을 활용해서 생각의 방향을 올바르게 설정할 수 있을 것이다.

연습문제

1 12.1절의 프로그램에서 음악을 튜플로 정의하는 대신 Tune 객체의 클래스를 정의하고 각 음악을 이 클래스의 인스턴스로 정의할 수 있다. 이렇게 작성하는 것의 장점과 단점은 무엇인가?

2 또는 음악을 속성의 이름으로부터 그에 해당하는 값으로의 매핑인 사전으로 표현할 수도 있다. 이렇게 표현하는 것의 장점과 단점은 무엇인가?

3 이번 장에서 설명한 프로그램 중 하나를 선택해서 프로그램에 새롭게 추가하고 싶은 기능을 제안해보자. 이 기능은 프로그램에서 지금까지 사용하지 않은 새로운 수학적 구조를 사용하도록 해보자. 물론, 이러한 수학적 구조는 요구되는 작업에 적합해야 한다.

후기

여러분이 이 책을 읽고 이산 수학의 개념과 구조가 프로그래밍에 유용하다는 것을 이해했기를 바란다.

이제 겨우 프로그래밍에 적용하는 이산 수학 구조를 탐험하기 시작한 것뿐이다. 이러한 구조에는 수많은 특별한 종류의 트리와 그래프를 비롯하여 부분 순서와 같은 특별한 관계 및 지금까지 살펴본 구조들의 다양한 변형 등이 있다.

부울 값인 "true"와 "false" 역시 이산 수학적 객체다. 논리는 이산 수학의 핵심 영역이며 논리를 바탕으로 처리하는 연산은 수도 없이 많다.

다양한 방법으로 정의되는 문자열의 집합은 이를 심도 있게 공부한 컴퓨터 과학자들이 "형식 언어(formal language)"라고 부른다. 프로그래밍 언어 인터프리터와 컴파일러에 사용하는 기술은 상태 기계와 트리, 그래프 등의 연구로 얻은 결과뿐만 아니라 형식 언어의 연구로 얻은 결과에 바탕을 두고 있다.

이산 수학의 또 다른 중요한 영역은 "조합론(combinatorics)"이다. 조합론으로 얻은 결과의 간단한 예로는 조합의 개수와(**예제 7-1**) 평형 트리의 높이(6.6절) 등이 있다. 조합론을 이용해서 알고리즘을 분석하고 알고리즘의 실행 시간을 예측하거나 다양한 알고리즘의 효율성을 비교할 수도 있다.

컴퓨터 과학을 전공하는 학생이라면 학업 전반에 걸쳐서 이러한 주제들을 다룰 것이다. 혹은 "이산 수학", "조합론", "형식 언어와 오토마타", "알고리즘의 분석"과 같은 수업을 들을 수도 있다. 그리고 특히 운영체제, 컴퓨터 네트워크, 데이터베이스, 컴파일러 작성 등과 같은 분야의 수업에서는 이산 수학을 심도 있게 다루게 된다.

컴퓨터 과학을 전공하는 학생이나 컴퓨터 과학자가 아니더라도 일상의 프로그래밍 작업에 이산 수학적 사고를 이용하기 바란다. 그러면 프로그래밍 작업이 훨씬 쉬워지고 해법이 명확해질 것이며 여러분은 더욱 프로그래밍을 즐기게 될 것이다.

연습문제 해답

2장 파이썬 살펴보기

2 필자의 컴퓨터에서 파이썬은 약 2분 30초 정도 실행되고 다른 오류들과 함께 다음 오류를 출력했다.

```
MemoryError
```

이 오류는 인터프리터가 사용할 수 있는 모든 메모리를 사용했음에도 계산을 마무리하지 못했음을 알려주는 것이다.

3 로그의 정의에 따라 양의 정수 n에 대해서 $\log_{10} n$이 n을 적는 데 필요한 10진법 자릿수의 근삿값이다. n이 크다면 꽤 정확한 값이 된다.

$\log_{10} n = (\log_2 n) \ / \ (\log_2 10)$이 성립한다. 만약 $n = 2^{2^{100}}$이라면 $\log_2 n = 2^{100}$이 성립하고 $\log_2 10$은 대략 3.32가 된다.

따라서 $n = 2^{2^{100}}$을 적는 데 필요한 자릿수는 2^{100} / 3.32 정도가 된다. 파이썬 인터프리터나 다른 계산기를 이용해서 계산하면 2^{100}은 다음과 같다.

1,267,650,600,228,229,401,496,703,205,376

따라서 이를 3.32로 나눈 숫자가 필요한 자릿수의 근삿값이다. 이제 $2^{2^{100}}$이라는 숫자가 컴퓨터가 계산하기에 너무 크다는 것을 믿을 수 있지 않은가?

5 결합법칙은 성립하고 교환법칙은 성립하지 않는다. 몇 가지 예를 시도해보자. 6.1절에서 이러한 시퀀스의 속성에 대해서 자세하게 살펴본다.

6 이번 장의 첫 번째와 두 번째 스크립트를 조합하면 다음과 같은 결과를 얻을 수 있다.

```
file = open("names")
for line in file:
   firstname, lastname = line.split(" ")
   if firstname == "John":
      print(line)
```

파이썬에서 공백 문자를 표현하는 데 " "을 사용할 수 있다는 것을 몰랐다면 이런 해법을 떠올리지 못할 것이다. 스페이스 바를 눌러서 얻는 공백 문자 역시 글자나 숫자 혹은 구두점과 같은 문자의 하나다.

3장 파이썬 프로그래밍

1 해답은 다음과 같다.

```
file = open("data")
for line in file:
   n = int(line)
   print "#" * n + " " + str(n)
```

2 해답은 다음과 같다.

```
file = open("data")
for line in file:
   n = int(line)
   if n > 20:
      barLength = 20
   else:
      barLength = n
   print "#" * barLength + " " + str(n)
```

3 해답은 다음과 같다.

```
file = open("data")
for line in file:
   n = int(line)
   if n > 20:
      print "#########/ /######## " + str(n)
   else:
      print "#" * barLength + " " + str(n)
```

6장 시퀀스

3 아니오. 지수 연산은 결합법칙이 성립하지 않는다. 예를 들어 2**(2**3) = 2^8= 256이지만 (2**2)**3 = 4^3 = 64다. 게다가 ** 연산에 대한 항등원은 존재하지 않는다. 모든 값 n에 대해서 n**1=n이 성립하기 때문에 1이 오른쪽에 있으면 항등원처럼 동작하지만, 1이 왼쪽에 있으면 대부분의 n 값에 대해서 1**n이 n과 같지 않기 때문에 그렇지 않다.

6 가능한 답 두 가지는 다음과 같다.

```
def filter(test, sequence):
   result = ()
   for a in sequence:
      if test(a):
         result += (a,)
   return result
```

```
def filter(test, sequence):
   result = [ a for a in sequence if test(a) ]
   return tuple(result)
```

어느 것이 더 좋다고 생각하는가? 이유는 무엇인가?

10 이 버전의 `reduceRight`는 인수를 `f`에 역순으로 전달하게 된다. 이는 `f`가 교환법칙이 성립할 때만 옳은 답이다.

7장 스트림

2 해답은 다음과 같다.

```
def prefix(n, stream):
    i = 0
    for a in stream:
        if i >= n:
            return
        else:
            yield a
            i += 1
```

6 평균을 내는 것은 결합법칙이 성립하지 않기 때문에 그럴 수 없다. 예를 들어 연산자 #가 이항 평균 연산이라고 하자. 그렇다면 $a\#b$는 $(a+b)/2$가 되고 $(a\#b)\#c \neq a\#(b\#c)$가 된다. 일반적으로 부분 평균의 평균은 모든 값의 평균과 다르다.

추가로 날씨 관측 값의 평균을 구하는 이 예제에서 이러한 문제를 해결할 방법이 있는지 토론해보자. 컴퓨터 사이에 전달하고자 하는 데이터의 양을 최소화하려면 모든 데이터를 중앙으로 보내서 데이터의 평균을 계산하는 것은 적절한 해답이 아닐 수도 있다.

8장 집합

1 "대 교집합" 연산을 집합의 집합에 적용한다. 6장의 연습문제 9번에서 작성한 `reduce` 버전을 사용하자. 이 함수를 for-문을 사용해서 시퀀스를 반복하도록 작성했는가? 만약 그렇다면 피연산자의 시퀀스뿐만 아니라 피연산자의 집합에도 함수를 사용할 수 있어야 한다. 왜 그런지 알겠는가?

9장 매핑

1 이항 연산자 *가 다중 정의되어 있는 형식의 값 x와 y의 쌍

3 c와 d의 정의역이 공통으로 갖는 원소가 없을 때, 즉 $\textbf{dom}\ c \cap \textbf{dom}\ d = \emptyset$일 때 성립한다.

10장 관계

2 그래프 정점의 집합을 관계의 모든 쌍 (a, b)에서 모든 a와 b의 집합으로 정의할 수 있다. 하지만 이 집합에 다른 원소들 역시 추가할 수 있다. 이는 독립적인 정점을 표현한다. 하지만 이 그래프는 여전히 주어진 관계를 인접 관계로서 갖고 있다. 일반적이고 실용적인 정의에서는 독립적인 정점은 제외한다.

5 그렇지 않다. 모노이드의 정의에서는 끝점을 공유하는 것과는 상관없이 그래프에 있는 임의의 두 경로를 연결할 수 있어야 하기 때문이다. 하지만 주어진 유향 그래프에서 모든 경로의 집합은 연결 연산과 함께 "카테고리(category)"라는 또 다른 수학적 구조를 형성한다.

6 여기서는 $\sigma_P(X)$에 대한 해답만을 제공한다. Y를 $\sigma_P(X)$라고 하고 X에 대해 표현한 것과 같은 속성의 순서를 선택하자. 그렇다면 $A_Y = A_X$이고 $col_Y = col_X$이며, $R_Y = \{x \in R_X \mid P(x)\}$가 된다.

11장 객체

5 a. 11.6절에서 있는 `ancestorNames` 버전 중 하나를 골라 메서드의 이름을 `ancestors`로 바꾸고 `self.name`을 `self`로 바꾸자.

b. 집합 연산을 사용하자! 주어진 사람이 p라면, 구하려는 집합은 다음과 같다.

```
ancestors(p) - {p}
```

c. 물론 집합 내장을 사용해야 한다. 다음과 같은 형식이 된다.

```
{... for a in ancestors(p)}
```

그밖에는 스스로 채워보도록 한다.

찾아 보기

ㄴ

ㄷ

ㄹ

ㅁ

ㅂ

ㅅ

ㅇ